KB236003

SAMJI BOOKS

도전! 토익 600 만들기

TOEIC Test Score 600

Takeshi Hitosugi 편저

CD로 듣고 외우는 영단어 시리즈

'읽기'만으로 결코 언어를 익힐 수 없다. 우리가 한국어를 습득할 수 있었던 것은 아기 때부터 한국어를 반복적으로 들어왔기 때문이다. 〈TOEIC Test Score 600〉은 이 '당연한' 것에 충실한 영단어·숙어집이다. 읽고는 잊고, 잊고는 읽는 악순환에서 이제는 벗어난다. 듣고서 외우고, 읽고 이해한다. 더불어 활용하면서 익히는 영어습득을 위한 새로운 첫걸음을 이 책으로 내딛는다.

Preface

하루 불과 16개의 단어·숙어,
단 2분 만으로 OK!
기초적인 일상표현을 비롯하여
TOEIC 특유의 표현을
10주 동안 완벽하게 마스터한다!

이 책은 TOEIC에서 '일상생활의 회화를 충족시키고 한정된 범위 내에서는 업무상의 커뮤니케이션을 할 수 있다'고 평가하는 600점을 돌파하기 위한 단어·숙어집이다. 뒤집어 말하면, 중고교 시절에 배운 기초적인 단어·숙어에 대한 일상생활과 비즈니스라는 두 장면에서 빈번히 등장하는 표현을 확실히 학습하면 누구나 600점을 돌파할 수 있다.

일상생활 속의 표현으로 ladder(사다리), railing(울타리), sink(싱크대), lid(뚜껑) 같은 단어는 수험영어에서는 거의 등장하지 않는다. 또한 비즈니스 표현 중 fine(벌금), firm(회사), stock(주식), term(조건)는 수험영어에 나오기는 하지만 너무 딱딱한 표현이라 어느 일정기간 공부하지 않으면 좀처럼 사용하지 못하는 단어도 많다. 그렇다면 일상생활이나 비즈니스에서 출제빈도가 높은 표현을 어떻게 골라내야 할까?

화제의 코퍼스를
철저하게 분석!
출제빈도가 높은 단어·숙어를
출제빈도순으로
간단히 암기할 수 있다!

우선 TOEIC의 공식문제가 있다. TOEIC에 정통한 현지인에 의한 모의시험 데이터도 참고가 된다. 그러나 여전히 양적으로 부족하다. 이 책에서는 여기에 더하여 방대한 양의 문장과 회화에서 사용하는 단어를 모은 데이터베이스 '코퍼스'를 컴퓨터로 분석하였기 때문에 600점을 돌파하는 데 필요한 표현을 출제빈도순으로 어렵지 않게 손쉽게 익힐 수 있다.

취직, 해외근무, 그리고 승진 등 — TOEIC 시험을 치르는 이유는 여러 가지가 있다. 그러나 일상생활과 비즈니스에서 일정 수준의 커뮤니케이션이 기능하다고 평가받는 600점을 받고 그것을 활용하지 못한다면 실로 안타까운 일이 아닐 수 없다. 이 책에서 익힌 표현력을 기초로 한층 영어실력을 키워 여러분이 날개를 활짝 펴고 세계로 날아갈 수 있기를 진심으로 기원한다. 꿈이 이뤄지도록 다 함께 노력하자.

Contents

하루 16개의 단어 · 숙어 × 10주로 TOEIC 600점을
돌파하기 위한 1120개의 단어 · 숙어를 마스터!

Chapter 1

명사 : 초필수 160
Page 13 ▶ 55

Day 1 [명사1]
Day 2 [명사2]
Day 3 [명사3]
Day 4 [명사4]
Day 5 [명사5]
Day 6 [명사6]
Day 7 [명사7]
Day 8 [명사8]
Day 9 [명사9]
Day 10 [명사10]

Chapter 2

동사 : 초필수 112
Page 57 ▶ 87

Day 11 [동사1]
Day 12 [동사2]

Day 13 [동사3]
Day 14 [동사4]
Day 15 [동사5]
Day 16 [동사6]
Day 17 [동사7]

Chapter 3

형용사 : 초필수 80
Page 89 ▶ 111

Day 18 [형용사1]
Day 19 [형용사2]
Day 20 [형용사3]
Day 21 [형용사4]
Day 22 [형용사5]

Chapter 4

명사 : 필수 160
Page 113 ▶ 155

Day 23 [명사11]
Day 24 [명사12]
Day 25 [명사13]
Day 26 [명사14]
Day 27 [명사15]
Day 28 [명사16]
Day 29 [명사17]
Day 30 [명사18]
Day 31 [명사19]
Day 32 [명사20]

Chapter 5

동사 : 필수 112
Page 157 ▶ 187

Day 33 [동사8]
Day 34 [동사9]
Day 35 [동사10]

Day 36 [동사11]
Day 37 [동사12]
Day 38 [동사13]
Day 39 [동사14]

Chapter 6

형용사 : 필수 80
Page 189 ▶ 211

Day 40 [형용사6]
Day 41 [형용사7]
Day 42 [형용사8]
Day 43 [형용사9]
Day 44 [형용사10]

Chapter 7

부사 : 필수 32
Page 213 ▶ 223

Day 45 [부사1]
Day 46 [부사2]

Contents

Chapter 8

동사구

Page 225 ▶ 287

Day 47 [동사구1] 「동사 + 부사 [전치사]」 형1
Day 48 [동사구2] 「동사 + 부사 [전치사]」 형2
Day 49 [동사구3] 「동사 + 부사 [전치사]」 형3
Day 50 [동사구4] 「동사 + 부사 [전치사]」 형4
Day 51 [동사구5] 「동사 + A + 전치사 + B」 형1
Day 52 [동사구6] 「동사 + A + 전치사 + B」 형2
Day 53 [동사구7] 「동사 + A + 전치사 + B」 형3
Day 54 [동사구8] 「동사 + to do[doing]」 형
Day 55 [동사구9] 「동사 + A + to do[from doing]」 형
Day 56 [동사구10] 「be동사 + 형용사 + 전치사」 형1
Day 57 [동사구11] 「be동사 + 형용사 + 전치사」 형2
Day 58 [동사구12] 「be동사 + 형용사 + 전치사」 형3
Day 59 [동사구13] 「be동사 + 형용사 + 부사」 형
Day 60 [동사구14] 그 외1
Day 61 [동사구15] 그 외2

Chapter 9

형용사구 · 부사구
Page 289 ▶ 307

| Day 62 [형용사구 · 부사구1]
| Day 63 [형용사구 · 부사구2]
| Day 64 [형용사구 · 부사구3]
| Day 65 [형용사구 · 부사구4]

Chapter 10

군 전치사 · 군 접속사
Page 309 ▶ 323

| Day 66 [군 전치사1]
| Day 67 [군 전치사2]
| Day 68 [군 전치사3 ·
| 군 접속사]

Chapter 11

그 외의 숙어
Page 325 ▶ 333

| Day 69 [수량표현]
| Day 70 [문장 숙어]

Preface
Page 3

이 책의 특징 4가지
Page 8 ▶ 9

이 책과 CD의 이용법
Page 10 ▶ 11

Index
Page 335 ▶ 355

[기호 설명]

· 명, 동, 형, 부, 전, 접 : 순서대로 명사, 동사, 형용사, 부사, 전치사, 접속사를 가리킨다.
· 색인 중의 [ ] : 대체 가능한 표현.
· 색인 중의 ( ) : 생략 가능한 표현.
· 색인 중의 A, B : 주로 명사 · 대명사가 들어간다.
· 색인 중의 be : be동사가 들어간다. be동사는 주로 인칭 · 시제에 따라 변한다.
· 색인 중의 do : 동사가 들어간다.
· 색인 중의 doing : 동명사가 들어간다.
· 색인 중의 oneself : 재귀대명사가 들어간다. 주어에 따라 재귀대명사는 달라진다.
· 색인 중의 one's : 명사 · 대명사의 소유격이 들어간다.
· 색인 중의 ～ : 절(주어＋동사)이 들어간다.
· 색인 중의 Part～, 비즈니스 문제 : 해당하는 TOEIC의 파트, 비즈니스 관련문제에서 등장할 가능성이 높은 단어 · 숙어.
· 정의 중의 ( ) : 보충설명.
· 정의 중의 [ ] : 대체 가능한 표현.
· ❗ : 발음, 악센트, 정의에 주의해야 할 단어.
· ➕ : 보충설명
· ≒ : 같은 의미 · 유의어 [숙어]를 나타낸다.
· ⇔ : 반대 의미 · 대조어 [숙어]를 나타낸다.

이 책의 특징 4가지

1

공식문제 · 모의시험, 여기에 코퍼스 데이터를 철저히 분석하였다!

TOEIC에 출제된다! 일상생활에서 사용할 수 있다!

TOEIC을 위한 단어 · 숙어집인 이상 TOEIC에 나오는 것은 당연하다. 이 책의 목적은 앞으로 '실용영어'에 대응할 수 있는 단어 · 숙어력을 얼마나 갖추는가에 있다. 단어와 숙어의 선정에 있어 TOEIC의 공식문제 · 어휘연구가 낳은 코퍼스* 데이터를 철저하게 분석하여, 목표 점수에 도달하는 것은 물론 앞으로 영어를 구사하며 세계적으로 활약하기 위한 토대가 될 단어 · 숙어를 선정하였다.

*코퍼스 : 실제로 말하고 쓰이는 단어를 대량으로 수집한 '언어교재 · 데이터베이스'를 가리킨다. 코퍼스를 분석하면 어떤 단어 · 숙어가 어느 정도의 빈도로 사용되는지를 객관적으로 알 수 있기 때문에 사전을 만들 때에 자주 활용된다.

2

눈만이 아니라 귀와 입도 활용하여 암기한다!

CD로 단어를 들으면서 확실히 익힌다!

언어는 읽기만 해서는 결코 자신의 것으로 만들 수 없다. 우리가 한국어를 습득한 것은 '듣고 말해' 왔기에 가능했다. 너무도 당연한 이 점을 간과해서는 안 된다. 이 책에서는 리듬을 타면서 단어 · 숙어를 학습할 수 있는 CD가 준비되어 있다. 눈과 귀로 동시에 단어 · 숙어를 익히고 다시 입으로 말하기 때문에 암기할 수 없다는 불안을 단숨에 날려버린다. 독해 · 청취력도 덩달아 상승!

《CD로 듣고 외우는 영단어 TOEIC Test Score 600》에서는 TOEIC의 공식문제·모의시험 데이터와 최신 어휘연구의 성과인 코퍼스를 근거로 하여 단어·숙어를 엄선하여 수록하였기 때문에, TOEIC에 출제될 뿐 아니라 일상생활에서 매우 활용도가 높은 것들이다. 게다가 이 책은 '얼마만큼 효율적으로 단어·숙어를 정착시킬 것인가'를 무엇보다 우선시하였다. 여기서는 왜 출제되는지, 활용할 수 있는지, 그리고 어째서 절대적으로 암기할 수 있는지에 관한 이 책의 특징을 소개한다.

3
하루 16개×10주, 11개 챕터의 일정으로 학습!

어렵지 않게 마스터할 수 있다!

꾸준한 학습은 힘이 된다. 이 사실을 알면서도 실천하기는 매우 힘들다. 그것은 전부 암기할 수 없을 만큼 어마어마한 양의 단어와 숙어를 억지로 머릿속에 집어넣으려고 하기 때문이다. 이 책에서는 '반드시 암기'하는 전제로 하루 학습량을 16개로 설정하였다. 게다가 단어는 품사마다 '출제빈도' 순으로, 숙어는 '표현형'별로 모두 11개의 Chapter로 나누었기 때문에 효율적으로 마스터할 수 있다.

4
하루 최소 2분, 길어도 6분에 세 가지 모드로 학습한다!

좌절하지 않고 마지막까지 공부할 수 있다!

기존의 단어·숙어집을 공부하면서 '하루에 어느 정도의 양을 공부하면 좋을까?'에 대해 고민했을 것이다. 단어, 숙어, 문구, 예문……. 바쁠 때는 이 모든 것을 한 번 훑어보는 것도 힘들다. 이 책은 check 1(단어·숙어 + 정의)→check 2(관용구)→check 3(문장)으로 3가지 포인트마다 학습할 수 있는 '모드 학습'을 준비했다. 생활 스타일이나 그날 바쁜 정도에 따라 학습량을 조절할 수 있다.

이 책과 CD의 이용법

Check 1

해당 CD 트랙을 불러내어 '영어→한국어→영어'의 순서대로 수록되어 있는 리듬을 통해 단어·숙어와 그 의미를 확인한다. 시간에 여유가 있는 사람은 굵은 글자 이외의 정의도 살펴본다.

Check 2

check 1에서 '단어·숙어→정의'를 살펴보았다면 그 단어·숙어가 포함된 관용구를 체크한다. 관용구의 용례를 확인하면서 단어·숙어 정착도는 더욱 높아진다(문장을 공부하는 날도 있다).

Check 3

check 2 관용구에서 한 걸음 더 나아가 check 3에서는 문장의 실천적인 예를 다룬다. 여기까지 학습하면 단어·숙어를 '소리'와 '문자'로 최소 6번은 접하기 때문에 정착도는 현저히 높아진다.

단어·숙어

하루 학습량의 단어·숙어는 16개다. 책장을 펼치면 왼쪽에 단어·숙어가 게재되어 있다. 리듬은 위부터 아래로 순서대로 단어·숙어가 등장한다. 처음의 8개가 나오면 책장을 넘겨 다음 8개로 진행된다.

체크 시트

이 책의 부록인 체크 시트는 복습할 때 활용한다. check 1에서는 단어·숙어의 정의를 기억하는지, check 2와 check 3에서는 제시된 의미를 참조하면서 체크시트로 가려진 단어·숙어를 순간적으로 떠올릴 수 있는지를 확인한다.

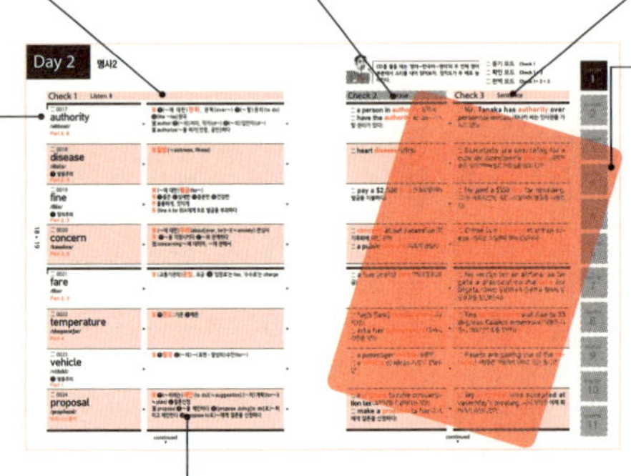

정의

단어·숙어의 정의가 게재되어 있다. 단어·숙어에 따라서 다수의 의미를 가지는 경우도 있기 때문에 제1의미 이외의 정의도 가급적이면 기억한다.

Quick Review

전날 학습한 단어·숙어를 체크한다. 왼쪽 페이지에 한국어, 오른쪽 페이지에 영어가 게재되어 있다. 시간적으로 여유가 있을 때는 해당 CD 트랙에서 리듬도 들어보자.

하루 학습량은 4페이지, 학습단어·숙어의 수는 16개. 각각의 단어·숙어의 정의를 배우는 check 1, 관용구로 배우는 check 2, 문장으로 배우는 check 3의 3가지 모드 학습이 준비되어 있다. 먼저 해당 CD 트랙을 불러와 리듬에 따라 단어·숙어와 정의를 귀와 눈으로 훑어본다. 시간적으로 여유가 있는 사람은 check 2와 check 3에도 도전한다!

이런 당신에게 추천!
3가지 학습 모드

일도 연애도 영어학습도
바쁜 A씨에게는!

듣기 모드
Check 1
학습시간 : 하루 2분

너무 바빠서 짧은 시간에 단어·숙어 학습을 끝내고 싶은 사람에게 추천하는 방법은 check 1만의 '듣기 모드'다. 해당 CD 트랙에서 리듬을 흘려듣기만 해도 OK. 시간적으로 여유가 있을 때는 check 2와 check 3의 학습도 잊지 말자!

앞으로 해외근무를
목표로 하는 B씨에게는!

확인 모드
Check 1 ▶ Check 2
학습시간 : 하루 4분

그럭저럭 영어는 좀 하는 편이지만, 더욱 영어실력을 향상시킬 필요가 있다고 느끼는 사람에게 권하는 방법은 check 1과 check 2를 학습하는 '확인 모드'다. 소리 내어 관용구를 읽으면 정착도도 더욱 높일 수 있다.

자타공인의
완벽주의 C씨에게는!

완벽 모드
Check 1 ▶ Check 2 ▶ Check 3
학습시간 : 하루 6분

의욕적이고 완벽하지 않으면 마음이 개운하지 않은 사람에게는 '완벽 모드'를 추천. 게다가 학습시간도 단 6분으로 충분하다. 가능하다면 모든 사람들이 '완벽 모드'로 완벽하게 학습하는 것을 목표로 하자!

*학습시간은 어디까지나 목표. 시간적으로 여유가 있을 때는 리듬을 반복하여 듣거나 관용구나 문장을 반복하여 소리 내어 읽어 가급적 여러 번 학습단어·숙어와 접촉한다.
*CD에는 단어·숙어와 정의만 수록되어 있다.

CHAPTER
1

명사 : 초필수 160

Chapter 1을 시작한다! 이번 Chapter에서는 TOEIC에서 빈번히 출제되는 초필수 명사 160을 마스터한다. 앞으로 갈 길은 멀지만, 초조해하지 말고, 서두르지 말고, 차근차근 학습하자. 자, 천 리 길도 한걸음부터!

Day 1 【명사1】
▶ 14
Day 2 【명사2】
▶ 18
Day 3 【명사3】
▶ 22
Day 4 【명사4】
▶ 26
Day 5 【명사5】
▶ 30
Day 6 【명사6】
▶ 34
Day 7 【명사7】
▶ 38
Day 8 【명사8】
▶ 42
Day 9 【명사9】
▶ 46
Day 10 【명사10】
▶ 50
Chapter 1 Review
▶ 54

TOEIC식 격언

The longest journey begins with a single step.

천 리 길도 한걸음부터.
직역) 가장 긴 여행도 첫걸음부터 시작된다.

Check 1　　Listen 》

☐ 0001
property
/prápərti/
비즈니스 문제

명❶(집합적으로)**재산**;부동산 ❷(때때로~ies)특성(≒quality)

☐ 0002
instrument
/ínstrəmənt /
❗ 강세주의
Part 1

명❶**악기** ❷기구, 도구(≒tool, utensil, implement)
형instrumental : ❶(~하는 데)도움이 되는, 힘이 되는(in doing)
❷악기로 연주되는

☐ 0003
passenger
/pǽsəndʒər/
Part 1

명**승객**, 여객

☐ 0004
contract
/kántrækt/
비즈니스 문제

명(~와의)**계약**(서)(with ~)(≒agreement)
동(/kəntrǽkt/)(~와)계약을 맺다(with ~)

☐ 0005
benefit
/bénəfit/
❗ 정의주의
비즈니스 문제

명❶(통례~s)**특전**, 수당 ❷이득, 보조금
동~에게 유익하다

☐ 0006
profit
/práfit/
Part 5, 6

명**이익**, 수익(≒return)(⇔loss : 손실)
동(~에서)이익을 얻다(from [by] ~)

☐ 0007
figure
/fígjər/
❗ 정의주의
비즈니스 문제

명❶**숫자**, (숫자의)자릿수 ❷모습 ❸인물 ❹그림
동❶~을 계산하다 ❷(figure out으로)~을 해결하다, 생각해내
다;~을 이해하다

☐ 0008
degree
/digríː/
Part 7

명❶(~의)**학위**(in ~) ❷(온도 등의)도 ❸정도

continued ▼

14 ▶ 15

☐ 듣기 모드　Check 1
☐ 확인 모드　Check 1 ▸ 2
☐ 완벽 모드　Check 1 ▸ 2 ▸ 3

Check 2　Phrase

☐ private **property**(사유재산)
☐ **property** tax(재산세)

☐ musical **instruments**(악기)
☐ surgical **instruments**(수술기구)

☐ a **passenger** train(여객열차)

☐ breach of **contract**(계약위반)
☐ sign a **contract**(계약서에 서명하다)

☐ unemployment **benefits**(실업수당)
☐ reap **benefits**(이익을 얻다)

☐ make [turn] a **profit**(이익을 내다)
☐ a net [gross] **profit**(순이익)

☐ sales **figures**(판매수량, 판매액)
☐ an authority **figure**(권위자)

☐ a **degree** in economics(경제학학위)
☐ eight **degrees** below zero(영하 8도)

Check 3　Sentence

☐ The man has a lot of **property** in this town.(그 남자는 이 거리에 많은 부동산을 소유하고 있다)

☐ The students are playing **instruments**.(학생들은 악기를 연주하고 있다)

☐ **Passengers** are boarding a plane.(승객들이 비행기에 탑승하고 있다)

☐ Our company entered into a **contract** with the consulting firm.(우리 회사는 그 컨설턴트회사와 계약을 체결했다)

☐ The company provides medical **benefits** for its employees.(그 회사는 종업원들에게 의료수당을 지급한다)

☐ The steelmaker made a **profit** of $120 million last year.(그 철강회사는 작년 1억 2,000만 달러의 이익을 올렸다)

☐ Unemployment **figures** increased slightly last month.(실업자 수는 지난달 약간 증가하였다)

☐ She has a bachelor's **degree** from Oxford University.(그녀는 옥스퍼드 대학의 학위를 갖고 있다)

continued ▼

Check 1　　Listen 🔊

□ 0009
equipment
/ikwípmənt/
Part 5, 6

🟧명 (집합적으로)**장치**, 기구류 ➕ 셀 때는, a piece [two pieces] of ~ 등을 이용한다
🟧동 equip : ~을 갖추다 ; ~에 (…을) 장치하다(with . . .)

□ 0010
saving
/séiviŋ/
❗ 정의주의

🟧명 ❶(~s)**저금**, 모은 돈 ❷절약
🟧동 save : ❶(돈)을 모으다 ;(save A for B로) A(돈 등)를 B를 위해 모아두다 ❷(비용 등)을 절약하다 ❸(데이터)를 보존하다 ❹~을 구하다

□ 0011
stock
/sták/
❗ 정의주의
비즈니스 문제

🟧명 ❶**주식**(≒share) ❷저장 ❸재고품
🟧동 ❶(가게 등)에 (상품을) 갖추다, 채우다(with...) ❷(상품)을 가게에 두다

□ 0012
insurance
/inʃúrəns/
❗ 강세주의
Part 5, 6

🟧명 **보험**
🟧동 insure : ~에 (…에 대비하여) 보험을 들다(against...)

□ 0013
audience
/ɔ́:diəns/
Part 1

🟧명 ❶(집합적으로)**청중**, 관중 ❷시청자

□ 0014
bill
/bíl/
Part 2, 3

🟧명 ❶**청구서**, 계산서(≒check);청구금액 ❷지폐(≒note) ❸법안
🟧동 ~에 청구서를 보내다

□ 0015
expense
/ikspéns/
비즈니스 문제

🟧명 ❶**비용**, 비용을 냄 ❷(~s)경비(≒cost)
🟧형 expensive : 고가의, 가격이 비싼

□ 0016
raise
/réiz/
❗ 정의주의
Part 2, 3

🟧명 **임금 인상**
🟧동 ❶~을 올리다 ❷(아이)를 키우다

16 ▶ 17

☐ **high-technology equipment**
(하이테크 장치)

☐ **The hospital bought several new pieces of medical equipment.** (그 병원은 몇 개의 최신 의료기기를 구입했다)

☐ **life savings**(노후 대비 저축)
☐ **a saving of time [energy]**(시간[에너지]의 절약)

☐ **I have savings of 10 million yen in the bank.** (나는 은행에 1,000만 엔의 저금이 있다)

☐ **the stock market**(주식시장)
☐ **in [out of] stock**(재고가 있어서[없어서])

☐ **The company's stock price rose more than 10 percent yesterday.** (그 회사의 주가는 어제 10퍼센트 이상 올랐다)

☐ **life insurance**(생명보험)
☐ **take out insurance for** ~(~에 보험을 들다)

☐ **I'm entitled to health insurance at my company.** (나는 회사에서 건강보험을 받을 권리가 있다)

☐ **a large audience**(많은 청중)
☐ **an audience rating**(시청률)

☐ **The audience is applauding the performer.** (청중은 연주자에게 박수를 보내고 있다)

☐ **a telephone bill**(전화요금 청구서)
☐ **a 10-dollar bill**(10달러 지폐)

☐ **Why don't we split the bill?**(더치페이로 할까요?)

☐ **living expenses**(생활비)
☐ **travel [school] expenses**(여[학]비)

☐ **Housing is my biggest monthly expense.** (나는 매달 주거비로 가장 많은 지출을 한다)

☐ **ask for a raise**(임금 인상을 요구하다)

☐ **My raise was 8 percent.** (내 임금 인상은 8퍼센트였다)

Day 2　명사2

□ 0017 authority
/əθɔ́ːrəti/
Part 5, 6

> 명 ❶(~에 대한) **권위**, 권력(over~) ❷(~할) 권리(to do) ❸(the ~ies) 당국
> 명 author: ❶(~의) 저자, 작가(of~) ❷(~의) 입안자(of~)
> 동 authorize: ~을 허가[인정, 공인]하다

□ 0018 disease
/dizíːz/
❶ 발음주의
Part 2, 3

> 명 **질병**(≒sickness, Illness)

□ 0019 fine
/fáin/
❶ 정의주의
Part 2, 3

> 명 (~에 대한) **벌금**(for~)
> 형 ❶좋은 ❷섬세한 ❸충분한 ❹건강한
> 부 훌륭하게, 멋지게
> 동 (fine A for B)A에게 B로 벌금을 부과하다

□ 0020 concern
/kənsə́ːrn/
Part 2, 3

> 명 (~에 대한) **우려**(about[over, for]~)(≒anxiety); 관심사
> 동 ❶~을 걱정시키다 ❷~와 관계하다
> 전 concerning: ~에 대하여, ~에 관해서

□ 0021 fare
/féər/
Part 2, 3

> 명 (교통기관의) **운임**, 요금 ➕ '입장료'는 fee, '수수료'는 charge

□ 0022 temperature
/témpərətʃər/
Part 4

> 명 ❶**온도**; 기온 ❷체온

□ 0023 vehicle
/víːhikl/
❶ 발음주의
Part 1

> 명 ❶**탈것** ❷(~의)→(표현·달성의) 수단(for~)

□ 0024 proposal
/prəpóuzəl/
비즈니스 문제

> 명 ❶(~하려는) **제안**(to do)(≒suggestion); (~의) 계획(for~)(≒plan) ❷결혼신청
> 동 propose: ❶~을 제안하다 ❷(propose doing[to do]로)~하자고 제안한다 ❸(propose to로)~에게 결혼을 신청하다

continued ▼

Check 2　Phrase

☐ **a person in authority** (권력자)
☐ **have the authority to do ~** (~ 할 권리가 있다)

☐ **heart disease** (심장병)

☐ **pay a $2,000 fine** (2,000달러의 벌금을 지불하다)

☐ **concern about recession** (경기후퇴에 대한 우려)
☐ **a public concern** (사회적 관심사)

☐ **a bus [train] fare** (버스[철도]요금)

☐ **high [low] temperature** (고[저]온)
☐ **take her temperature** (그녀의 체온을 재다)

☐ **a passenger vehicle** (승용차)
☐ **a vehicle of ideas** (사상의 전달수단)

☐ **a proposal to raise consumption tax** (소비세를 인상하려는 제안)
☐ **make a proposal to her** (그녀에게 결혼을 신청하다)

Check 3　Sentence

☐ **Mr. Tanaka has authority over personnel issues.** (타나카 씨는 인사권을 가지고 있다)

☐ **Scientists are searching for a cure for Alzheimer's disease.** (과학자들은 알츠하이머병의 치료법을 찾고 있다)

☐ **He paid a $130 fine for speeding.** (그는 속도위반에 대한 130달러의 벌금을 지불했다)

☐ **Crime is a concern in urban areas.** (범죄는 도심부에 있어 관심사다)

☐ **He works for an airline, so he gets a discount on the fare for flights.** (그녀는 항공회사에 근무하고 있어서 항공요금을 할인받는다)

☐ **The temperature will rise to 35 degrees Celsius tomorrow.** (내일은 기온이 35도까지 오를 것이다)

☐ **People are getting out of the vehicle.** (사람들은 차량에서 내리고 있는 중이다)

☐ **My proposal was accepted at yesterday's meeting.** (나의 제안은 어제 회의에서 승인되었다)

continued ▼

Check 1　Listen))

☐ 0025 **influence** /ínfluəns/ ❗ 강세주의 Part 5, 6	명 (~로의) **영향**(on~)(≒effect, impact) 동 ~에(간접적인) 영향을 미치다 형 influential: 영향력이 큰
☐ 0026 **notice** /nóutis/ ❗ 정의주의 Part 7	명 ❶**통지**, 통달, 예고 ❷제시, 고지 ❸주목, 주의 동 ~을 깨닫다 ; ~에 주의[주목]한다(≒note) 동 notify:(notify A of B로)A에게 B를 알린다, 보고한다
☐ 0027 **custom** /kʌ́stəm/ ❗ 정의주의 Part 2, 3	명 ❶(~s) **세관** ; 관세 ❷(사회의)관습, 풍습 ➕ 개인의 '습관'은 habit 형 맞춤 주문의, 맞춤의 명 customer: 고객, 거래[단골]처
☐ 0028 **statement** /stéitmənt/ ❗ 정의주의 비즈니스 문제	명 ❶**보고서**, 명세서, 계산서 ❷(~에 관한/…라는)성명(서)(about~/that절…) 명 state: ❶상태 ❷국가 ❸주 동 state: ~을 정식으로 말하다, 확언하다
☐ 0029 **duty** /djúːti/ Part 5, 6	명 ❶(통례~ies) **직무** ❷(~할)의무(to do)(≒obligation) ❸(때때로~ies)관세
☐ 0030 **department** /dipáːrtmənt/ ❗ 정의주의 비즈니스 문제	명 ❶(회사 등의) **부**, 과, 부문(≒section) ❷(대학의)학과, 학부 동 depart:(~에서/…을 향해서)출발하다(from~/for…) 명 departure: 출발
☐ 0031 **opportunity** /àpərtjúːnəti/ ❗ 강세주의 비즈니스 문제	명 (~의/…할) **기회**, 호기(for~/to do)(≒chance, occasion)
☐ 0032 **section** /sékʃən/ Part 4	명 ❶**지역**, 구획 ❷부분 ❸(회사 등의)과, 부(≒department) ❹(서적의)항 동 ~을 구분[분할]한다

Day 1)) **Quick Review** 답은 오른쪽 페이지 아래	☐ 재산 ☐ 악기 ☐ 승객 ☐ 계약	☐ 특전 ☐ 이익 ☐ 숫자 ☐ 학위	☐ 장치 ☐ 저금 ☐ 주식 ☐ 보험	☐ 청중 ☐ 청구서 ☐ 비용 ☐ 임금 인상

Check 2 — Phrase

- □ **have an** influence **on** ～（～에 영향을 주다）

- □ **without** notice（예고 없이）
- □ **post a** notice（지시를 내리다）

- □ **a** customs **officer**（세관직원, 세관사）
- □ **an American** custom（미국의 습관）

- □ **a bank** statement（은행계좌의 거래명세서）
- □ **a joint** statement（공동성명）

- □ **household** duties（가사）
- □ **do one's** duty（의무를 다하다）

- □ **the public relations** department（홍보부）
- □ **the** department **of anthropology**（인류학부）

- □ **an** opportunity **for promotion**（승진의 기회）
- □ **at every** opportunity（모든 기회를 잡고, 기회가 있을 때마다）

- □ **the poorest** section **of town**（마을의 최빈곤지역）
- □ **the smoking** section（흡연 장소）

Check 3 — Sentence

- □ **Some people argue that video games have a negative** influence **on children.**（텔레비전 게임은 아이들에게 악영향을 미친다고 주장하는 사람들도 있다）

- □ **The factory workers were given written** notice **of layoffs.**（그 공장의 노무자들은 서면에 의한 일시 해고통지를 받았다）

- □ **I waited over three hours to clear** customs.（나는 세관을 통과하는데 3시간 이상이나 기다렸다）

- □ **According to its financial** statement, **the company suffered a deficit of $5 million last year.**（재무보고서에 의하면, 그 회사는 작년 500만 달러 적자가 났다）

- □ **One of your** duties **is answering the phone.**（당신의 직무 중 하나는 전화를 받는 것이다）

- □ **John works in the accounting** department.（존은 경리부에 근무하고 있다）

- □ **I would like to take this** opportunity **to thank you for your cooperation.**（이 기회를 빌려 당신의 협력에 감사한다）

- □ **The car accident occurred on a straight** section **of the highway.**（그 자동차 사고는 간선도로의 직선구역에서 일어났다）

Day 1))
Quick Review
답은 왼쪽 페이지 아래

□ property	□ benefit	□ equipment	□ audience
□ instrument	□ profit	□ saving	□ bill
□ passenger	□ figure	□ stock	□ expense
□ contract	□ degree	□ insurance	□ raise

Check 1　Listen 》

□ 0033
balance
/bǽləns/
❗ 정의주의
비즈니스 문제

명❶(수지[차액])**잔고** ❷조화, 균형
동~의 조화를 유지시키다

□ 0034
purpose
/pə́ːrpəs/
Part 4

명**목적**, 의도(≒aim, intent, intention)

□ 0035
honor
/ánər/
❗ 발음주의
Part 4

명❶**영광** ❷명예 ❸존경
동❶~을 존경하다 ❷(be honored for[by]로)~을 영광으로 생각하다
형honorable:❶훌륭한, 존경할 만한 ❷명예로운

□ 0036
drawer
/drɔ́ːr/
Part 1

명**서랍**;(~s)서랍장
동draw:~을 당기다

□ 0037
measure
/méʒər/
❗ 정의주의
Part 5, 6

명❶(때때로~s)**대책**, 수단 ❷(적량의)단위 ❸치수
동(치수 등을)재다
명Measurement:❶측정 ❷(통례~s)길이

□ 0038
operation
/àpəréiʃən/
비즈니스 문제

명❶**영업**;조업;사업 ❷(~의)수술(on~) ❸(기계 등의)조작
동operate: ❶~을 조작하다 ❷~을 경영하다 ❸작동하다

□ 0039
government
/gávərnmənt/
Part 5, 6

명**정부**
동govern:~을 통치하다, 다스리다
명governor:지사

□ 0040
issue
/íʃuː/
Part 5, 6

명❶**문제**(점)(≒problem, subject) ❷(잡지 등의)~호
동❶(책 등)을 발행하다 ❷(명령 등)을 내리다

continued
▼

□ 듣기 모드　Check 1
□ 확인 모드　Check 1 ▸ 2
□ 완벽 모드　Check 1 ▸ 2 ▸ 3

Check 2　Phrase

□ **a credit [debit] balance** (빌려주는 쪽[빌리는 쪽] 잔고)

□ **attain [accomplish, achieve] one's purpose** (목적을 달성하다)

□ **have the honor of doing** ～ (～할 영예를 입다, 영광스럽게도 ～하다)
□ **win honor** (명예를 얻다, 명성을 얻다)

□ **the top [bottom] drawer** (가장 위[아래] 서랍)

□ **take measures** (대책을 강구하다)
□ **a preventive measure** (예방책)

□ **begin [start] operations** (영업을 시작하다)
□ **perform an operation on** ～ (～의 수술을 하다)

□ **the French [Japanese] government** (프랑스[일본] 정부)

□ **a sensitive issue** (예민한 문제)
□ **this week's issue of {TIME}** (타임지의 이번 주 호)

Check 3　Sentence

▸ □ **I have a balance of $3,000 in my account.** (나는 내 계좌에 3,000달러의 잔고가 있다)

▸ □ **What's the purpose of your visit?** ([세관에서]여행[입국]의 목적은 무엇입니까?)

▸ □ **I had the honor of meeting the president.** (나는 영광스럽게도 대통령과 면회했다)

▸ □ **The man is looking in the desk drawer.** (남성은 책상 서랍 안을 들여다보고 있다)

▸ □ **Cost-cutting measures have been implemented in most companies.** (경비 절감은 대부분의 회사에서 이뤄지고 있다)

▸ □ **The new plant will be in operation soon.** (새로운 공장은 곧 조업을 시작할 것이다)

▸ □ **It is said that the new government will raise the consumption tax.** (새로운 정보로는 소비세를 인상한다고 말한다)

▸ □ **Employment is going to be a central issue of the election campaign.** (고용이 선거전의 중요문제가 될 것이다)

continued ▼

Check 1　Listen 》

□ 0041
medicine
/médəsin/
Part 2, 3

명❶약(≒drug) ❷의학
형medical:의학[의료]의

□ 0042
interview
/íntərvjùː/
❗ 강세주의
비즈니스 문제

명(~을 위한/…과의)면접(for~/with…);회견
동❶~와 면접하다 ❷(~의)면접을 받다(with~)

□ 0043
competition
/kàmpətíʃən/
비즈니스 문제

명(~을 목표로 한다/…끼리의)경쟁, 다툼(for~/between-[among]…)
동compete:(compete with으로)~와 경쟁한다, 다투다
명competitor:경쟁상대

□ 0044
trade
/tréid/
비즈니스 문제

명❶(~과의)무역, 통상(with~) ❷사업, 업계;(the~)(수식어와 함께)~업
동(~와)무역[거래]하다(with~)
명trader:상인;무역업자

□ 0045
device
/diváis/
Part 1

명(~의)장치, 도구(for~)

□ 0046
subject
/sábdʒikt/
Part 4

명❶주제;화제;테마(≒theme, topic) ❷학과, 과목
형(be subject to로)❶~에 좌우되는;~을 받아들이기 쉽다 ❷~에 복종하다

□ 0047
shot
/ʃát/
❗ 정의주의

명❶주사(≒injection) ❷발사 ❸사진 ❹숏

□ 0048
credit
/krédit/
비즈니스 문제

명❶신용대출, 크레디트 ❷신용, 신뢰(≒trust)
동❶~을 신용한다 ❷(be credited with[for]로)~의 공적이 있다고 생각한다

Day 2 》
Quick Review
답은 오른쪽 페이지 아래

□ 권위
□ 질병
□ 벌금
□ 우려

□ 운임
□ 온도
□ 탈것
□ 제안

□ 영향
□ 통지
□ 세관
□ 보고서

□ 직무
□ 부
□ 기회
□ 지역

□ take medicine (약을 먹다)
□ a student of medicine (의학생)

□ Medicine must be kept out of children's reach. (약은 아이의 손이 닿지 않는 곳에 보관해야만 한다)

□ have an interview with ~ (~와 면회[회견]하다)
□ give an interview (회견에 응하다)

□ What time are you having your job interview tomorrow? (내일 취직면접은 몇 시입니까?)

□ intense [fierce, stiff] competition (격렬한 경쟁)
□ foreign competition (외국과의 경쟁)

□ More competition means lower prices. (경쟁이 많으면 가격은 낮아진다)

□ the arms trade (무기무역)
□ the tourist trade (관광업)

□ The new agreement will increase trade among countries. (그 새로운 협정은 각 나라 간의 무역을 증대시킬 것이다)

□ a safety device (안전장치)

□ The man is checking the device. (그 남자는 장치를 검사하고 있다)

□ a subject of debate (논쟁의 주제, 과제)
□ one's favorite subject (좋아하는 과목)

□ Childhood memories are the subject of her novel. (유소년기의 추억이 그녀 소설의 주제가 되고 있다)

□ have [get] a shot (주사를 맞다)
□ fire a shot (발포하다)

□ You should get a flu shot before winter. (겨울이 되기 전에 인플루엔자 예방주사를 맞는 것이 좋다)

□ buy ~ on credit (~을 신용으로 사다)
□ gain credit (신용을 얻다)

□ The store offers three months of interest-free credit. (그 가게는 3개월 무이자 신용대출을 하고 있다)

Day 2))
Quick Review
답은 왼쪽 페이지 아래

□ authority
□ disease
□ fine
□ concern

□ fare
□ temperature
□ vehicle
□ proposal

□ influence
□ notice
□ custom
□ statement

□ duty
□ department
□ opportunity
□ section

□ 0049
performance
/pərfɔ́ːrməns/
비즈니스 문제

명❶(일 등의) **실적**, 성과 ❷(업무 등의)수행 ❸연주, 상연
동perform:❶(의무 등)을 실행하다 ❷~을 연주[상연]하다

□ 0050
product
/prɑ́dʌkt/
❶ 강세주의
비즈니스 문제

명**제품**
동produce:~을 생산[제조]하다
명produce: (집합적으로)농산물;야채와 과일
명production:제조, 생산;생산량
형productive:생산력 있는, 생산적인

□ 0051
demand
/dimǽnd/
비즈니스 문제

명❶(~의) **수요**(for~)(⇔supply:공급) ❷(~을 구하는)요구 (for~)
동~을(…에) 청구하는(of[from]…)
형demanding:❶(일 등이)힘들다 ❷(사람이)요구가 까다롭다

□ 0052
effect
/ifékt/
Part 7

명❶**영향**(≒influence, impact);(원인에 대한)결과(≒result, outcome, consequence)(⇔casue:원인) ❷(~에 대한)효과 (on[upon]~) ❸(~s)개인자산, 신변의 물건
형effective:효과적인, 유효한

□ 0053
quality
/kwɑ́ləti/
Part 4

명❶**품질**, 질(⇔quantity:양) ❷성질

□ 0054
application
/æpləkéiʃən/
Part 2, 3

명(~로의) **지원**(서), 신청(서)(for~)
동apply:❶(apply for로)~를 지원하다 ❷(apply to로)(규칙 등이)~에 적용된다 ❸(apply A to B로)A를 B로 적용[응용, 이용]한다
명applicant:(~의)지원자, 응모자(for~)

□ 0055
chairman
/tʃéərmən /
Part 5, 6

명❶**의장**, 사회자 ❷(회사 등의)회장, 사장
명chair:❶의자 ❷(the~)의장
동chair:~의 의장을 역임하다

□ 0056
illness
/ílnis/

명**질병**(≒sickness, disease)
형ill:❶질병의 ❷나쁜

26 ▸ 27

continued ▾

□ 듣기 모드　Check 1
□ 확인 모드　Check 1 ▶ 2
□ 완벽 모드　Check 1 ▶ 2 ▶ 3

Check 2　Phrase

□ **an outstanding performance** (걸출한 실적)
□ **the performance of one's duties** (직무의 수행)

□ **dairy product** (유제품)

□ **supply and demand** (수요와 공급) ➕ 어순이 반대가 된다는 점에 주의
□ **a demand for higher wages** (임금 인상의 요구)

□ **have an effect on** ~ (~에 영향을 주다: ~에 효과가 있다)
□ **cause and effect** (원인과 결과)

□ **of good [poor] quality** (질 좋은[나쁜])
□ **leadership qualities** (지도자로서의 소질)

□ **an application form** (지원서, 신청서)

□ **a vice chairman** (부의장)
□ **chairman and CEO** (회장겸 최고 경영 책임자)

□ **mental illness** (정신병)

Check 3　Sentence

□ **Our company links pay to performance.** (우리 회사는 보수를 실적과 관련시킨다)

□ **Our new product will be released next month.** (당사의 신제품은 다음 달 발표될 예정이다)

□ **There is an increasing demand for food in the world.** (세계적으로 식량의 수요가 높아진다)

□ **Some people are not aware of the harmful effects of smoking.** (흡연의 악영향을 알지 못하는 사람도 있다)

□ **Quality is more important than quantity.** (품질은 양보다도 중요하다)

□ **We received a lot of job applications for the position.** (그 직업에는 많은 입사지원서가 있었다)

□ **Mr. Yoshida was elected chairman of the committee.** (요시다 씨가 위원회의 의장으로 선택되었다)

□ **Because of illness, she missed a whole month of school.** (병 때문에 그녀는 1개월 동안 학교를 쉬었다)

continued ▼

Check 1　Listen))

☐ 0057
account
/əkáunt/
Part 2, 3

명 ❶(은행) **계좌** ❷(금전의)계산서
동 (account for로)❶(어느 비율)을 차지하다 ❷~(의 원인·이유)을 설명하다

☐ 0058
stockholder
/stάkhòuldər/
비즈니스 문제

명 **주주** (≒shareholder)
명 stock:❶주식 ❷비축 ❸재고품
동 stock:❶(가게 등)에(상품을) 비축하다, 채우다(with...) ❷(상품)을 가게에 갖추다

☐ 0059
appointment
/əpɔ́intmənt/
Part 2, 3

명 ❶(면회의)**약속**(≒engagement), (의사 등)의 예약 ➕ 호텔·레스토랑의 예약은 reservation ❷임명
동 appoint:(appoint A as[to] B로)A를 B의 자리에 임명하다

☐ 0060
security
/sikjúərəti/
❗ 정의주의
Part 4

명 ❶**경비**, 보안 ❷안전 ❸(~ies)유가증권
형 secure:❶(~에 대하여)안전한(from~) ❷확실한
동 SECURE:❶~을 확보하다 ❷~을(…에서) 지키다(from...)

☐ 0061
item
/áitəm/
Part 7

명 **품목**, 항목

☐ 0062
attitude
/ǽtitjùːd/
Part 2, 3

명 ❶(~ 데 대한/…라는)**태도**(toward~/that절...) ❷자세(≒posture)

☐ 0063
pleasure
/pléʒər/
❗ 발음주의
Part 4

명 **기쁨**, 즐거움(≒delight);즐거운 일
동 please:~을 기쁘게 하다, 만족시키다
형 pleased:(be pleased with로)~에 기뻐하다, 만족하다
형 pleasant:즐거운, 유쾌한

☐ 0064
variety
/vəráiəti/
❗ 발음주의
Part 5, 6

명 ❶**종류**(≒kind, sort) ❷다양성(≒diversity)
동 very:❶(~의 점에서)다르다(in~) ❷변하다 ❸~을 바꾸다
형 various:여러 가지, 갖가지

Day 3))
Quick Review
답은 오른쪽 페이지 아래

☐ 잔고　　☐ 대책　　☐ 약　　　☐ 장치
☐ 목적　　☐ 영업　　☐ 면접　　☐ 주제
☐ 영광　　☐ 정부　　☐ 경쟁　　☐ 주사
☐ 서랍　　☐ 문제　　☐ 무역　　☐ 신용대출

CHAPTER 1

Check 2 — Phrase

- ☐ **savings [checking] account** (보통[당좌]예금계좌)
- ☐ **keep accounts** (장부[부기]를 쓰다)

- ☐ **a stockholders' meeting** (주주총회)

- ☐ **make an appointment with ~** (~와 만날 약속을 하다)
- ☐ **make the appointment of ~ as ambassador** (~을 대사로 임명하다)

- ☐ **security personnel** (경비원)
- ☐ **security measures** (안전대책)

- ☐ **a fast-selling item** (판매가 빠른 품목)

- ☐ **a good [bad] attitude** (좋은[나쁜] 태도)
- ☐ **a relaxed attitude** (긴장을 푼 자세)

- ☐ **take pleasure in ~** (~에 기쁨을 느끼다)
- ☐ **for pleasure** (즐겁게, 재미삼아)

- ☐ **varieties of apples** (여러 가지 종류의 사과)
- ☐ **variety of species** (종의 다양성)

Check 3 — Sentence

- ☐ **He withdrew some money from his account.** (그는 계좌에서 돈을 얼마인가 인출했다)

- ☐ **Mr. Brown is a major stockholder of the company.** (브라운 씨는 그 회사의 대주주다)

- ☐ **I have an appointment at the clinic this evening.** (나는 오늘 저녁, 그 진료소에 예약했다)

- ☐ **Airport security has been increased worldwide.** (전 세계 공항 경비가 강화되다)

- ☐ **The iPad is still a hot item.** (iPad는 요즘 인기 상품이다)

- ☐ **He has a real attitude problem.** (그는 정말로 태도에 문제가 있다)

- ☐ **It was a pleasure to meet you.** (당신과 만날 수 있어 기뻤습니다)

- ☐ **There are about 1,700 varieties of tulips.** (튤립에는 약 1700종류가 있다)

Day 3
Quick Review
답은 왼쪽 페이지 아래

☐ balance	☐ measure	☐ medicine	☐ device
☐ purpose	☐ operation	☐ interview	☐ subject
☐ honor	☐ government	☐ competition	☐ shot
☐ drawer	☐ issue	☐ trade	☐ credit

Check 1   Listen))

☐ 0065
cost
/kɔ́:st/
❗ 발음주의
비즈니스 문제

명 ❶(때때로 ~s)(필요)**경비**, 비용(≒expense);가격, 대가(≒price) ❷(시간 등의)희생
동 (시간·비용·노력)이 들다

☐ 0066
description
/diskrípʃən/

명 **묘사**, 설명, 기술
동 describe:❶~을 묘사[설명]하다 ❷(describe A as B로)A를 B라고 말하다[평하다]

☐ 0067
path
/pǽθ/
Part 1

명 ❶**길**(≒lane);통로 ❷진로

☐ 0068
method
/méθəd/
Part 5, 6

명 (~의)**방법**, 방식, 수단(of[for]~)(≒way, manner, means)

☐ 0069
cough
/kɔ́:f/
❗ 발음주의

명 **기침**
동 기침하다

☐ 0070
aim
/éim/
Part 5, 6

명 ❶(~의)**목표**;목적(of~) ❷조준
동 ❶(aim to do로)~하는 것을 목표하다:~하려고 노력하다 ❷(aim at로)~을 겨냥하다, 목표하다 ❸(aim A at B로)A(무기·비평 등)을 B로 향하다

☐ 0071
rate
/réit/
Part 4

명 ❶**비율** ❷(단위당)요금
동 ~을(가격으로) 짐작하다(at...)

☐ 0072
traffic
/trǽfik/
Part 4

명 **교통**[통행](량)

---

continued ▾

Check 2　Phrase

□ housing **costs**(주거비)
□ at the **cost** of ~(~을 희생하여)

□ a detailed **description**(상세한 묘사[설명])
□ **beyond description**(말로는 표현할 수 없을[정도])

□ a **path** through the forest(숲 속의 길)
□ the **path** of a typhoon(태풍의 진로)

□ teaching **methods**(지도방법)

□ give a **cough**([주의·경고를 위해] 기침을 하다)

□ achieve one's **aim**(목표를 달성하다)
□ take **aim** at ~(~을 목표로 정하다)

□ the divorce [birth] **rate**(이혼[출생]율)
□ telephone **rates**(전화요금)

□ heavy [light] **traffic**(극심한[적은] 교통량)

Check 3　Sentence

□ **Most companies are trying to cut costs.**(대부분의 회사는 경비를 절감하려고 한다)

□ **The catalog gives a description of this product.**(그 카탈로그는 이 제품에 대하여 설명하고 있다)

□ **The path winds through the trees.**(길이 나무들 사이로 나 있다)

□ **Attack is the best method of defense.**(공격은 최선의 방어수단이다)

□ **Jenny has had a bad cough for a week.**(제니는 일주일 동안 심한 기침이 이어지고 있다)

□ **The aim of a carbon tax is to halt the increase of global warming.**(탄소세의 목적은 지구온난화의 진행을 막는 것이다)

□ **America's unemployment rate is around 5 percent.**(미국의 실업률은 5퍼센트 정도다)

□ **I got stuck in a traffic jam on my way to work.**(나는 일하러 가는 도중에 교통정체를 만났다)

continued ▼

Check 1　　Listen))

□ 0073
regulation
/rὲgjuléiʃən/
Part 4

명❶(~에 관한) **규칙**, 조례(on[about]~) ❷규제
동regulate:❶~을 규제[통제, 관리]하다 ❷~을 조절[조정]하다

□ 0074
arrival
/əráivəl/
비즈니스문제

명(~에) **도착**(at[in]~)(⇔departure)
동arrive:(~에)도착하다(at[in]~)

□ 0075
fee
/fíː/
Part 2, 3

명❶(입장 등의) **요금** ❷(의사 등의)보수

□ 0076
damage
/dǽmidʒ/
Part 5, 6

명❶(~로의) **손해**, 피해(to~)(≒harm) ❷(~s)손해배상금
동~에 손해를 입히다

□ 0077
pity
/píti/

명❶**유감스러운 일** ❷(~에 대한)동정, 연민(for[on]~)(≒sympathy)

□ 0078
discount
/dískaunt/
Part 4

명**할인**
동(어느 금액)을 깎다

□ 0079
clerk
/klə́ːrk /
Part 2, 3

명❶(회사·호텔 등의) **사무직** ❷점원
형clerical:사무원의

□ 0080
foundation
/fauwndéiʃən/
Part 4

명❶(건물의) **기초**, 토대(≒base) ❷(보도 등의)근거 ❸재단
동found:~을 설립[창립, 창설]하다

32 ▶ 33

Day 4))
Quick Review
답은 오른쪽 페이지 아래

□ 실적　□ 품질　□ 계좌　□ 품목
□ 제품　□ 지원　□ 주주　□ 태도
□ 수요　□ 의장　□ 약속　□ 기쁨
□ 영향　□ 질병　□ 경비　□ 종류

Check 2 — Phrase

☐ safety **regulations** (안전규칙)
☐ the **regulation** of traffic (교통규제)

☐ her **arrival** in Tokyo (그녀의 도쿄 도착)
☐ on **arrival** (도착하는 대로, 닿자마자)

☐ an entrance **fee** (입장료)
☐ a lawyer's **fee** (변호료)

☐ cause [do] **damage** to ~ (~에 손해를 입히다)
☐ pay $25 million in **damages** (손해배상금으로 2,500만 달러를 지불하다)

☐ It is a **pity** that ~. (~은 유감스러운 일이다)
☐ take [have] **pity** on ~ (~에 동정하다, ~을 애석해하다)

☐ sell [buy] ~ at a **discount** (~을 할인으로 팔다[사다])
☐ **discount** fare [price] (할인요금[가격])

☐ a bank **clerk** (은행원)
☐ a **clerk** at a department store (백화점 점원)

☐ lay the **foundation** (기초를 쌓다)
❶ 비유적인 의미로도 이용된다
☐ without **foundation** (근거가 없다, 사실무근으로)

Check 3 — Sentence

☐ The new **regulations** made it harder to do business in China. (새로운 규칙에 의해 중국에서의 거래가 더욱 어려워졌다)

☐ The **arrival** of Flight 107 was delayed by one hour. (107편의 도착은 1시간 늦어졌다)

☐ The **fee** for a five-week English class was $250. (5주간의 영어수업료는 250달러였다)

☐ The earthquake caused severe **damage** to many buildings. (그 지진은 많은 건물에 큰 손해를 입혔다)

☐ It is a **pity** that you have to move away. (당신이 이사를 가야 한다니 유감입니다)

☐ I bought the sofa at a 20 percent **discount**. (나는 그 소파를 20퍼센트 할인으로 샀다)

☐ She works as an office **clerk** in a trading company. (그녀는 무역상사에서 사무원으로 일한다)

☐ After the earthquake, I found several cracks in the **foundation** of my house. (지진 후 집의 기초 몇 곳에 금이 간 것을 발견했다)

Day 4 🔊
Quick Review
답은 왼쪽 페이지 아래

☐ performance	☐ quality	☐ account	☐ item
☐ product	☐ application	☐ stockholder	☐ attitude
☐ demand	☐ chairman	☐ appointment	☐ pleasure
☐ effect	☐ illness	☐ security	☐ variety

Check 1   Listen 》

□ 0081
position
/pəzíʃən /
❶ 정의주의
비즈니스문제

▶ 몡❶(화이트칼라의) **직위**, 자리(≒job) ❷지위 ❸입장 ❹위치, 장소(≒lacation, place)
혱positive:❶(~에 대하여)확신[자신]이 있다(of[about]~) ❷ 긍정[적극]적인

□ 0082
exchange
/ikstʃéindʒ/
Part 2, 3

▶ 몡❶**교환** ❷환전
동(exchange A for B로)❶A를 B로 교환하다 ❷A를 B로 환전하다

□ 0083
committee
/kəmíti/
❶ 강세주의
Part 4

▶ 몡**위원회**

□ 0084
minute
/mínit/
❶ 정의주의
Part 2, 3

▶ 몡❶(~s) **의사록** ❷분 ❸간발의 차(≒moment)
혱(/mainjúːt/)❶미묘한 ❷치밀한

□ 0085
fortune
/fɔ́ːrtʃən/
❶ 정의주의
Part 5, 6

▶ 몡❶**재산**, 거액;부 ❷운(≒fate)
혱fortunate:행운의
부fortunately:다행히도, 운 좋게

□ 0086
ladder
/lǽdər/
Part 1

▶ 몡**사다리**

□ 0087
search
/sə́ːrtʃ/
Part 4

▶ 몡(~의) **수색**:조사(for[of]~)
동❶(~search for로)~을 찾다 ❷(search A for B로)A(장소)를 B를 찾아 수색[탐색]하다

□ 0088
luggage
/lʌ́gidʒ/
Part 1

▶ 몡(집합적으로)(여행자의) **수하물**(≒baggage)

---

continued ▼

□ 듣기 모드　Check 1
□ 확인 모드　Check 1 ▸ 2
□ 완벽 모드　Check 1 ▸ 2 ▸ 3

Check 2　Phrase

□ **have a position in** ～(～에 근무하다)
□ **a social position** (사회적 지위)

□ **in exchange for** ～(～와 교환하여, ～대신에)
□ **the foreign exchange** (외국위환)

□ **a budget committee** (예산위원회)

□ **take the minutes of** ～(～의 의사록을 적다)

□ **a man of fortune** (재산가)
□ **make a fortune** (한 재산을 만들다)

□ **set a ladder against the wall** (벽에 사다리를 걸다)

□ **a search for victims** (희생자의 수색)
□ **in search of** ～(～을 찾아서)

□ **carry-on luggage** (기내 수하물)

Check 3　Sentence

□ **Mr. Sato has held the position of sales manager for 10 years.** (사토 씨는 판매부장직으로 10년간 일하고 있다)

□ **Sarah is a foreign exchange student from the USA.** (사라는 미국에서 온 해외교환 유학생이다)

□ **The committee meets every second Friday.** (그 위원회는 격주 금요일에 열린다)

□ **The board is required by law to keep minutes of all meetings.** (그 위원회는 모든 회의의 의사록을 기록할 것이 법률로 요구된다)

□ **To an 8-year-old, $100 is a fortune.** (8세 아이에게 100달러는 큰 돈이다)

□ **The man is climbing up the ladder.** (그 남자는 사다리를 오른다)

□ **Police called off the search for the missing boy.** (경찰은 행방불명된 소년을 찾기 위한 수색을 중단했다)

□ **Passengers are carrying their luggage.** (승객들은 수하물을 옮기고 있다)

continued ▼

Check 1   Listen 》

☐ 0089
signature
/sígnətʃər/
비즈니스문제

▶ 몡서명, 사인 ➕ 유명인 등의 사인은 autograph
몡sign:❶조짐 ❷표식
통sign:❶(서류)에 서명하다;(이름)을 사인하다 ❷(sign up for 로)~에 지원하다;~에 참가하다 ▶

☐ 0090
warning
/wɔ́:rniŋ/
Part 4

▶ 몡(~의/…에 대한)경고, 경보(of~/against…)(≒caution)
통warn:❶~라 경고[주의]하다 ❷(warn A of[about] B 로)A에게 B(위험 등)를 경고[주의]하다 ❸(warn A to do로)A에게 ~하도록 경고[주의]하다 ▶

☐ 0091
graduate
/grǽdʒuət/

▶ 몡❶(~의)졸업생(of~) ❷대학원생(≒postgraduate)(⇔undergraduate:학부학생)
통(/grǽdʒueit/)(graduate from로)~을 졸업하다
몡graduation:졸업;졸업식 ▶

☐ 0092
background
/bǽkgràund/
비즈니스문제

▶ 몡❶경력, 학력 ❷(사고·풍경 등의)배경 ▶

☐ 0093
reward
/rəwɔ́:rd/
비즈니스문제

▶ 몡❶(~에 대한)보수, 상금(for~) ❷(~에 대한)보상금(for~)
통~에(…에 대하여) 보답하다(for…)
혱rewarding:가치가 있는, 보람이 있는 ▶

☐ 0094
failure
/féiljər/
Part 5, 6

▶ 몡❶(~에서의)실패(in[of]~)(⇔success) ❷(~)하지 않는[못하는] 것(to do)
통fail:❶(fail in로)~에 실패하다;(시험 등)에 떨어지다 ❷(fail to do로)~(하려 했지만)못하다, ~하여 손해나다 ▶

☐ 0095
customer
/kʌ́stəmər/
비즈니스문제

▶ 몡(상점의)고객, 거래[단골]처 ➕ 변호사·건축가 등의 고객은 client ▶

☐ 0096
baggage
/bǽgidʒ/
Part 5, 6

▶ 몡(집합적으로)(여행용의)수하물(≒luggage) ▶

Day 5 》
Quick Review
답은 오른쪽 페이지 아래

☐ 경비
☐ 묘사
☐ 길
☐ 방법
☐ 기침
☐ 목표
☐ 비율
☐ 교통
☐ 규칙
☐ 도착
☐ 요금
☐ 손해
☐ 유감스러운 일
☐ 할인
☐ 사무원
☐ 기초

Check 2　Phrase

□ write [put] one's **signature** on ~ (~에 서명[사인]하다)

□ **without** **warning** (경고[예고]도 없이, 느닷없이)

□ a high school **graduate** (고졸자)

□ a criminal **background** (범죄력)
□ the **background** of the problem (문제의 배경)

□ in **reward** for ~ (~의 보수로서, ~에 대가로)
□ a **reward** for information (정보에 대한 보상금)

□ the **failure** of the project (프로젝트의 실패)
□ end [result] in **failure** (실패로 끝나다)

□ a regular **customer** (단골손님)

□ excess **baggage** (초과수하물)

Check 3　Sentence

□ **May** I have your **signature** here? (여기에 서명해주시겠어요?)

□ The weather service has issued a hurricane **warning**. (기상예보회사는 태풍 경보를 내렸다)

□ She is a **graduate** of Yale University. (그녀는 예일대학 졸업생이다)

□ He has a **background** in software engineering. (그에게는 소프트웨어 공학의 경력이 있다)

□ He was given a $400 **reward** for his work. (그는 그의 일에 대하여 400달러의 보수를 받았다)

□ **Failure** to reach an agreement will lead to a strike. (합의에 이르지 않을 경우는 파업을 할 것이다)

□ The **customer** is always right. (고객은 왕이다) ➕ '고객은 늘 옳다'가 원래 고객을 대할 때의 모토

□ My **baggage** is too heavy to lift. (내 수하물은 너무 무거워 들 수 없다)

Day 5 〗
Quick Review
답은 왼쪽 페이지 아래

□ cost	□ cough	□ regulation	□ pity
□ description	□ aim	□ arrival	□ discount
□ path	□ rate	□ fee	□ clerk
□ method	□ traffic	□ damage	□ foundation

□ 0097
patience
/péiʃəns/
❗ 발음주의
Part 4

▶ 몡인내(력)
휑patient:인내하는
몡patient:환자, 병자

□ 0098
defense
/diféns/
❗ 정의주의
Part 5, 6

▶ 몡❶변호 ❷(the~)변호단 ❸(~에 대한)방위, 방어 (물)(aga-inst~)(⇔attack, offense)
동defend:~을(…에서) 지키다(against[from]...)

□ 0099
special
/spéʃəl/
❗ 정의주의
Part 4

▶ 몡❶(레스토랑 등의)특별요리;특매품 ❷특별방송
휑특별한
동specialize:(specialize in로)~을 전공을 하다, 전공하다

□ 0100
industry
/índəstri/
❗ 강세주의
비즈니스문제

▶ 몡산업;(산업 각 부문의)~업
휑industrial:산업[공업]의
휑industrious:근면한

□ 0101
toast
/tóust/
❗ 정의주의
Part 4

▶ 몡❶건배, 축배 ❷토스트
동~에 건배하다

□ 0102
firm
/fɔ́ːrm/
❗ 정의주의
비즈니스문제

▶ 몡회사(≒company, corporation);(조직으로서의)사무소
휑단단한

□ 0103
detail
/díːteil /
Part 2, 3

▶ 몡❶(~s)상세(≒specific) ❷세부
동~을 상세히 서술하다
휑detailed:상세한

□ 0104
location
/loukéiʃən/
Part 2, 3

▶ 몡장소, 위치(≒place, position)
동locate:❶(장소·원인 등)을 밝혀내다, 찾아내다 ❷(be located in[at]로)(건물 등이)~에 위치하다, 있다

---

continued
▼

☐ 듣기 모드 　Check 1
☐ 확인 모드 　Check 1 ▶ 2
☐ 완벽 모드 　Check 1 ▶ 2 ▶ 3

Check 2 　Phrase

☐ **have the patience to do** ~(참을성 있게 ~하다)
☐ **lose one's patience with** ~ (~을 더는 참을 수 없게 되다)

☐ **come to her defense**(그녀를 변호한다, 그녀를 지키다)
☐ **legal defense**(정당방위)

☐ **on special**(특매[특가]로)
☐ **a TV special**(텔레비전의 특별방송)

☐ **a growth industry**(성장산업)
☐ **the steel industry**(철강업)

☐ **propose a toast**(건배를 청하다)

☐ **a law firm**(법률사무소)

☐ **go into details about** ~(~에 대하여 상세히 설명하다)
☐ **in detail**(상세히)

☐ **the location of the headquarters**(본사의 소재지)

Check 3 　Sentence

☐ **This job needs a lot of patience.** (이 일에는 많은 인내심이 필요하다)

☐ **She decided to speak in her own defense.** (그녀는 자신을 변호하기 위해 발언하기로 했다)

☐ **Today's lunch special is a pepperoni pizza.** (오늘 점심의 특별요리는 페퍼로니피자다)

☐ **Mr. Suzuki has an extensive background in the pharmaceutical industry.** (스즈키 씨는 제약업계에서 폭넓은 경력을 가지고 있다)

☐ **Please raise your glasses to make a toast.** (건배를 위해 잔을 들어주세요)

☐ **I have worked for the design firm for 10 years.** (나는 그 디자인회사에 10년간 근무하고 있다)

☐ **For further details, please call 0120-2345-67XX.** (보다 상세한 내용에 대해서는 0120-2345-67XX로 전화주세요)

☐ **Her house is in a really good location.** (그녀의 집은 정말 멋진 곳에 있다)

continued ▼

Check 1　Listen))

□ 0105
effort
/éfərt/
Part 5, 6

명 (~하려는) **노력**(to do)

□ 0106
responsibility
/rispànsəbíləti/
❶ 강세주의

명 (~에 대한/…한) **책임**, 의무(for~/to do)
형 responsible:(be responible for로)~에 책임이 있다

□ 0107
broadcast
/brɔ́:dkæst/

명 (라디오·텔레비전의) **방송**
동 (방송 등)을 방송하다

□ 0108
production
/prədʌ́kʃən/
비즈니스문제

명 **제조**, 생산(⇔consumption:소비);생산량
동 produce:~을 생산[제조]하다
명 produce:(집합적으로)농산물;야채와 과일
명 product:제품
형 productive:생산력 있는, 생산적인

□ 0109
opinion
/əpínjən/
Part 5, 6

명 (~에 관한) **의견**, 견해(about[on]~)(≒view)

□ 0110
grace
/gréis/
❶ 정의주의

명 ❶(지연 등에 대한) **유예** ❷(동작 등의)우아함, 고상함
형 graceful;우아한, 고상한
형 gracious:❶친절한, 상냥한 ❷우아한, 고상한

□ 0111
complaint
/kəmpléint/
비즈니스문제

명 (~에 대한/…라는) **불만**, 고충(about~/taht절…)
동 complain:(complain about[of]로)~에 대해 불만[항의, 불평]을 말하다

□ 0112
organization
/ɔ́:rgənizéiʃən/
비즈니스문제

명 **조직**(체), 단체
동 organize:❶(파티 등)을 계획[준비]하다 ❷(단체 등)을 조직하다

Day 6))
Quick Review
답은 오른쪽 페이지 아래

□ 직위	□ 재산	□ 서명	□ 보수
□ 교환	□ 사다리	□ 경고	□ 실패
□ 위원회	□ 수색	□ 졸업생	□ 고객
□ 의사록	□ 수하물	□ 경력	□ 수하물

Check 2 Phrase	Check 3 Sentence

☐ **make an** effort(노력하다)
☐ efforts **to lose weight**(감량하려 노력한다)

▶ ☐ **You should make every** effort **to achieve your goal.**(당신은 목표를 달성하기 위해 다시 노력해야 한다)

☐ **take** responsibility **for** ~(~의 책임을 지다)
☐ **a sense of** responsibility(책임감)

▶ ☐ **His promotion means more** responsibility.(그의 승진은 책임이 증가한 것을 의미한다)

☐ **live** broadcast(생방송)

▶ ☐ **There is a** broadcast **of an important soccer match tonight.**(오늘밤, 중요한 축구경기 방송이 있다)

☐ **go into** production(생산에 들어가다, 생산되다)
☐ **be in** production(생산되고 있다)

▶ ☐ **Farm** production **decreased by 8 percent last year.**(농업생산은 작년에 8퍼센트 감소했다)

☐ **give [express] an** opinion(의견을 말하다)
☐ **in my** opinion(내 생각으로는)

▶ ☐ **I was asked for my** opinion **about the plan.**(나는 그 계획에 대한 내 의견을 요구받았다)

☐ **a day's [week's]** grace(1일[1주간]의 유예)
☐ **with** grace(우아하게)

▶ ☐ **The boss gave me a few days'** grace **to finish the report.**(상사는 내게 보고서를 완성하는데 며칠간의 유예를 주었다)

☐ **a** complaint **about poor service**(형편없는 서비스에 대한 불평)
☐ **deal with** complaints(고충을 처리하다)

▶ ☐ **If you have a** complaint**, why don't you talk to your boss?**(불만이 있다면 상사에게 상담하면 어때?)

☐ **a non-profit** organization(비영리 단체=NPO)

▶ ☐ **Good communication is essential in a large** organization.(큰 조직에서는 충분한 커뮤니케이션이 반드시 필요하다)

Day 6))
Quick Review
답은 왼쪽 페이지 아래

☐ position   ☐ fortune   ☐ signature   ☐ reward
☐ exchange   ☐ ladder   ☐ warning   ☐ failure
☐ committee   ☐ search   ☐ graduate   ☐ customer
☐ minute   ☐ luggage   ☐ background   ☐ baggage

Check 1　Listen 》

□ 0113
term
/tə́ːrm/
❗ 정의주의
비즈니스문제

명❶(~s)(계약 등의) **조건**(≒condition) ❷기간 ❸학기 ❹용어

□ 0114
view
/vjúː/
Part 5, 6

명❶**풍경**, 조망(≒landscape, outlook, scenery, sight) ❷관점 ❸(~에 관한)생각(on[about]~)(≒opinion)
동~을 고찰[고려]하다

□ 0115
material
/mətíəriəl/
비즈니스문제

명❶**재료**, 원료(≒matter, stuff, substance) ❷원단(≒fabric) ❸(~의)자료(for~)
형물질의, 물질적인(⇔spiritual:정신적인)

□ 0116
railing
/réiliŋ/
Part 1

명**난간**

□ 0117
author
/ɔ́ːθər/

명❶(~의) **저자**, 작가(of~) ❷(~의) 입안자(of~)

□ 0118
challenge
/tʃǽlindʒ/
❗ 정의주의
Part 5, 6

명❶(보람이 있다) **어려운 문제**, 과제 ❷도전
동~에 도전하다
형challenging:보람 있는, 의욕을 돋우다

□ 0119
fountain
/fáuntən/
Part 1

명❶**분수** ❷분수식 식수대

□ 0120
public
/pʌ́blɪk/
Part 5, 6

명(the~)(집합적으로) **일반사람들**, 대중
형공공의(⇔private)
명publicity:❶주지, 지명도, 평판 ❷선전, 홍보

---

continued ▼

Check 2　Phrase

☐ **on equal [unequal] terms**(대등[불평등]한 조건으로)
☐ **in the long [short] term**(장기[단기]적으로는)

☐ **a wonderful view of Mt. Fuji** (후지산의 훌륭한 풍경)
☐ **express the view that ~** (~라는 의견을 표출하다)

☐ **building materials**(건축재료)
☐ **clothing material**(옷감)

☐ **hold on to a railing**(난간을 잡다)

☐ **the author of {War and Peace}**(《전쟁과 평화》의 저자)
☐ **the author of the plan**(그 계획의 입안자)

☐ **meet [rise to] a challenge**(어려운 문제에 대처하다)
☐ **accept a challenge**(도전에 응하다)

☐ **a fountain in the park**(공원 내의 분수)

☐ **the general public**(일반대중)

Check 3　Sentence

☐ **He accepted the terms of the contract.** (그는 계약조건을 받아들였다)

☐ **We had a really good view of the lake from the balcony.**(발코니에서 보이는 호수의 풍경은 정말 멋졌다)

☐ **This bench is made of recycled materials.** (이 벤치는 재활용재료로 만들어졌다)

☐ **The woman is leaning against the railing.** (그 여자는 난간에 기대어 있다)

☐ **Haruki Murakami is my favorite author.** (무라카미 하루키는 내가 좋아하는 작가다)

☐ **She is now facing the biggest challenge of her career.** (그녀는 지금 그녀의 커리어에서 가장 어려운 문제에 직면해 있다)

☐ **The children are playing in the water fountain.** (분수의 물속에서 아이들이 놀고 있다)

☐ **The historical temple is now open to the public.** (그 역사적인 사찰은 현재 일반에게 개방되어 있다)

continued ▼

Check 1　　Listen 》

□ 0121
employee
/implɔ́iːz/
❶ 강세주의
비즈니스문제

  명**종업원**, 피고용자(⇔employer:고용자[주])
동employ:❶~을 고용하다 ❷(수단 등)을(…을 위해)이용하다 (for...)
명employment:❶고용 ❷근무

□ 0122
trend
/trénd/
Part 4

  명(~에의/…의 점에서)**경향**, 동향(toward[to]~/in...)(≒ tendency)

□ 0123
profession
/prəféʃən/
비즈니스문제

  명(지적인)**직업**, 전문직(≒job, occupation, career)
형professional:❶프로의 ❷전문가에 의한
명professional:❶프로선수 ❷전문가

□ 0124
income
/ínkʌm/
비즈니스문제

  명**수입**, 소득(≒earning)

□ 0125
capital
/kǽpətl/
❶ 정의주의
비즈니스문제

  명❶**자본**(금) ❷수도 ❸대문자
형❶자본의 ❷대문자의 ❸사형의, 사형에 준하는
명capitalism:자본주의
명capitalist:❶자본가 ❷자본주의자

□ 0126
institution
/ìnstətjúːʃən/
Part 4

  명❶**기관**, 단체 ❷(고아원 등의)시설 ❸(사회적)제도(≒system)
명institute:(학술 등의)연구기관, 학회, 협회
동institute:(제도 등의)을 제정한다, 도입하다

□ 0127
client
/kláiənt/
비즈니스문제

  명(변호사·건축가 등의)**고객**, 의뢰인, 거래[단골]처 ➕ 상점 등의 고객은 customer

□ 0128
article
/ɑ́ːrtikl/
비즈니스문제

  명❶**상품**, 물품 ❷(~에 대한)기사(on[about]~) ❸(법률 등의)조항

Day 7 》
Quick Review
답은 오른쪽 페이지 아래

□ 인내　　□ 건배　　□ 노력　　□ 의견
□ 변호　　□ 회사　　□ 책임　　□ 유예
□ 특별요리　□ 상세　　□ 방송　　□ 불만
□ 산업　　□ 장소　　□ 제조　　□ 조직

Check 2 Phrase	**Check 3** Sentence

□ **hire [fire] employees** (종업원을 고용하다[해고하다])
□ **a government employee** (공무원)

▶ □ **Mr. Jones is in charge of employee training.** (존스 씨는 종업원 교육을 담당하고 있다)

□ **reverse a trend** (지향을 역전시킨다)
□ **the trend of public opinion** (여론의 동향)

▶ □ **Stock prices will continue their upward trend.** (주가는 상승 경향을 이어갈 것이다)

□ **a respectable profession** (착실한 직업)

▶ □ **She is a lawyer by profession.** (그녀의 직업은 변호사다)

□ **income tax** (소득세)
□ **middle-income families** (중산층)

▶ □ **His yearly income is about $50,000.** (그의 연봉은 약 5만 달러다)

□ **foreign capital** (외국자본)
□ **the capital of Japan** (일본의 수도)

▶ □ **The company was started with $5,000 in capital.** (그 회사는 자본금 5,000달러로 창업되었다)

□ **a financial institution** (금융기관)
□ **the institution of marriage** (결혼제도)

▶ □ **Beijing University is the most important educational institution in China.** (북경 대학은 중국에서 가장 중요한 교육 기관이다)

□ **a client company** (거래[단골] 회사)

▶ □ **I have an important meeting with my client today.** (나는 오늘 고객과의 중요한 회의가 있다)

□ **articles of clothing** (의료)
□ **an article about the accident** (그 사고에 관한 기사)

▶ □ **The shop sells articles of all kinds for sports.** (그 가게에서 모든 종류의 스포츠용품을 팔고 있다)

Day 7))
Quick Review
답은 왼쪽 페이지 아래

□ patience	□ toast	□ effort	□ opinion
□ defense	□ firm	□ responsibility	□ grace
□ special	□ detail	□ broadcast	□ complaint
□ industry	□ location	□ production	□ organization

Check 1　Listen ⟫

□ 0129
export
/ékspɔːrt/
비즈니스문제

명**수출**;(통례~s)수출품(⇔import)
동(/ikspɔ́ːrt/) ~을(…에) 수출한다(to...)

□ 0130
range
/réindʒ/
Part 7

명❶**범위**, 폭(≒scope) ❷사정(거리)
동(range from A to B로)(범위 등이)A에서 B로 미치다, 걸치다

□ 0131
service
/sə́ːrvis/
❗정의주의
Part 4

명❶(~에)**공헌**, 봉사(to~) ❷접객, 서비스

□ 0132
offense
/əféns/

명❶(~에 대한)**위반**, 범죄(against~) ❷기분을 해치는 것;무례
동offend:❶~의 감정을 해치다 ❷죄를 범하다
형offensive:❶(~에)불쾌한, 무례한(to~) ❷공격자의

□ 0133
fund
/fʌ́nd/
Part 5, 6

명(때때로~s)(~의 위한)**자본**, 기금(for~)
동~에 자금을 제공하다

□ 0134
climate
/kláimit/
❗발음주의

명❶**기후** ❷(어느 시대·사회의)풍조, 경향, 추세

□ 0135
defeat
/difíːt/
Part 5, 6

명**패배**, 패전(⇔victory) ➕ 타파, 승리라는 반대의 의미로 이용될 때도 있다
동~에 이기다, ~을 격파하다

□ 0136
cab
/kǽb/
Part 2, 3

명**택시**(≒taxi)

continued ▼

☐ 듣기 모드　Check 1
☐ 확인 모드　Check 1 ▸ 2
☐ 완벽 모드　Check 1 ▸ 2 ▸ 3

Check 2　Phrase

☐ the **export** market (수출시장)

☐ a wide [broad] **range** of ~ (폭넓은)
☐ **within** [out of] **range** (사정 내[밖]에서)

☐ **do a service** to ~ (~를 위해 공헌한다, ~에 도움이 된다)
☐ **customer service** (고객 서비스)

☐ a traffic **offense** (교통위반)
☐ **cause** [give] **offense** to ~ (~을 화나게 하다)

☐ **funds** for the project (프로젝트 자금)
☐ **raise funds** (기금을 모집하다)

☐ **climate** change (기후변동)
☐ **an economic climate** (경제정세)

☐ **an election defeat** (선거에서 패배)
☐ **admit defeat** (패배를 인정하다)

☐ **hail a cab** (택시를 부르다)

Check 3　Sentence

☐ **Oil is one of Indonesia's largest exports.** (석유는 인도네시아 최대 수출품 중 하나다)

☐ **Starting salaries are in the range of $20,000 to $30,000.** (초임은 2만 달러에서 3만 달러 범위다)

☐ **We appreciate your service to our company.** (우리 회사에 기여한 당신의 공헌에 감사합니다)

☐ **Drunk driving is a criminal offense.** (음주운전은 형사 범죄다)

☐ **He was accused of misusing company funds.** (그는 회사의 자금을 악용하여 고발당했다)

☐ **Sydney has a temperate climate.** (시드니는 온난한 기후다)

☐ **She managed a smile after her defeat.** (패배 후 그녀는 미소를 지어보였다)

☐ **Could you call me a cab, please?** ([전화로] 택시를 불러주시겠어요?)

continued
▼

Check 1　　Listen 》

☐ 0137
rent
/rént/
비즈니스문제

명 (~의)**임대** [사용]**료**(for~)(≒retal)
동 (집 등)을(…에서) 빌리다(from…)

☐ 0138
career
/kəríər/
❗ 강세주의
비즈니스문제

명 ❶**직업** (≒job, profession, occupation) ❷경력

☐ 0139
return
/ritə́:rn/
❗ 정의주의
비즈니스문제

명 ❶(때때로~s)**이익**, 수익(≒protit) ❷반환, 반품
동 ❶(~에서/…로)돌아가다(from~/to…) ❷~을(…에) 돌려주다(to…)

☐ 0140
option
/ápʃən/
Part 4

명 (~하는)**선택** ;선택지, 선택권(of doing[to do])(≒choice)
형 optional:임의[자의]의 ;자유선택의

☐ 0141
cart
/ká:rt/
Part 1

명**쇼핑카트** ;수레

☐ 0142
channel
/tʃǽnl/
❗ 발음주의
Part 5, 6

명 ❶(정보 등의)**경로**, 루트 ❷(텔레비전의)채널 ❸해협(≒strait)

☐ 0143
agency
/éidʒənsi/
Part 2, 3

명 ❶**대리점** ❷정부기관, ~청[국]
명 agent:대리인, 대리점

☐ 0144
content
/kántent/
❗ 강세주의
Part 5, 6

명 (~s)(문서 등의)**내용**
형 (/kəntént/)(be content with로)~로 만족하다

| Day 8 》
Quick Review
답은 오른쪽 페이지 아래 | ☐ 조건
☐ 풍경
☐ 재료
☐ 난간 | ☐ 저자
☐ 어려운 문제
☐ 분수
☐ 일반사람들 | ☐ 종업원
☐ 경향
☐ 직업
☐ 수입 | ☐ 자본
☐ 기관
☐ 고객
☐ 상품 |

Check 2   Phrase

- ☐ pay rent(임대료를 지불하다)
- ☐ for rent([명사 뒤에서]임대용의, 빌려주기 위한)

- ☐ career change(전직)
- ☐ a career as a lawyer(변호사로서의 경력)

- ☐ a return on investment(투자이익)
- ☐ the return of the book(책의 반환)

- ☐ make one's option(선택하다)
- ☐ have no option but to do ~(~하는 수밖에 없다)

- ☐ a cart full of groceries(식료품이 가득 든 쇼핑카트)

- ☐ the channel of infection(감염경로)
- ☐ switch channels(채널을 바꾸다)

- ☐ an insurance agency(보험대리점)
- ☐ a UN agency(유엔기관)

- ☐ the contents of the box(상자의 내용물)

Check 3   Sentence

- ☐ The rent for the house is $950 a month.(그 집의 임대료는 한 달에 950달러다)

- ☐ I'm interested in a career in banking.(나는 은행 업무에 흥미를 가지고 있다)

- ☐ A few people get high returns from their personal investments.(개인투자로 높은 이익을 올리는 사람은 적다)

- ☐ You have the option of taking German, French, Spanish, or Chinese as a second foreign language.(제2외국어로 독일어, 프랑스어, 스페인어, 또는 중국어를 선택할 수 있다)

- ☐ The woman is wheeling her cart.(그 여자는 쇼핑카트를 밀고 있다)

- ☐ We obtained the information through official channels.(우리들은 공식 루트로 그 정보를 얻었다)

- ☐ I went to the travel agency to book a package tour.(나는 패키지 투어를 예약하기 위해서 여행대리점으로 갔다)

- ☐ The contents of the book were not so interesting.(그 책의 내용은 그리 재미있지 않았다)

Day 8))
Quick Review
답은 왼쪽 페이지 아래

☐ term	☐ author	☐ employee	☐ capital
☐ view	☐ challenge	☐ trend	☐ institution
☐ material	☐ fountain	☐ profession	☐ client
☐ railing	☐ public	☐ income	☐ article

□ 0145 agreement
/əgríːmənt/
비즈니스문제

명 ❶(~과의/…에 관한)**협정**, 계약(with~/on...)(≒treaty, pact, contract) ❷(~와의)합의(with~)(⇔disagreement)
동 agree: ❶(agree on[about]으로)~의 점으로 의견이 일치하다 ❷(agree with로)~에 찬성[동의]하다

□ 0146 punishment
/pʌ́niʃmənt/

명 (~에 대한)**처벌**, 형벌(for~)(≒penalty)
동 punish:(punish A for B로)A를 B(나쁜 일 등)로 벌하다, 처벌하다

□ 0147 ceiling
/síːliŋ/
❗ 발음주의
Part 1

명 **천장**(⇔floor:바닥)

□ 0148 advantage
/ædvǽntidʒ/
Part 5, 6

명 (~보다/…라는)**유리한 점**, 이점(over~/of...)(⇔disadvantage:불리)
형 advantageous:(~에)유리한, 상황이 좋은(to~)

□ 0149 furniture
/fə́ːrnitʃər/
Part 2, 3

명 (집합적으로)**가구** ➕ 셀 때는 a piece[two pieces] of~ 등을 이용한다

□ 0150 scale
/skéil/
❗ 정의주의
Part 1

명 ❶**저울** ❷규모 ❸등급
동 ❶~에 오르다 ❷~을 비율에 따라 정하다

□ 0151 attention
/əténʃən/
Part 4

명 ❶(~에)**주의**(to~) ❷(~의)배려(to~)
동 attend:~에 출석하다
명 attendance:(~에)출석;출석자 수(at~)
명 attendant:❶점원, 접객[안내]담당 ❷종사자

□ 0152 supply
/səplái/
❗ 정의주의
Part 2, 3

명 ❶(통상~ies)**비품**;필수품;재고 ❷공급(⇔demand:수요) ❸공급물
동 (supply A with B로)A에 B를 공급한다(≒provide A with B)
➕ supply A with B=supply B to A
명 supplier:공급[납품]자

continued ▼

☐ 듣기 모드　Check 1
☐ 확인 모드　Check 1 ▸ 2
☐ 완벽 모드　Check 1 ▸ 2 ▸ 3

Check 2　Phrase

☐ **a trade agreement**(무역협정)
☐ **reach an agreement**(합의에 다다르다)

☐ **capital punishment**(사형)
☐ **a severe [harsh] punishment**(중한 처벌)

☐ **a low [high] ceiling**(낮은[높은] 천장)

☐ **have an advantage over ~**(~보다 유리하다)
☐ **a big advantage**(큰 이점)

☐ **kitchen furniture**(부엌용 가구)

☐ **a bathroom scale**(체중계)
☐ **on a large [small] scale**(대[소]규모로)

☐ **attract someone's attention**([사람]의 주의를 끌다)
☐ **attention to customers**(고객에 대한 배려)

☐ **emergency supplies**(방재용품)
☐ **fuel supply**(연료공급)

Check 3　Sentence

☐ **Before you sign an agreement, you should read it carefully.**(계약에 사인하기 전에 그것을 주의 깊게 읽는 것이 좋다)

☐ **Tom was suspended for one week as punishment for breaking school rules.**(교칙을 깬 벌로 톰은 일주일간 정학 당했다)

☐ **A single bulb is hanging from the ceiling.**(전구 하나만 천장에 매달려 있다)

☐ **Applicants with relevant skills and experience will be at an advantage.**(관련된 기술과 경험이 있는 응모자가 유리할 것이다)

☐ **We went to the department store to buy several pieces of furniture.**(우리들은 가구를 몇 점 사기 위해 백화점으로 갔다)

☐ **The shop clerk is placing fish on a scale.**(점원은 저울 위에 생선을 놓고 있다)

☐ **Hard work and attention to detail are keys to success.**(근면과 세심한 주의가 성공에는 반드시 필요하다)

☐ **Office supplies are stored in the cabinet.**(사무용품은 캐비닛에 넣어둔다)

continued
▼

Check 1　　Listen))

□ 0153
witness
/wítnis/
Part 2, 3

명 (~의) **목격자**(to~)
동 ~을 목격하다

□ 0154
change
/tʃéindʒ/
❗ 정의주의
Part 2, 3

명 ❶**잔돈**, 거스름돈 ❷변화
동 ❶~을 바꾸다 ❷변하다
형 changeable:(날씨가) 변하기 쉽다;(계약 등이) 변경 가능한

□ 0155
condition
/kəndíʃən/
비즈니스문제

명 ❶(통례~s)(~의)(필요) **조건**(of[for]~)(≒term) ❷(~s)상황, 사정;상태(≒state, situation)
동 ❶~을 좋은 상태로 하다 ❷~을(…하도록) 길들이다(to do)

□ 0156
analysis
/ənǽləsis/
Part 5, 6

명 (~의) **분석**(of~)(⇔synthesis:통합)
동 analyze:~을 분석하다
명 analyst:분석가, 애널리스트;(정세 등의)해설자
형 analytical:분석의, 분석적인

□ 0157
crop
/kráp/
Part 1

명 ❶**농작물** ❷수확량
동 (머리카락 등)을 자르다

□ 0158
result
/rizʌ́lt/
Part 5, 6

명 ❶(~의) **결과**(of~)(≒effect, outcome, consequence)(⇔cause:원인) ❷(~s)성과
동 ❶(result from로)~에 기인[유래]하다 ❷(result in로)~한 결과가 되다

□ 0159
interest
/íntərəst/
❗ 정의주의
비즈니스문제

명 ❶**이자** ❷이익 ❸(~의)취미, 관심(in~)
형 interesting:재미있는, 흥미로운
형 interested:(~에)흥미[관심]을 가진(in~)

□ 0160
branch
/brǽntʃ/
❗ 정의주의
비즈니스문제

명 ❶**지점**(⇔head office, headquarters:본사) ❷가지

Day 9))
Quick Review
답은 오른쪽 페이지 아래

□ 수출	□ 자본	□ 임대료	□ 쇼핑카트
□ 범위	□ 기후	□ 직업	□ 경로
□ 공헌	□ 패배	□ 이익	□ 대리점
□ 위반	□ 택시	□ 선택	□ 내용

<table>
<tr><th>Check 2   Phrase</th><th>Check 3   Sentence</th></tr>
<tr><td>☐ a witness to the murder(살인의 목격자)</td><td>☐ Police are looking for witnesses to the car accident. (경찰은 그 자동차 사고의 목격자를 찾고 있다)</td></tr>
<tr><td>☐ in (small) change(잔돈으로)
☐ a change of temperature(기온의 변화)</td><td>☐ Can you make change for a dollar? (1달러를 잔돈으로 바꿔주실 수 있나요?)</td></tr>
<tr><td>☐ working conditions(노동조건)
☐ living conditions(생활상황)</td><td>☐ Under the conditions of the contract, the work must be completed by the end of the year.(계약 조건에 그 일은 연말까지 끝내야만 한다)</td></tr>
<tr><td>☐ statistical analysis(통계분석)</td><td>☐ I was asked to make an analysis of the data. (나는 그 데이터의 분석을 의뢰받았다)</td></tr>
<tr><td>☐ grow crops(농작물을 키우다)
☐ a bumper crop(농작)</td><td>☐ People are harvesting crops. (사람들은 작물을 수확하고 있다)</td></tr>
<tr><td>☐ as a result of ~ (~의 결과로서)
☐ get results(성과를 올리다)</td><td>☐ He is anxious about the result of the employment exam.(그는 채용시험 결과를 걱정하고 있다)</td></tr>
<tr><td>☐ interest rate(금리, 이율)
☐ the public interest(공공의 이익)</td><td>☐ I have been paying 2.5 percent interest on the home loan. (나는 주택대출로 2.5퍼센트의 이자를 지불하고 있다)</td></tr>
<tr><td>☐ an overseas branch(해외지점)
☐ a dead branch(마른 가지)</td><td>☐ Our company has branches in Sapporo and Osaka. (우리 회사는 삿포로와 오사카에 지점을 가지고 있다)</td></tr>
</table>

Day 9))
Quick Review
답은 왼쪽 페이지 아래

☐ export	☐ fund	☐ rent	☐ cart
☐ range	☐ climate	☐ career	☐ channel
☐ service	☐ defeat	☐ return	☐ agency
☐ offense	☐ cab	☐ option	☐ content

Chapter 1 Review

왼쪽 페이지의 (1)~(20) 의 명사의 동의 · 유의어 (≒), 반의 · 반대어 (⇔) 를 오른쪽 페이지의 A~T 에서 선택하여 괄호 안에 답을 적는다 . 의미를 모를 때는 색인 번호를 참조하고 복습하자 .(답은 오른쪽 아래)

- ☐ **(1) contract** (0004) ≒ 은? (　　　)
- ☐ **(2) stock** (0011) ≒ 은? (　　　)
- ☐ **(3) influence** (0025) ≒ 은? (　　　)
- ☐ **(4) opportunity** (0031) ≒ 은? (　　　)
- ☐ **(5) purpose** (0034) ≒ 은? (　　　)
- ☐ **(6) issue** (0040) ≒ 은? (　　　)
- ☐ **(7) demand** (0051) ⇔ 은? (　　　)
- ☐ **(8) quality** (0053) ⇔ 은? (　　　)
- ☐ **(9) cost** (0065) ≒ 은? (　　　)
- ☐ **(10) damage** (0076) ≒ 은? (　　　)
- ☐ **(11) luggage** (0088) ≒ 은? (　　　)
- ☐ **(12) firm** (0102) ≒ 은? (　　　)
- ☐ **(13) detail** (0103) ≒ 은? (　　　)
- ☐ **(14) opinion** (0109) ≒ 은? (　　　)
- ☐ **(15) term** (0113) ≒ 은? (　　　)
- ☐ **(16) income** (0124) ≒ 은? (　　　)
- ☐ **(17) defeat** (0135) ⇔ 은? (　　　)
- ☐ **(18) option** (0140) ≒ 은? (　　　)
- ☐ **(19) punishment** (0146) ≒ 은? (　　　)
- ☐ **(20) result** (0158) ≒ 은? (　　　)

A. condition

B. supply

C. specific

D. harm

E. effect

F. outcome

G. baggage

H. aim

I. choice

J. agreement

K. earning

L. problem

M. view

N. occasion

O. company

P. expense

Q. penalty

R. share

S. quantity

T. victory

【해답】 (1) J (2) R (3) E (4) N (5) H (6) L (7) B (8) S (9) P (10) D
(11) G (12) O (13) C (14) M (15) A (16) K (17) T (18) I (19) Q (20) F

CHAPTER 2

동사 : 초필수112

Chapter 2에서는 TOEIC '초필수' 동사 112를 익힌다. Chapter 1을 끝내고 학습 속도도 꽤 익숙해졌을 것이다. '600점 돌파'를 목표로 이 속도를 유지하자.

Day 11 【동사1】
▶ 58
Day 12 【동사2】
▶ 62
Day 13 【동사3】
▶ 66
Day 14 【동사4】
▶ 70
Day 15 【동사5】
▶ 74
Day 16 【동사6】
▶ 78
Day 17 【동사7】
▶ 82
Chapter 2 Review
▶ 86

TOEIC식 격언

Haste makes wastes.

서두름은 쓸데없는 것만 양산한다.
직역) 급한 일은 무리를 낳는다.

CHAPTER 1
CHAPTER 2
CHAPTER 3
CHAPTER 4
CHAPTER 5
CHAPTER 6
CHAPTER 7
CHAPTER 8
CHAPTER 9
CHAPTER 10
CHAPTER 11

Check 1　Listen))

□ 0161
possess
/pəzés/
❶ 발음주의
Part 5, 6

동 ~을 소유하다, 가지고 있다(≒have, own)
명 possession: ❶(통례~s)소유물;재산 ❷소유, 소지

□ 0162
replace
/ripléis/
Part 2, 3

동 ❶~을(…과) 바꾸다(with…) ❷(…로서)~으로 대체하다,
~의 후임이 된다(as…)(≒take the place of)
명 replacement: ❶(~의)후임자;대체품(for~) ❷반환

□ 0163
conduct
/kəndʌ́kt/
❶ 강세주의
Part 1

동 (업무 등)을 행하다, 관리하다
명 (/kándʌkt/) ❶행동 ❷실시, 수행
명 conductor: ❶(오케스트라의)지휘자 ❷(열차의)차장

□ 0164
arrest
/ərést/
Part 4

동 ~을(…의 용의로) 체포하다(for…)
명 체포

□ 0165
hire
/háiər/
비즈니스문제

동 ~을 고용하다(≒employ)(⇔fire, dismiss)

□ 0166
accept
/æksépt/
비즈니스문제

동 ❶~을 받아들이다, 수락하다(⇔reject, decline) ❷~을
납득하다
명 acceptance:(~의)수용, 수락(of~);용인
형 acceptable:(~에 있어)용인되는;허용할 수 있는(to~)

□ 0167
require
/rikwáiər/
Part 5, 6

동 ❶~을 필요로 하다(≒need) ❷~을 요구하다(≒de-
mand)
명 requirement: ❶(~의)필요조건, 자격(for~) ❷필요한 물건,
필수품

□ 0168
increase
/ínkrí:s/
비즈니스문제

동 ❶증가하다(≒rise) ❷~을 늘리다(⇔decrease)
명 (/ínkri:s/)증가

continued ▼

☐ 듣기 모드　Check 1
☐ 확인 모드　Check 1 ▸ 2
☐ 완벽 모드　Check 1 ▸ 2 ▸ 3

Check 2　Phrase

☐ **possess** weapons(무기를 소유하다)

☐ **replace** the broken glass(깨진 유리를 갈다)
☐ **replace** Mr. Smith as chairman(스미스 씨 후임으로 의장이 되다)

☐ **conduct** a survey(조사를 하다)

☐ **arrest** him for theft(그를 절도용의로 체포하다)

☐ **hire** her as a secretary(그녀를 비서로 고용하다)

☐ **accept** his offer(그의 신청을 받아들이다)
☐ **accept** a gift(선물을 승낙하다)

☐ **require** prior approval(사전승인을 필요로 하다)
☐ a **required** subject(필수과목)

☐ **increase** in number [value](수[가격]이 증가하다)
☐ **increase** productivity(생산력을 높이다)

Check 3　Sentence

☐ **The man possesses a large fortune.**(그 남자는 막대한 재산을 소유하고 있다)

☐ **We replaced the old curtains with new ones.**(우리는 낡은 커튼을 새 커튼으로 교체했다)

☐ **The woman is conducting an experiment.**(그녀는 실험을 하고 있다)

☐ **Police arrested 12 demonstrators for disorderly conduct.**(경찰은 시위참가자 12명을 치안을 어지럽힌 혐의로 체포했다)

☐ **The company is planning to hire 200 new employees next year.**(그 회사는 내년에 200명의 신입사원 채용을 계획하고 있다)

☐ **Mr. Williams accepted the job of advertising manager.**(윌리엄 씨는 홍보부장의 일을 받아들였다)

☐ **The job requires computer skills.**(그 일은 컴퓨터 조작기술을 필요로 한다)

☐ **The demand for oil is increasing in China.**(석유 수입이 중국에서는 증가하고 있다)

continued ▼

Check 1　Listen 🔊

□ 0169
avoid
/əvɔ́id/
Part 4

동❶~을 피하다 ❷(avoid doing로)~하는 것을 피하다;~하려고 하다
명avoidance:피하는 것, 회피

□ 0170
feature
/fíːtʃər/
❗ 정의주의
Part 2, 3

동~을 특징[특색]으로 하다;~을 특집하다
명❶특징(≒characteristic) ❷특집기사

□ 0171
recommend
/rèkəménd/
❗ 강세주의
Part 2, 3

동❶~을(…에) 추천하다(to...) ❷~을 권하다(recommend doing로)~할 것을 권하다
명recommendation:❶추천 ❷추천장 ❸충고, 권고

□ 0172
offend
/əfénd/
Part 2, 3

동❶~의 감정을 상하다 ❷죄를 범하다
명offense:❶(~에 대한)위반, 범죄(against~) ❷기분을 상하는 것;무례
형offensive:❶(~에)불쾌한, 무례한(to~) ❷공격하는 쪽의

□ 0173
remove
/rimúːv/
Part 1

동~을(…에서) 제거하다, 제외하다(from...)(≒take away)
명removal:(~에서)제거법(from~)

□ 0174
attend
/əténd/
Part 5, 6

동~에 출석하다
명attendance; 출석, 참석, 참석률
명attendant;❶점원, 접객[안내]원 ❷수행원

□ 0175
plant
/plǽnt/
Part 1

동~을 심다
명❶(통례 복합어로)공장 ❷시설 ❸식물
명Plantation:(대규모의)농장, 농원

□ 0176
describe
/diskráib/
Part 2, 3

동❶~을 묘사[설명]하다(≒depict, portray) ❷(describe A as B)A를 B라고 하다[평하다]
명description:묘사, 설명, 기술

Day 10 🔊
Quick Review
답은 오른쪽 페이지 아래

□ 협정　□ 가구　□ 목격자　□ 농작물
□ 처벌　□ 저울　□ 잔돈　□ 결과
□ 천장　□ 주의　□ 조건　□ 이자
□ 유리한 점　□ 비품　□ 분석　□ 지점

☐ avoid a debate (논쟁을 피하다)
☐ avoid taking salty food (짠 음식을 피한다)

☐ an article featuring the presidential candidates (대통령 후보자들을 특집으로 한 기사)

☐ recommend the novel to her (그 소설을 그녀에게 추천하다)
☐ recommend regular exercise (정기적인 운동을 권한다)

☐ deeply offend everyone (여러분의 기분을 심하게 상하게 하다)
☐ offend against the law (법률을 위반하다)

☐ remove mud from a car (차에서 진흙을 없애다)

☐ attend classes (수업에 출석하다)

☐ plant trees in the park (공원에 나무를 심다)

☐ describe a scene (장면을 묘사하다)
☐ describe him as outgoing (그는 사교적이라는 평을 받는다)

☐ The doctor advised me to avoid heavy exercise. (의사는 내게 격한 운동을 피할 것을 충고했다)

☐ Why don't we go to see the new movie featuring Johnny Depp? (조니 뎁이 주연을 맡은 신작 영화를 보러 가지 않겠습니까?)

☐ Can you recommend a good restaurant around here? (이 근처에 추천할 만한 레스토랑이 있습니까?)

☐ I was offended by his behavior. (나는 그의 태도에 기분이 상했다)

☐ She is removing the dishes from the table. (그녀는 테이블에서 접시를 치우고 있다)

☐ More than 200 people attended the annual conference. (200명 이상의 사람들이 연례 회의에 참석했다)

☐ The woman is planting flowers in the garden. (그 여자는 정원에 꽃을 심고 있다)

☐ Can you describe the man's physical characteristics? (그 남자의 신체적 특징을 설명해주시겠어요?)

Day 10))
Quick Review
답은 왼쪽 페이지 아래

☐ agreement
☐ punishment
☐ ceiling
☐ advantage

☐ furniture
☐ scale
☐ attention
☐ supply

☐ witness
☐ change
☐ condition
☐ analysis

☐ crop
☐ result
☐ interest
☐ branch

Check 1 Listen))

☐ 0177
vote
/vóut/
Part 4

동❶(~에 찬성의/…의 반대의)**투표하다**(for~/against…)
❷~에 투표하다
명투표
명voter:❶투표자 ❷유권자

☐ 0178
recognize
/rékəgnàiz/
❗강세주의
Part 2, 3

동❶~을 **알아보다**, 식별하다 ❷(recognize A as B로)A를 B라고 인정하다
명recognition:❶(~라는)인식, 평가(that절~) ❷승인, 인가

☐ 0179
approve
/əprú:v/
비즈니스문제

동❶~을 승인[시인]**하다** ❷(approve of로)~에 찬성하다
명approval:(~에 대한)승인, 찬성, 인가(for~)

☐ 0180
review
/rivjú:/
Part 1

동❶~을 재조사[검토]**하다** ❷~을(…에)옮기다(to…)
명❶전임;이동 ❷전송

☐ 0181
transfer
/trǽnsfəːr/
비즈니스문제

동❶~을(…에)**전임시키다**(to…) ❷~을(…에)이동하다 ❸(데이터)를 전송하다
명❶전임;이동 ❷전송

☐ 0182
dismiss
/dismís/
비즈니스문제

동~을 **해고하다**(≒fire)(⇔employ, hire)
명dismissal;(~에서)해고, 면직(from~)

☐ 0183
board
/bɔ́ːrd/
Part 1

동(비행기 등)에 **타다**
명❶임원회, 위원회 ❷게시판 ❸판

☐ 0184
load
/lóud/
Part 1

동~을(…에) **쌓다**, 태우다(into[onto]…);~에(…을)적재하다, 끼워넣다(with…)(⇔unload)
명적재물

continued
▼

☐ 듣기 모드　Check 1
☐ 확인 모드　Check 1 ▸ 2
☐ 완벽 모드　Check 1 ▸ 2 ▸ 3

Check 2　Phrase

☐ **vote** for the bill(그 법안에 찬성투표를 하다)
☐ **vote** Republican [Democrat](공화당[민주당]에 투표하다)

☐ **recognize** the difference(차이를 알아보다)
☐ **recognize** her as the best pianist(그녀를 최고의 피아니스트로 인정하다)

☐ **approve** the plan(계획을 승인하다)
☐ **approve** of his actions(그의 행동에 찬성하다)

☐ **review** the draft(초안을 재고하다)
☐ **review** today's lesson(오늘 수업을 복습하다)

☐ **transfer** him from the head office to a branch in Sendai(그를 본사에서 센타이 지점으로 전임시키다)
☐ **transfer** the data(데이터를 전송하다)

☐ **dismiss** several employees(몇 명의 종업원을 해고하다)

☐ **board** a plane(비행기에 타다)

☐ **load** the car with camping gear(차에 캠프용구를 싣다)

Check 3　Sentence

☐ We are going to **vote** on the proposal at the meeting tomorrow.(우리들은 내일 회의에서 그 제안에 대해 투표할 예정이다)

☐ As we hadn't seen each other for 30 years, I didn't **recognize** him right away.(서로 30년간이나 만나지 않았기 때문에 나는 그를 바로 알아보지 못했다)

☐ The board of directors **approved** the annual budget for the coming year.(이사회는 내년 연간 예산안을 승인했다)

☐ The man is **reviewing** the documents.(그 남자는 서류를 재조사하고 있다)

☐ Mr. Murakami was **transferred** from Tokyo to Nagoya last month.(무라카미 씨는 지난 달 도쿄에서 나고야로 전임했다)

☐ He was **dismissed** for neglect of duty.(그는 직무태만으로 해고 당했다)

☐ People are **boarding** the train.(사람들은 열차에 타고 있다)

☐ They are **loading** furniture onto the truck.(그들은 트럭에 가구를 싣고 있다)

continued ▼

Check 1　　Listen))

□ 0185
complete
/kəmplíːt/
Part 5, 6

[동] ~을 완성시키다(≒finish, finalize)
[형] ❶완전한(≒absolute, total) ❷전부의
[부] completely:완전히

□ 0186
pour
/pɔ́ːr/
❗ 발음주의
Part 1

[동] ~을(…에)붓다, 따르다(into...)

□ 0187
experience
/ikspíəriəns/
❗ 강세주의
Part 5, 6

[동] ~을 경험하다
[명] 경험

□ 0188
suggest
/sədʒést/
Part 2, 3

[동] ❶~을 제안하다(≒propose) ❷~라고 시사하다(≒imply, hint) ❸(suggest doing로)~하자고 제안하다
[명] suggestion:(~라는)제안(that절~)

□ 0189
reflect
/riflékt/
Part 1

[동] ❶~을 비추다, 반영하다 ❷~을 반사하다 ❸(reflect on 로)~을 사안[숙고]하다(≒consider)
[명] reflection:❶(~에 대한)생각, 의견(on~) ❷(거울 등에)비춘 영상(in~) ❸반사

□ 0190
surround
/səráund/
Part 1

[동] ❶~을 둘러싸다, 에워싸다 ❷(be surrounded by로)~에 둘러싸여 있다
[명] surrounding:(~s)(주위의)환경
[형] surrounding:주위[주변]의

□ 0191
explain
/ikspléin/
Part 5, 6

[동] ❶~을(…에)설명하다(to...) ❷(~에/…에 대해)설명[변명]하다(to~/about...)
[명] explanation:(~의)설명(of[for]~)

□ 0192
state
/stéit/
Part 4

[동] ~을 확실히[정식으로] 말하다
[명] ❶상태(≒condition, situation) ❷국가 ❸주
[명] statement:❶보고서, 명세서, 계산서 ❷(~에 관한/…라는)성명(서)(about~/that절...)

Day 11))
Quick Review
답은 오른쪽 페이지 아래

□ ~을 소유하다
□ ~을 바꾸다
□ 을 행하다
□ ~을 체포하다

□ ~을 고용하다
□ ~을 받아들이다
□ ~을 필요로 하다
□ 증가하다

□ ~을 피하다
□ ~을 특징으로 하다
□ ~을 추천하다
□ ~의 감정을 상하다

□ ~을 제거하다
□ ~에 출석하다
□ ~을 심다
□ ~을 묘사하다

□ **complete** one's work (일을 완료시키다)

□ **pour** water into a bucket (물을 양동이에 붓다)

□ **experience** hardship (고난을 경험하다)

□ **suggest** the idea of ~ (~라는 생각을 제안하다)
□ **suggest** that there could be life on Mars (화성의 생명존재를 시사하다)

□ **reflect** public opinion (여론을 반영하다)
□ **reflect** light (빛을 반사하다)

□ **surround** the enemy (적을 포위하다)
□ be **surrounded** by people (사람들에게 둘러싸여 있다)

□ **explain** the rules to him = **explain** to him about the rules (규칙을 그에게 설명하다)

□ **state** one's opinion (자신의 의견을 말하다)

□ She took three years to **complete** the book. (그녀는 그 책을 집필하는데 3년이 걸렸다)

□ The waiter is **pouring** wine into a glass. (웨이터는 잔에 와인을 따르고 있다)

□ Many immigrants **experience** a sense of isolation. (많은 이민자는 고립감을 경험한다)

□ He **suggested** the plan to his boss. (그는 상사에게 그 계획을 제안했다)

□ The mountain is **reflected** in the water of the lake. (산이 호수의 수면에 비추어져 있다)

□ The fence **surrounds** the construction site. (난간이 건설현장을 에워싸고 있다)

□ I **explained** the plan to her. (나는 그 계획을 그녀에게 설명했다)

□ The president has **stated** that he is opposed to the bill. (대통령은 그 법안에 반대한다고 확언했다)

Day 11 》
Quick Review
답은 왼쪽 페이지 아래

□ possess	□ hire	□ avoid	□ remove
□ replace	□ accept	□ feature	□ attend
□ conduct	□ require	□ recommend	□ plant
□ arrest	□ increase	□ offend	□ describe

Check 1　Listen))

☐ 0193
fire
/fáiər/
❗ 정의주의
비즈니스문제

▶ 图 ~을 (…에서) **해고하다**(form…)(≒ dismiss)(⇔hire, employ)
명 ❶불 ❷화재　▶

☐ 0194
occur
/əkə́:r/
❗ 강세주의
Part 5, 6

▶ 图 ❶(사고 등이)**일어나다**, 발생하다(≒ happen) ❷(occur to 로)(생각 등이)~의 마음에 (문득) 떠오르다
명 occurrence: ❶사고, 사건 ❷(사건 등의)발생　▶

☐ 0195
claim
/kléim/
Part 2, 3

▶ 图 ❶~라고 주장[단언]**하다**(≒ maintain);(claim to do 로)~하다고 주장하다 ❷~을 요구하다
명 ❶주장 ❷요구　▶

☐ 0196
determine
/dià̀:rmin/
❗ 강세주의
Part 5, 6

▶ 图 ❶(원인 등)을 **분명히 하다**, 발견하다 ❷~을 결정하다 ❸(be determined to do 로) ˜할 것을 결심하다
명 determination: ❶(~하려는)결심(to do) ❷(일의)결정　▶

☐ 0197
admire
/ædmáiər/
Part 2, 3

▶ 图 ❶~에 감동[감탄]**하다** ❷(admire A for B 로)A를 B의 점에서 칭찬하다
명 admiration:(~에 대한)감탄;칭찬(의 기분)(for~)　▶

☐ 0198
deserve
/dizə́:rv/
Part 5, 6

▶ 图 (상벌 등)을 **자격이 있다**, ~을 받을 만하다(≒ merit)　▶

☐ 0199
bear
/béər/
Part 4

▶ 图 ❶(통례 can을 동반하여)~을 **견디다**, ~을 인내하다(≒ endure, stand, tolerate, put up with) ❷(비용·책임 등)을 짊어지다　▶

☐ 0200
neglect
/niglékt/
Part 5, 6

▶ 图 ❶~을 **무시**[경시]**하다**(≒ disregard, ignore) ❷(일 등)을 게으름 피우다
명 ❶무시, 경시 ❷태만
명 negligence: ❶태만 ❷과실　▶

continued
▼

□ 듣기 모드　Check 1
□ 확인 모드　Check 1 ▶ 2
□ 완벽 모드　Check 1 ▶ 2 ▶ 3

Check 2　Phrase

□ **fire** her from the job (그녀를 그 일에서 해고하다)

□ if anything **occurs** (만일 무슨 일이 일어난다면, 만약의 경우에는)

□ **claim** to be innocent (무죄라 주장하다)
□ **claim** damages (손해배상금을 요구하다)

□ **determine** the cause of ~ (~의 원인을 명확히 하다)
□ **determine** the date of ~ (~의 날짜를 정하다)

□ **admire** his talent (그의 재능에 감탄하다)
□ **admire** her for her efforts (그녀의 노력을 칭찬하다)

□ **deserve** a punishment (벌 받을 만하다)
□ **deserve** consideration (검토할 만하다)

□ can't **bear** his attitude (그의 태도를 견딜 수 없다)
□ **bear** responsibility (책임을 지다)

□ **neglect** a law (법률을 무시하다)
□ **neglect** one's duties (직무를 게을리 하다)

Check 3　Sentence

□ I got **fired** last week. (나는 지난주 해고당했다)

□ The traffic accident **occurred** around 4 a.m. (그 교통사고는 오전 4시경에 일어났다)

□ The suspect **claims** that he was in a different place when the theft occurred. (도난사고가 일어났을 때, 나는 다른 장소에 있었다고 그 용의자는 주장하고 있다)

□ Investigators have **determined** that the cause of the fire was arson. (수사관들은 화재의 원인은 방화라고 단언했다)

□ The audience **admired** the performance of the pianist. (청중은 그 피아니스트의 연주에 감탄했다)

□ His efforts **deserve** praise. (그의 노력은 칭찬할 만하다)

□ I can't **bear** the heat of this summer. (올해 여름 더위에는 견딜 수 없다)

□ You shouldn't **neglect** your doctor's advice. (의사의 충고를 무시해서는 안 된다)

continued ▼

Check 1　Listen))

□ 0201
cause
/kɔ́:z/
Part 5, 6

동 ~을 일으키다, ~의 원인이 되다(≒induce)
명 ❶원인(⇔effect: 결과) ❷근거

□ 0202
accompany
/əkʌ́mpəni/
Part 5, 6

동 ❶~에 동행하다, ~와 함께 가다 ➕ 타동사로 (×) accompany with처럼 뒤에 전치사 with는 오지 않는다 ❷(일이)~에 뒤따르다, 동반하여 일어나다

□ 0203
explore
/iksplɔ́:r/
Part 2, 3

동 ❶~을 탐험하다 ❷~을 조사[탐구]하다(≒examine)
명 exploration: ❶탐사, 탐험 ❷(~의)조사, 탐구(into~)

□ 0204
repair
/ripéər/
Part 1

동 ~을 수리[수선]하다(≒fix, mend, renovate)
명 수리

□ 0205
discuss
/diskʌ́s/
Part 5, 6

동 ~을(…와) 이야기 나누다, 논의[토론]하다(with...) ➕ 타동사로 (×)discuss about처럼 뒤에 전치사 about은 오지 않는다
명 discussion:(~에 대한)논의, 토론(about[on]~)

□ 0206
achieve
/ətʃí:v/
Part 5, 6

동 (목적 등)을 달성하다, 이뤄내다(≒accomplish, attain)
명 achievement: ❶달성 ❷업적

□ 0207
impress
/imprés/
Part 5, 6

동 ❶~에 감명을 주다, ~을 감동시키다 ❷(be impressed by[with]로)~에 감동[감탄]하다
명 impression: ❶인상 ❷(~라는)생각, 느낌(that절~)
형 impressive: 인상적인

□ 0208
aid
/éid/
Part 2, 3

동 ❶(~의)도움이 되다(in~) ❷~을(일 등으로) 힘이 되다, 돕다(in[with]...)(≒help, assist0
명 원조

Day 12))
Quick Review
답은 오른쪽 페이지 아래

□ 투표하다
□ ~을 알아보다
□ ~을 승인하다
□ ~을 재조사하다

□ ~을 전임시키다
□ ~을 해고하다
□ ~에 타다
□ ~을 쌓다

□ ~을 완성시키다
□ ~을 붓다
□ ~을 경험하다
□ ~을 제안하다

□ ~을 비추다
□ ~을 둘러싸다
□ ~을 설명하다
□ ~을 확실히 말하다

Check 2 — Phrase

- [ ] **cause a problem**(문제를 일으키다)

- [ ] **accompany guests to the door**(손님을 현관까지 배웅가다)
- [ ] **headaches accompanied by fever**(열을 동반한 두통)

- [ ] **explore a deserted island**(무인도를 탐험하다)
- [ ] **explore a problem**(문제를 조사하다)

- [ ] **repair a broken camera**(망가진 카메라를 수리하다)

- [ ] **discuss the project with colleagues**(동료들과 그 프로젝트에 대하여 이야기를 나누다)

- [ ] **achieve one's goal**(목표를 달성하다)

- [ ] **deeply impress him**(그를 깊이 감동시키다)
- [ ] **be impressed by [with] the movie**(그 영화에 감동받다)

- [ ] **aid her in her work**(그녀의 일을 돕다)

Check 3 — Sentence

- [ ] **The hurricane caused nearly $400 million in damage in the United States.**(그 허리케인은 미국에서 4억 달러 가까운 피해를 일으켰다)

- [ ] **Children under eight must be accompanied by an adult to the concert.**(그 콘서트는 8세 미만 아이는 어른이 동행하지 않으면 안 된다)

- [ ] **You can enjoy exploring the beauty of nature on this tour.**(그 투어에서는 자연미의 탐색을 즐길 수 있다)

- [ ] **He is repairing the car.**(그는 차를 수리하고 있다)

- [ ] **We will discuss the matter at the next meeting.**(우리는 그 문제에 대하여 다음의 회의에서 이야기 나눌 예정이다)

- [ ] **The company expects to achieve its sales targets this year.**(그 회사는 올해 매상목표를 달성할 것으로 예상된다)

- [ ] **He has impressed people with his hard work.**(그는 근면함으로 사람들에게 감명을 선사했다)

- [ ] **Calcium aids in the development of strong bones and teeth.**(칼슘은 튼튼한 뼈와 치아의 성장을 돕는다)

Day 12 》
Quick Review
답은 왼쪽 페이지 아래

- [ ] vote
- [ ] recognize
- [ ] approve
- [ ] review
- [ ] transfer
- [ ] dismiss
- [ ] board
- [ ] load
- [ ] complete
- [ ] pour
- [ ] experience
- [ ] suggest
- [ ] reflect
- [ ] surround
- [ ] explain
- [ ] state

Check 1　　Listen))

□ 0209
delay
/diléi/
Part 4

图 ❶(일이)**~을 지연시키다** ❷~을(…까지)연기하다(until…)
(≒postpone, put off)
명 ❶지연 ❷연기

□ 0210
prevent
/privént/
Part 5, 6

图 ❶(사고 등)**을 막다** ❷(prevent A from doing로)A가 ~하는 것을 막다
명 prevention:예방, 방지;(~의)예방[방지]책(against~)
형 preventive:예방의

□ 0211
suffer
/sʌ́fər/
Part 4

图 ❶(손해 등)**을 입다**, 받다(≒undergo) ❷(suffer from로)~로 힘들다;(병을)을 앓다
명 suffering:❶괴로움, 고통 ❷(때때로~s)고난

□ 0212
charge
/tʃɑ́ːrdʒ/
Part 5, 6

图 (…의)(대금)**을 청구하다**(for…)
명 ❶요금 ❷책임

□ 0213
observe
/əbzə́ːrv/
Part 2, 3

图 ❶**~을 관찰**[관측]**하다** ❷(법률 등)을 지키다(≒follow)
(⇔violate) ❸~을 알아차리다
명 observation:관찰;관찰력
명 observance:(법률 등의)엄수(of~)

□ 0214
remain
/riméin/
Part 5, 6

图 ❶(계속)**~채로 있다** ❷(어느 장소에)머물다
명 유물

□ 0215
sweep
/swíːp/
Part 1

图 **~을 청소하다**, 쓸다

□ 0216
permit
/pərmít/
Part 7

图 ❶**~을 허용하다**, 허가하다(≒allow)(⇔forbid) ❷(permit A to do로)A에게 ~하는 것을 허용하다(≒allow A to do)
명 permission:(~해도 좋다는)허가, 승인(to do)

---

continued ▼

70 ▸ 71

□ 듣기 모드　Check 1
□ 확인 모드　Check 1 ▸ 2
□ 완벽 모드　Check 1 ▸ 2 ▸ 3

Check 2　Phrase	Check 3　Sentence
□ **delay** her arrival(그녀의 도착을 지연시키다) □ **delay** the meeting until next week(회의를 다음 주까지 연기하다)	□ **Flight 103 will be delayed due to bad weather.**(103편은 악천후로 인해 출발이 늦어질 예정이다)
□ **prevent** injuries(부상을 막다) □ **prevent** him from going(그를 가지 않도록 하다)	□ **We must take every step to prevent war.**(우리들은 전쟁을 막기 위하여 온갖 처치를 강구하지 않으면 안 된다)
□ **suffer** a defeat(패배를 맛보다) □ **suffer** from a headache(두통으로 괴롭다)	□ **The region has suffered severe drought for the past five years.**(그 지역은 최근 5년간 심각한 가뭄이 찾아왔다)
□ **charge** him $10 for the book(그에게 그 책의 대금 10달러를 청구하다)	□ **You will be charged $60 for a 10-year adult passport.**(당신은 10년간 성인용 여권 대금으로 60달러가 청구될 것이다)
□ **observe** the atmosphere(대기를 관측하다) □ **observe** laws(법률을 지키다)	□ **It's not easy to observe the stars in urban areas.**(도시에서 별을 관찰하는 것은 쉽지 않다)
□ **remain** single(독신인 채로 있다) □ **remain** behind(뒤에 남다)	□ **Highway 61 remains closed due to flooding.**(61번 고속도로는 홍수로 인해 계속 폐쇄되고 있다)
□ **sweep** the floor(바닥을 쓸다)	□ **The man is sweeping the road.**(그 남자는 도로를 청소하고 있다)
□ **permit** smoking(흡연을 허가하다) □ **permit** her to go out(그녀에게 외출을 허가하다)	□ **Parking is not permitted in this area.**(이 지역에서 주차는 허용되지 않는다)

continued ▼

Check 1　　Listen 》

☐ 0217
solve
/sálv/
Part 5, 6

동❶(고난 등)을 해결하다 ❷(문제 등)을 풀다
명solution:❶(~의)해결책(to[for]~) ❷(~의)해고(to~)

☐ 0218
ship
/ʃíp/
❶ 정의주의
비즈니스문제

동(상품)을 발송[출하]하다;~을 운송하다
명배
명shipment:❶출하, 발송 ❷적재물, 발송품
명shipping:출발, 출하

☐ 0219
reject
/ridʒékt/
Part 4

동~을 거절하다, 끊다(≒refuse, decline, turn down)(⇔
accept:~을 받아들이다)
명(/rídʒekt/)불량품
명rejection:거절, 거부

☐ 0220
suspect
/səspékt/
Part 7

동❶~라고 의심하다, 생각하다 ❷(suspect A of B로)A에
B(범죄 등)의 용의[혐의]를 두다
명(/sʌ́spekt/)용의자
명suspicion:(~에 대한)의심(about[against, for]~)

☐ 0221
establish
/istǽbliʃ/
Part 4

동~을 설립[창립]하다, ~을 수립하다(≒found, set up)
명establishment:❶설립된 것;(the~)체제 ❷설립

☐ 0222
admit
/ædmít/
Part 5, 6

동❶~을 인정하다(⇔deny:~을 부인하다) ❷(admit doing
로)~한 일을 인정하다 ❸(admit A to[into] B로)A에게 B의 입장[
입회, 입학]을 인정하다
명admission:❶입장료 ❷입장[입학, 입사]허가 ❸(죄 등의)고
백(of~)

☐ 0223
satisfy
/sǽtisfài/
❶ 강세주의
Part 5, 6

동❶~을 만족시키다(⇔disappoint:~을 실망시키다) ❷(필
요 등)을 충족시키다 ❸(be satisfied with로)~에 만족하다
명satisfaction: 만족, 충족
형satisfactory:(~에 있어)만족한;납득이 가는(to[for]~)

☐ 0224
release
/rilíːs/
Part 7

동❶(정보 등)을 공표[공개]하다;(책 등)을 발표하다 ❷~을(
…에서)해방하다(from…)
명❶(영화 등의)개봉;(책 등의)발표;(정보 등의)공개 ❷(~에서)
해방(from~)

Day 13 》
Quick Review
답은 오른쪽 페이지 아래

☐ ~을 해고하다	☐ ~에 감동하다	☐ ~을 일으키다	☐ ~을 이야기 나누다
☐ 일어나다	☐ ~을 자격이 있다	☐ ~에 동행하다	☐ 을 달성하다
☐ ~라고 주장하다	☐ ~을 견디다	☐ ~을 탐험하다	☐ ~에 감명을 주다
☐ ~을 분명히 하다	☐ ~을 무시하다	☐ ~을 수리하다	☐ 도움이 되다

☐ **solve** the crime（범죄를 해결하다）
☐ **solve** a crossword puzzle（낱말풀이 퍼즐을 풀다）

☐ **ship** goods by sea（배편으로 상품을 발송하다）

☐ **reject** an offer（신청을 거절하다）

☐ **suspect** that she is lying（그녀가 거짓말을 하고 있다고 의심하다）
☐ **suspect** him of murder（그에게 살인 용의를 두다）

☐ **establish** a republic（공화국을 수립하다）

☐ **admit** the truth（사실을 인정하다）
☐ **admit** breaking the law（법률을 깬 것을 인정하다）

☐ **satisfy** customers（고객을 만족시키다）
☐ **satisfy** a demand（요구를 충족시키다）

☐ **release** new information（새로운 정보를 공개하다）
☐ **release** a new album（새로운 앨범을 발표하다）

☐ We must cooperate to **solve** this problem.（우리들은 이 문제를 해결하기 위해 협력하지 않으면 안 된다）

☐ A replacement will be **shipped** to the customer at no extra charge.（교환품은 추가요금 없이 고객에게 발송된다）

☐ He flatly **rejected** my advice.（그는 나의 조언을 단호히 거절했다）

☐ Police **suspect** that the fire was started on purpose.（그 화재는 고의로 일으킨 것이라고 경찰은 의심한다）

☐ Our company was **established** in 1967.（우리 회사는 1967년에 설립되었다）

☐ He was too proud to **admit** his mistakes.（그는 자존심이 너무 강해서 자신의 잘못을 인정하지 않았다）

☐ The report I wrote seemed to **satisfy** my boss.（내가 쓴 보고서는 상사를 만족시켰다）

☐ The government **released** a new economic report today.（정부는 오늘 새로운 경제보고를 공표했다）

Day 13))
Quick Review
답은 왼쪽 페이지 아래

☐ fire	☐ admire	☐ cause	☐ discuss
☐ occur	☐ deserve	☐ accompany	☐ achieve
☐ claim	☐ bear	☐ explore	☐ impress
☐ determine	☐ neglect	☐ repair	☐ aid

□ 0225
earn
/ə́:rn/
Part 5, 6

동❶(돈 등)**을 벌다** ❷(명성 등)을 얻다
명earning:(~s)소득, 수입;(기업의)수입, 이익

□ 0226
suit
/súːt/
❗정의주의
Part 2, 3

동❶(의복 등이)**~에 어울리다** ❷(기후 등이)~에 적합하다
명❶정장 ❷호송
형suitable:(be suitable for로)~에 적합한, 어울리는

□ 0227
display
/displéi/
❗강세주의
Part 1

동❶**~을 전시**[진열]**하다**(≒exhibit) ❷(감정 등)을 나타내다
명❶(집합적으로)전시품 ❷전시

□ 0228
pile
/páil/
Part 1

동**~을 쌓아올리다**, 적재하다
명❶(물건의)적재, 산 ❷(a pile of로)~의 산:다수[다량]의~

□ 0229
represent
/rèprizént/
❗강세주의
Part 4

동❶(단체 등)**을 대표하다**, ~의 대리를 하다 ❷~을 나타내다,
상징하다(≒stand for, mean)
명representation:❶대표 ❷표현, 묘사
명representative:❶대표자, 대리인 ❷(R~)미국 하원의원

□ 0230
stress
/strés/
❗정의주의
Part 4

동**~을 강조**[역설]**하다**(≒emphasize)
명❶긴장, 스트레스 ❷강조

□ 0231
process
/práses/
Part 2, 3

동❶**~을 처리**[정리]**하다**(≒handle, deal with, cope with,
attend to) ❷(식품)을 가공하다
명과정, 공정

□ 0232
freeze
/fríːz/
❗정의주의
비즈니스문제

동❶(자산 등)**을 동결하다** ❷얼다(⇔melt:녹이다) ❸~을 얼
리다 ❹(it을 주어로 하여)얼 정도로 춥다

continued ▼

Check 2　Phrase

☐ **earn** wages (자금을 얻다)
☐ **earn** a reputation for honesty (정직과 평판을 얻다)

☐ **suit** her well ([옷 등이]그녀에게 잘 어울린다)
☐ That **suits** me fine. (그것으로 충분합니다) ➕ 제안에 대한 대답

☐ **display** paintings (회화를 전시하다)
☐ **display** little emotion (감정을 거의 드러내지 않는다)

☐ **pile** dishes (접시를 쌓다)

☐ **represent** the defendant (피고인의 대리를 하다)
☐ **represent** an advance (진보를 보이다)

☐ **stress** the need of ~ (~의 필요성을 강조하다)

☐ **process** orders (주문을 처리하다)
☐ **processed** foods (가공식품)

☐ **freeze** the hiring of new employees (신입사원 채용을 동결하다)
☐ **freeze** meat in the freezer (냉동실에서 고기를 냉동하다)

Check 3　Sentence

☐ **James earned $70,000 last year.** (제임스는 작년에 7만 달러를 벌었다)

☐ **That shirt really suits you.** (그 셔츠는 정말 당신에게 어울린다)

☐ **The goods are displayed on shelves.** (상품이 선반에 진열되어 있다)

☐ **The books are piled on the table.** (테이블 위에 책이 올려져 있다)

☐ **She represented her country at the Olympics.** (그녀는 국가를 대표하여 올림픽에 출전했다)

☐ **The management stressed the importance of restructuring.** (경영진은 구조조정의 중요성을 강조했다)

☐ **It will take a couple of weeks to process your mortgage application.** (당신의 주택대출금 신청을 처리하는 데 2,3주가 걸린다)

☐ **The government was forced to freeze domestic gasoline prices.** (정부는 국내의 휘발유 가격을 동결하지 않을 수 없었다)

continued ▼

Check 1   Listen 》

□ 0233
settle
/sétl/
Part 2, 3

동❶(문제 등)을 해결하다 ❷(settle down로)얌전해지다;~을 얌전하게 하다 ❸(settle in로)~에 정착[이주]하다
명settlement:❶합의, 화해 ❷이민, 식민

□ 0234
mention
/ménʃən/
Part 4

동~에 언급하다(≒refer to);(사건 등)을(…에)말하다(to…)
명언급

□ 0235
decrease
/dikríːs/
비즈니스문제

동❶(서서히)감소하다 ❷~을 감소시키다(≒reduce, lower)(⇔increase)
명(/díːkriːs/)(~의)감소(in~)

□ 0236
arrange
/əréindʒ/
Part 1

동❶~을 가지런히 나열하다, 정돈하다 ❷~의 준비[수배]하다
명arrangement:❶(통상~s)(~의)수배, 준비(for~) ❷협정 ❸배열

□ 0237
land
/lǽnd/
❶ 정의주의
Part 4

동(비행기가)착륙하다(⇔take off)
명토지;착지

□ 0238
grant
/grǽnt/
Part 7

동❶~을(…에)주다, 받다(to…) ❷~을(임시로)인정하다
명교부[보조, 장학]금

□ 0239
store
/stɔ́ːr/
❶ 정의주의
Part 2, 3

동❶~을 담다 ❷~을(…에 대비하여)보관하다(for…)
명❶(때때로~s)저장(≒reserve) ❷가게
명storage:❶저장, 보관 ❷저장[보관]소

□ 0240
offer
/ɔ́ːfər/
❶ 강세주의
Part 4

동❶~을 신청하다, 제공하다 ❷(offer to do로)~하려고 신청하다
명(~의/…하려는)신청;제안(of~/to do)

Day 14 》
Quick Review
답은 오른쪽 페이지 아래

□ ~을 지연시키다
□ ~을 막다
□ ~을 입다
□ ~을 청구하다
□ ~을 관찰하다
□ ~채로 있다
□ ~을 청소하다
□ ~을 허용하다
□ ~을 해결하다
□ ~을 발송하다
□ ~을 거절하다
□ ~라고 의심하다
□ ~을 설립하다
□ ~을 인정하다
□ ~을 만족시키다
□ ~을 공표하다

Check 2 — Phrase

- □ settle a dispute (분쟁을 해결하다)
- □ settle him down (그를 진정시키다)

- □ as mentioned above [before] (전술대로, 이미 말한 바와 같이)

- □ decrease in number (수가 감소하다)
- □ decrease violent crime (흉악범죄를 감소시키다)

- □ arrange chairs (의자를 나란히 놓다)
- □ arrange a meeting (회의 준비를 하다)

- □ be about to land (지금 막 착륙하려 한다)

- □ grant a scholarship to him (그에게 장학금을 주다)
- □ grant a request (요청을 인정하다)

- □ store books in a box (책을 상자에 담다)
- □ store food for the winter (겨울에 대비하여 식량을 저장하다)

- □ offer assistance (원조를 신청하다)
- □ offer to help her (그녀를 도우려 신청하다)

Check 3 — Sentence

- □ Nothing has been settled yet. (아직 아무것도 해결되지 않았다)

- □ Don't mention this to her. (이것은 그녀에게 말하지 말아주세요)

- □ Sales in Europe decreased last quarter. (지난 4분기에 유럽에서의 매출액은 감소했다)

- □ They are arranging the books on the shelves. (그들은 책장의 책을 정돈하고 있다)

- □ We'll be landing at Narita International Airport in about 30 minutes. (우리 비행기는 약 30분 뒤에 나리타 국제공항에 착륙합니다)

- □ She was granted American citizenship last year. (그녀는 작년 미국의 시민권을 받았다)

- □ Please store your luggage in the overhead compartments or underneath the seats in front of you. (수하물은 위쪽 화물칸이나, 앞좌석 아래에 넣어주세요)

- □ He was offered a job at the company, but he turned it down. (그는 그 회사 일을 의뢰받았지만 거절했다)

Day 14 》)
Quick Review
답은 왼쪽 페이지 아래

□ delay	□ observe	□ solve	□ establish
□ prevent	□ remain	□ ship	□ admit
□ suffer	□ sweep	□ reject	□ satisfy
□ charge	□ permit	□ suspect	□ release

Check 1 　Listen 》

| □ 0241 **attempt** /ətémpt/ Part 2, 3 | 동❶~을 시도하다, 꾀하다 ❷(attempt to do로)~하려고 시도하다(≒try to do, seek to do)
명(~하는)시도, 기도(to do[at doing]) |

| □ 0242 **adopt** /ədápt/ Part 2, 3 | 동❶(기술 등)을 채용[채택]하다 ❷~을 가결하다 ❸~을 양자로 삼다
명adoption:❶입양 ❷채용, 선택 |

| □ 0243 **host** /hóust/ ❗정의주의 Part 4 | 동(모임 등)을 주최하다;(방송 등)의 사회를 보다
명❶(손님을 접대하는)주인;(방송 등의)사회자 ❷(a host of로)다수[대세]의~ |

| □ 0244 **separate** /sépərèit/ ❗강세주의 Part 5, 6 | 동❶~을 나누다, 분리하다 ❷(separate A from B로)A를 B에서 분리하다;A를 B에서 구별하다
형(/sépərət/)(~에서)분리된(from~)
명separation:❶분리 ❷이혼;(부부의)별거
부separately:별도로 |

| □ 0245 **announce** /ənáuns/ Part 4 | 동~을 공표[발표, 공시, 공고]하다
명announcement:(~에 대한 공표, 발표(about[of, on]~) |

| □ 0246 **consider** /kənsídər/ ❗강세주의 Part 2, 3 | 동❶~을 잘 생각하다, 고려[숙고]하다 ❷(consider doing 로)~하는 것을 잘 생각하다
명consideration:고려, 고찰
형considerable:(수량 등이)상당한
형considerate:배려 있는, 이해가 있는 |

| □ 0247 **reduce** /ridjúːs/ Part 5, 6 | 동~을 줄이다, 감소시키다(≒decrease, lower)(⇔increase)
명reduction:감소, 소멸 |

| □ 0248 **spread** /spréd/ ❗발음주의 Part 5, 6 | 동❶~을 펼치다 ❷퍼지다 ❸~을 펼치다 ❹퍼뜨리다
명보급 |

continued ▼

78 ▶ 79

□ 듣기 모드　Check 1
□ 확인 모드　Check 1 ▸ 2
□ 완벽 모드　Check 1 ▸ 2 ▸ 3

Check 2　Phrase	Check 3　Sentence

□ **attempt** an emergency landing(긴급 착륙을 시도하다)
□ **attempt** to escape(도망을 시도하다)

▸ □ **The man was arrested for attempted robbery.** (그 남자는 강도 미수로 체포되었다)

□ **adopt** a new policy(새로운 정책[방침]을 채용하다)
□ **adopt** a new law(새 법안을 가결하다)

▸ □ **The UN adopted the Universal Declaration of Human Rights in 1948.** (유엔은 1948년 세계인권선언을 채택했다)

□ **host** a dinner(만찬모임을 주최하다)
□ **host** a TV show(텔레비전 방송의 사회를 보다)

▸ □ **The university will host an open house this weekend.** (그 대학은 이번 주말에 일반인에게 개방할 예정이다)

□ **separate** two fighting dogs(싸우는 두 마리의 개를 떼어놓다)
□ **separate** the good from the bad(좋은 것과 나쁜 것을 구별하다)

▸ □ **The students were separated into four groups.** (학생들은 4개의 그룹으로 나뉘었다)

□ **announce** a marriage(결혼을 공표하다)

▸ □ **The company announced a plan to close two of its factories.** (그 회사는 공장 2곳을 폐쇄할 계획을 발표했다)

□ **consider** several options(몇 가지의 선택지를 고려하다)
□ **consider** getting a new car(신차 구입을 검토하다)

▸ □ **We have to consider what's best for our company.** (회사에 있어 무엇이 최선인지 우리는 생각하지 않으면 안 된다)

□ **reduce** population growth(인구증가가 감소하다)

▸ □ **Employee layoffs will reduce costs in the short term.** (종업원의 해고는 단기적으로는 경비를 삭감할 것이다)

□ **spread** a map(지도를 펼치다)
□ **spread** rumors(소문을 퍼뜨리다)

▸ □ **He spread the newspaper on the table.** (그는 신문을 테이블 위에 펼쳤다)

continued ▼

Check 1　Listen 》

□ 0249
improve
/imprúːv /
비즈니스문제

▶ 동❶(~의 점에서)**잘되다**, 호전하다, 향상하다(in~) ❷~을 개선[개량]하다
▶ 명improvement:(~의 점에서)개선, 개량, 향상(in~)

□ 0250
afford
/əfɔ́ːrd/
Part 2, 3

▶ 동❶(can을 동반하여)**~을 살**[지불할, 가질] **여유가 있다** ❷(afford to do로)(can을 동반하여)~할 여유가 있다
명affordable:(가격 등이)저렴한, 구입하기 쉬운

□ 0251
regret
/rigrét/
Part 5, 6

▶ 동❶**~을 후회하다**, 유감으로 생각하다 ❷(regret doing로)~한 것을 후회하다, 유감이라고 생각하다 ❸(regret to do로)유감스럽게도~하다
명후회
부regrettably:유감이지만, 유감스럽게도

□ 0252
approach
/əpróutʃ/
Part 5, 6

▶ 동❶**~에 다가가다** ➕ 타동사라 (✕)approach to처럼 뒤에 전치사 to는 오지 않는다 ❷(문제 등)에 힘을 쏟다
명(문제 등의)연구 방법;처리법(to~)

□ 0253
operate
/ápərèit/
❗ 강세주의
Part 1

▶ 동❶**~을 조작하다** ❷~을 경영하다(≒run) ❸작동하다(≒work)
명operation: ❶영업;조업;사업 ❷(~의)수술(on~) ❸(기계 등의)조작

□ 0254
found
/fáund/
비즈니스문제

▶ 동**~을 설립**[창립, 창설]**하다**(≒establish, set up)
명foundation:❶(건물의)기초, 토대 ❷(보도 등의)근거 ❸재단

□ 0255
argue
/áːrgjuː/
Part 4

▶ 동❶(~의 일로)**의논하다**, 언쟁을 벌이다(about[over]~) ❷(~에 찬성의/…에 반대의)의견을 주장하다(for~/against…) ❸~라고 주장하다
명argument:❶(~와의)논의, 논쟁(with~) ❷주장;이유

□ 0256
deny
/dinái/
Part 5, 6

▶ 동❶**~을 부정**[부인]**하다**(⇔admit, acknowledge:~을 인정하다) ❷(deny doing로)~하지 않았다[하지 않는다]고 말하다
명denial:❶부정 ❷거부

Day 15 》
Quick Review
답은 오른쪽 페이지 아래

□ ~을 벌다
□ ~에 어울리다
□ ~을 전시하다
□ ~을 쌓아올리다

□ ~을 대표하다
□ ~을 강조하다
□ ~을 처리하다
□ ~을 동결하다

□ ~을 해결하다
□ ~에 언급하다
□ 감소하다
□ ~을 가지런히 나열하다

□ 착륙하다
□ ~을 주다
□ ~을 담다
□ ~을 신청하다

Check 2　Phrase

- □ **improve** in quality(성능이 좋아지다)
- □ **improve** security(안전성을 높이다)

- □ can't **afford** a new car = can't **afford** to buy a new car(신차를 살 여유가 없다)

- □ **regret** one's mistakes(자신의 잘못을 후회하다)
- □ **regret** not going to college(대학에 가지 않았던 것을 후회한다)

- □ **approach** her(그녀에게 다가가다)
- □ **approach** the problem(그 문제에 힘을 쏟다)

- □ **operate** a computer(컴퓨터를 조작하다)
- □ **operate** three restaurants(3개의 레스토랑을 경영하다)

- □ **found** a new nation(새로운 나라를 설립하다)

- □ **argue** about the issue(그 문제로 의논하다)
- □ **argue** against the plan(그 계획에 반대 의견을 주장하다)

- □ **deny** a rumor(소문을 부정하다)
- □ **deny** stealing the money(그 돈을 훔치지 않았다고 말하다)

Check 3　Sentence

- □ **The economy is improving gradually.**(경기는 차츰 좋아지고 있다)

- □ **Right now we can't afford a house.**(지금 우리는 집을 살 여유가 없다)

- □ **We sincerely regret any inconvenience this has caused.**(이번 일로 불편을 드려 대단히 유감스럽게 생각합니다)

- □ **Temperatures could approach 40 degrees Celsius today.**(기온은 오늘 섭씨 40도에 가까울지 모른다)

- □ **The construction worker is operating the bulldozer.**(건설작업원은 불도저를 조작하고 있다)

- □ **The university was founded in 1868.**(그 대학은 1968년에 설립되었다)

- □ **Every time they meet, they argue.**(그들은 만날 때마다 언쟁을 벌인다)

- □ **The White House strongly denied the report.**(미국 정부는 그 보도를 강하게 부정했다)

Day 15))
Quick Review
답은 왼쪽 페이지 아래

□ earn	□ represent	□ settle	□ land
□ suit	□ stress	□ mention	□ grant
□ display	□ process	□ decrease	□ store
□ pile	□ freeze	□ arrange	□ offer

Check 1   Listen 》

□ 0257
realize
/ríːəlàiz/
❗ 강세주의

통❶~을 확실히 이해하다, ~에 깨닫다 ❷(계획 등)을 실현하다

□ 0258
contain
/kəntéin/
Part 7

통❶~을 포함하다(≒include) ❷(통례 부정어를 동반하여)(감정 등)을 억누르다
명container:❶용기, 그릇 ❷(화물용)컨테이너

□ 0259
address
/ədrés/
❗ 정의주의
Part 1

통❶(청중 등)에 연설하다 ❷~에 이야기를 나누다
명❶주소 ❷연설

□ 0260
face
/féis/
❗ 정의주의
Part 1

통❶~와 마주하다:(방 등이)~에 면해 있다 ❷(곤란 등)에 직면하다
명❶얼굴 ❷(사물의)표면

□ 0261
examine
/igzǽmin/
❗ 정의주의
Part 1

통❶~을 진찰하다 ❷(…을 목적으로)~을 조사하다(for…)(≒inspect, investigate)
명examination:❶조사, 검토 ❷시험

□ 0262
ruin
/rúːin/
Part 4

통❶~을 망치다 ❷~을 파멸시키다 ❸~을 파괴하다(≒destroy)
명❶(몸의)파멸 ❷유적, 폐허

□ 0263
transport
/trænspɔ́ːrt/
비즈니스문제

통~을(…로) 수송[운송]하다(to…)
명transportaion:수송, 운송;교통[수송]기관

□ 0264
appear
/əpíər/
Part 5, 6

통❶~처럼 보이다[생각하다](≒seem) ❷(eppear to do로)~하는 것처럼 보인다(≒seem to do) ❸나타나다(≒disappear)
명appearance:❶외견, 외관 ❷출현 ❸출석

continued ▼

□ 듣기 모드　Check 1
□ 확인 모드　Check 1 ▸ 2
□ 완벽 모드　Check 1 ▸ 2 ▸ 3

Check 2　Phrase

□ **realize** one's error (자신의 잘못을 깨닫다)
□ **realize** one's ambition (야망을 실현하다)

□ **contain** a lot of vitamins (많은 비타민을 포함한다)
□ can't **contain** one's emotions (감정을 억누를 수 없다)

□ **address** a crowd (군중에 연설하다)
□ **address** him politely (그에게 정중하게 말을 건네다)

□ **face** south (남으로 면해 있다)
□ **face** a challenge (어려운 문제에 직면하다)

□ **examine** her eyes (그녀의 눈을 진찰하다)
□ **examine** the house for fingerprints (지문을 찾아 그 집을 조사하다)

□ **ruin** one's life (인생을 망치다)
□ **ruin** a house (집을 파괴하다)

□ **transport** a patient to a hospital (환자를 병원으로 옮기다)

□ **appear** very angry (매우 화가 난 듯 보이다)
□ It **appears** that ~. (~같다)

Check 3　Sentence

□ I finally **realized** that I had been wrong. (나는 내가 틀린 것을 겨우 알았다)

□ This product **contains** no artificial colors or flavors. (이 제품에는 인공착색료나 향신료가 들어 있지 않다)

□ The man is **addressing** the audience. (그 남자는 청중에 연설하고 있다)

□ Both speakers are **facing** each other. (양쪽 연설자는 서로 마주하고 있다)

□ The doctor is **examining** the patient. (의사는 환자를 진찰하고 있다)

□ His career was **ruined** by injury. (그의 커리어는 부상으로 망쳤다)

□ The goods will be **transported** to China by air. (그 상품은 중국에 공수될 예정이다)

□ It **appears** that the economy is recovering. (경기는 회복되고 있다)

CHAPTER 1
CHAPTER 2
CHAPTER 3
CHAPTER 4
CHAPTER 5
CHAPTER 6
CHAPTER 7
CHAPTER 8
CHAPTER 9
CHAPTER 10
CHAPTER 11

continued ▼

Check 1　　Listen))

□ 0265
confirm
/kənfə́:rm/
비즈니스문제

동❶~을 확인[확증]하다, ~을 입증하다 ❷(결의 등)을 분명히 하다
명confirmation:(~의)확인(of~);확인서

□ 0266
expect
/ikspékt/
Part 2, 3

동❶~을 기대하다;~을 예기[예상]하다 ❷(expect A to do로)A가 ~할 것이라 생각한다 ❸(expect to do로)~할 것으로 생각한다, ~할 작정이다
명expectation:기대, 예상

□ 0267
occupy
/ákjupài/
Part 1

동❶(장소 등)을 차지하다, 점유하다 ❷(be occupied with로)~에 종사하다, ~으로 바쁘다
명occupation:❶직업, 일 ❷(토지·가옥 등의)점유;점거(of~)

□ 0268
share
/ʃéər/
Part 4

동~을(…와) 공유하다(with…)
명❶(~s)주, 주식 ❷시장점유율 ❸지분

□ 0269
allow
/əláu/
❗ 발음주의
Part 5, 6

동❶~을 허락하다(≒permit)(⇔forbid) ❷(allow A to do로)A에게 ~할 것을 허락하다(≒permit A to do)
명allowance:❶수당, 지급액;잔돈 ❷할당량

□ 0270
deliver
/dilívər/
비즈니스문제

동❶~을(…에게) 배달하다(to…) ❷(의견 등)을 서술하다, (강연 등)을 하다
명delivery:배달

□ 0271
refuse
/rifjú:z/
Part 5, 6

동❶~을 거절하다(≒reject, decline, turn down)(⇔accept) ❷(refuse to do로)~하는 것을 거부하다
명(/réfju:s/)쓰레기, 잡동사니(≒garbage, trash, litter)
명refusal:(~할 것의)거절, 거부(to do)

□ 0272
handle
/hǽndl/
❗ 정의주의
비즈니스문제

동❶(문제 등)을 다루다, 처리하다(≒process, deal with, cope with, attend to) ❷~에 손을 대다
명핸들, 손잡이

Day 16))
Quick Review
답은 오른쪽 페이지 아래

□ ~을 시도하다
□ ~을 채용하다
□ ~을 주최하다
□ ~을 나누다

□ ~을 공표하다
□ ~을 잘 생각하다
□ ~을 줄이다
□ ~을 펼치다

□ 잘되다
□ ~을 살 여유가 있다
□ ~을 후회하다
□ ~에 다가가다

□ ~을 조작하다
□ ~을 설립하다
□ 의논하다
□ ~을 부정하다

Check 2 — Phrase

- ☐ evidence confirming his story (그의 이야기를 입증할 증거)
- ☐ confirm one's resolution (결의를 굳히다)

- ☐ expect good results (좋은 성적을 기대하다)
- ☐ expect her to come (그녀가 올 것이라 생각하다)

- ☐ occupy a house (집을 점유하다)
- ☐ be occupied with cooking (요리로 바쁘다)

- ☐ share a room with a roommate (룸메이트와 방을 공유하다)

- ☐ No pets allowed. ([게시판]애완동물 금지)
- ☐ allow him to be absent (그에게 결석을 허가하다)

- ☐ deliver a pizza to a customer (피자를 고객에게 배달하다)
- ☐ deliver a speech (연설하다)

- ☐ refuse his invitation (그의 초대를 거절하다)
- ☐ refuse to work overtime (잔업할 것을 거부하다)

- ☐ handle a problem (문제를 처리하다)
- ☐ handle the exhibits (전시물에 손을 대다)

Check 3 — Sentence

- ☐ I called the hotel to confirm my reservation. (나는 예약을 확인하기 위해 그 호텔에 전화를 걸었다)

- ☐ Light rain is expected today in Sendai. (오늘 센다이에서는 약한 비가 예상된다)

- ☐ All the seats are occupied. (모든 자리는 채워졌다)

- ☐ Sharing information is important to the success of the company. (정보를 공유하는 것은 회사의 성공에 있어 중요하다)

- ☐ Smoking is not allowed in public areas. (공공장소에서의 흡연은 허용되지 않는다)

- ☐ The package was delivered on time. (그 소포는 제 시간에 배달되었다)

- ☐ The offer was too good to refuse. (그 신청은 거절할 수 없을 정도로 좋은 것이었다)

- ☐ In the workshop, they learned how to handle angry customers. (그들은 연수회에서 화난 고객에 대한 대처법을 배웠다)

Day 16 》
Quick Review
답은 왼쪽 페이지 아래

☐ attempt	☐ announce	☐ improve	☐ operate
☐ adopt	☐ consider	☐ afford	☐ found
☐ host	☐ reduce	☐ regret	☐ argue
☐ separate	☐ spread	☐ approach	☐ deny

Chapter 2 Review

왼쪽 페이지의 (1)~(20) 의 동사의 동의 · 유의어 [숙어](≒), 반의 · 반대어 [숙어](⇔) 를 오른쪽 페이지의 A~T 에서 선택하여 괄호 안에 답을 적는다 . 의미를 모를 때는 색인 번호를 참조하고 복습하자 .(답은 오른쪽 아래)

- ☐ **(1) possess** (0161) ≒ 은? (　　　)
- ☐ **(2) hire** (0165) ⇔ 은? (　　　)
- ☐ **(3) require** (0167) ≒ 은? (　　　)
- ☐ **(4) describe** (0176) ≒ 은? (　　　)
- ☐ **(5) complete** (0185) ≒ 은? (　　　)
- ☐ **(6) suggest** (0188) ≒ 은? (　　　)
- ☐ **(7) occur** (0194) ≒ 은? (　　　)
- ☐ **(8) bear** (0199) ≒ 은? (　　　)
- ☐ **(9) repair** (0204) ≒ 은? (　　　)
- ☐ **(10) suffer** (0211) ≒ 은? (　　　)
- ☐ **(11) permit** (0216) ≒ 은? (　　　)
- ☐ **(12) reject** (0219) ⇔ 은? (　　　)
- ☐ **(13) process** (0231) ≒ 은? (　　　)
- ☐ **(14) decrease** (0235) ⇔ 은? (　　　)
- ☐ **(15) land** (0237) ⇔ 은? (　　　)
- ☐ **(16) reduce** (0247) ≒ 은? (　　　)
- ☐ **(17) found** (0254) ≒ 은? (　　　)
- ☐ **(18) deny** (0256) ⇔ 은? (　　　)
- ☐ **(19) ruin** (0262) ≒ 은? (　　　)
- ☐ **(20) refuse** (0271) ≒ 은? (　　　)

A. set up

B. happen

C. accept

D. allow

E. depict

F. turn down

G. fix

H. take off

I. fire

J. handle

K. own

L. spoil

M. propose

N. increase

O. tolerate

P. finish

Q. lower

R. undergo

S. admit

T. need

【해답】 (1) K (2) I (3) T (4) E (5) P (6) M (7) B (8) O (9) G (10) R
(11) D (12) C (13) J (14) N (15) H (16) Q (17) A (18) S (19) L (20) F

CHAPTER 3

형용사 : 초필수 80

Chapter 3에서는 TOEIC 초필수 형용사 80을 다룬다. 이 Chapter가 끝나면 이 책도 학습 목표 기간 중 3주를 마친다. 그리고 초필수의 명사·동사·형용사 352를 익히게 된다.

Day 18 【형용사1】
▶ 90
Day 19 【형용사2】
▶ 94
Day 20 【형용사3】
▶ 98
Day 21 【형용사4】
▶ 102
Day 22 【형용사5】
▶ 106
Chapter 3 Review
▶ 110

TOEIC식 격언

There's no pleasure without pain.

고생 끝에 낙이 온다.
직역) 고생 없이 기쁨은 없다.

Check 1　Listen 》

□ 0273
sufficient
/səfíʃənt/
❗ 강세주의
Part 7

형(~에/…하기 위해)**충분한**(for~/to do)(≒enough)(⇔insufficient)
부sufficiently:충분히

□ 0274
domestic
/dəméstik/
Part 2, 3

형❶**국내의**, 자국의(⇔foreign) ❷가정의

□ 0275
legal
/líːgəl/
Part 2, 3

형❶**합법적인**(≒lawful, legitimate)(⇔illegal) ❷법률의
명legislation:❶(집합적으로)법률 ❷입법행위

□ 0276
essential
/isénʃəl/
❗ 강세주의
Part 2, 3

형❶(~에)**불가결의**, 매우 중요한(for[to]~)(≒necessary, indispensable) ❷본질적인(≒fundamental)
명(~s)필수품

□ 0277
temporary
/témpərèri/
Part 5, 6

형**일시적인**, 임시의(≒provisional, interim)(⇔permanent:영구적인);찰나의
부temporarily:일시적으로

□ 0278
sensitive
/sénsətiv/
Part 5, 6

형❶(문제 등이)**민감한**, 취급에 신중을 요구하는 ❷감수성이 예민한 ❸(be sensitive to로)~에 민감한;~에(자주)생각이 미치는
명sense:❶(~s)감각 ❷의미 ❸분별, 판단력
형sensible:현명한, 분별 있는

□ 0279
financial
/fainǽnʃəl/
❗ 강세주의
비즈니스문제

형❶**재무의**, 재정상의 ❷금융의
명finance:❶(~s)재원 ❷재정, 재무
동finance:~에 자금을 공급하다

□ 0280
steady
/stédi/
Part 5, 6

형❶**안정한**, 고정된(≒stable)(⇔unsteady) ❷착실한, 견실한

continued ▼

□ 듣기 모드　Check 1
□ 확인 모드　Check 1 ▸ 2
□ 완벽 모드　Check 1 ▸ 2 ▸ 3

Check 2　Phrase

□ **sufficient funds** (충분한 자금)

□ **domestic news** (국내 뉴스)
□ **domestic violence** (가정내 폭력= DV)

□ **legal drugs** (합법약물)
□ **the legal system** (법률제도)

□ **It is essential that~** (~라는 것이 중요하다)
□ **the essential difference** (본질적인 차이)

□ **temporary housing** (가설주택)

□ **a sensitive subject** (민감한 화제)
□ **a sensitive girl** (감수성이 예민한 소녀)

□ **financial conditions** (재무상황)
□ **financial services** (금융서비스)

□ **a steady income** (안정된 수입)
□ **steady progress** (착실한 진보)

Check 3　Sentence

□ **There is sufficient food for everyone.** (모두에게 충분한 양의 음식이 있다)

□ **The government should pay more attention to domestic issues.** (정부는 국내 문제에 가장 주의를 기울어야 한다)

□ **Medical marijuana is legal in several states.** (의료용 대마는 몇 개 주에서는 합법이다)

□ **Good sleep is essential for your health.** (충분한 수면은 건강에 매우 중요하다)

□ **Many companies hire temporary workers.** (대부분의 기업이 임시 노동자를 고용하고 있다)

□ **Abortion is a sensitive issue in most countries.** (임신중절은 대부분의 나라에서 민감한 문제다)

□ **The company is facing financial difficulties.** (그 회사는 재정난에 직면해 있다)

□ **He hasn't held a steady job for more than five years.** (그는 5년 이상이나 안정된 직장을 갖지 못했다)

continued ▼

Check 1　　Listen))

□ 0281
due
/djú:/
Part 2, 3

형❶**지불기일이 온**, 만기의 ❷(~하는)것이 되어(to do)
명(~s)회비
부duly:❶적절히, 좋도록 ❷적절한 때에

□ 0282
available
/əvéiləbl/
Part 5, 6

형❶**이용할 수 있는**;입수할 수 있는 ❷(사람이)만날 수 있는(≒free)
명availability:이용 가능한 것, 도움이 되는 것, 유효성

□ 0283
previous
/prí:viəs/
❶ 발음주의
Part 5, 6

형**이전의**, 전의(≒preceding)(⇔following)
부previously:이전에[는]

□ 0284
individual
/ìndəvídʒuəl/
❶ 강세주의
Part 5, 6

형❶**개개의** ❷개인의
명개인

□ 0285
entire
/intáiər/
Part 5, 6

형**전체[전부]의**(≒whole)(⇔partial:부분적인)
부entirely:전부, 완전히

□ 0286
proper
/prápər/

형❶**적절한**;(~에)적합한, 어울리는(for~)(≒appropriate)(⇔improper) ❷(~에)고유의(to~)
명property:❶(집합적으로)재산;부동산 ❷(때때로~ies)특성
부properly:적절히

□ 0287
flat
/flǽt/
❶ 정의주의
Part 1

형❶(타이어가)**공기가 빠진** ❷(요금이)균일의, 고정의 ❸평평한(≒level)

□ 0288
boring
/bɔ́:riŋ/
Part 2, 3

형**지루한**, 싫증나게 하게
동bore:~을(…로) 지루하게 만들다(with…)
형bored:(be bored with로)~에 지루해하다, 싫증나다

Day 17))
Quick Review
답은 오른쪽 페이지 아래

□ ~을 확실히 이해하다
□ ~을 포함하다
□ ~에 연설하다
□ ~와 마주하다
□ ~을 진찰하다
□ ~을 망치다
□ ~을 수송하다
□ ~처럼 보이다
□ ~을 확인하다
□ ~을 기대하다
□ ~을 차지하다
□ ~을 공유하다
□ ~을 허락하다
□ ~을 배달하다
□ ~을 거절하다
□ ~을 다루다

Check 2　　Phrase	Check 3　　Sentence

Check 2　Phrase

☐ the **due** date (지불기일, 만기일)
☐ **be due** to graduate next year (내년에 졸업하기로 되어 있다)

☐ use every **available** means (이용 가능한 모든 수단을 사용하다)
☐ **make oneself available** (언제든 응할 수 있도록 해두다)

☐ a **previous** offense (전과)

☐ each **individual** person (각개인)
☐ **individual** rights (개인의 권리)

☐ the **entire** day (만 하루)
☐ the **entire** city (시 전체)

☐ **proper** care (적절한 배려)
☐ dress **proper** for the occasion (그곳에 어울리는 복장)

☐ go **flat** ([타이어가] 펑크 나다)
☐ a **flat** price (균일요금)

☐ a **boring** lecture (지루한 강의)

Check 3　Sentence

☐ Payment is **due** upon receipt of goods. (상품이 도착하는 대로 지불해주세요)

☐ The software is **available** to anyone for free. (그 소프트웨어는 누구든 무료로 이용할 수 있다)

☐ The new engine is 12 percent more energy-efficient than the **previous** one. (새로운 엔진은 이전의 것보다 12퍼센트 연비효율이 좋다)

☐ Each student should be given **individual** attention. (각각의 생도에게 개별적인 배려가 이뤄져야 한다)

☐ He left his **entire** estate to his daughter. (그는 전 재산을 딸에게 남겼다)

☐ Please put the books back in their **proper** place. (적절한 장소에 책을 다시 놓아주세요)

☐ The car has a **flat** tire. (그 차의 타이어는 펑크 나 있다)

☐ The movie was really **boring**. (그 영화는 정말 지루했다)

CHAPTER 1　CHAPTER 2　CHAPTER 3　CHAPTER 4　CHAPTER 5　CHAPTER 6　CHAPTER 7　CHAPTER 8　CHAPTER 9　CHAPTER 10

Day 17 》
Quick Review
답은 왼쪽 페이지 아래

☐ realize　☐ examine　☐ confirm　☐ allow
☐ contain　☐ ruin　☐ expect　☐ deliver
☐ address　☐ transport　☐ occupy　☐ refuse
☐ face　☐ appear　☐ share　☐ handle

Day 19　형용사2

Check 1　Listen))

□ 0289
nervous
/nə́:rvəs/
Part 2, 3

형❶**긴장한**, 불안한 ❷(be nervous about로)~에 대하여 걱정하고 있다 ❸신경의

□ 0290
former
/fɔ́:rmər/
Part 5, 6

형(시간적으로)**앞의**, 먼저의, 옛날의
명(the~)전자(⇔latter)
부formerly:이전은, 옛날에는

□ 0291
crowded
/kráudid/
Part 1

형(~로)**혼잡한**, 만원의(with~)(⇔empty)
명crowd:군중, 인파
동crowd:❶(장소)을 가득 메우다 ❷무리짓다

□ 0292
patient
/péiʃənt/
❗ 발음주의
Part 2, 3

형(~에)**인내심**[참을성] **강한**(with~)(⇔impatient)
명환자, 병자
명patience:인내(력), 참을성

□ 0293
pleasant
/plézənt/
❗ 발음주의
Part 2, 3

형❶**즐거운**, 유쾌한(⇔ugly) ❷상냥한 ❸(기후가)맑아 기분 좋은
동please:~을 기쁘게 하다, 만족시키다
명pleasure:기쁨, 즐거움, 즐거운 일
형pleasured:(be pleased with로)~로 기뻐하다

□ 0294
extra
/ékstrə/
Part 2, 3

형**추가의**(≒additional);여분의
부특별히;여분으로

□ 0295
solid
/sálid/
❗ 정의주의
Part 7

형❶**견고한** ❷(건물 등이)튼튼한 ❸고체의 ❹단단한
명고체
부완전히

□ 0296
following
/fálouiŋ/
Part 2, 3

형(the~)**다음의**, 다음에 서술하는[오는](⇔previous, preceding)
전~에 이어서, ~의 뒤에
동follow:❶(규칙 등)을 따르다 ❷~에 이어지다 ❸~의 뒤를 따라가다

continued
▼

□ 듣기 모드　Check 1
□ 확인 모드　Check 1 ▸ 2
□ 완벽 모드　Check 1 ▸ 2 ▸ 3

Check 2　Phrase

□ **a nervous look** (긴장한 표정)
□ **be nervous about the future** (장래에 대해서 걱정하다)

□ **the former president** (전 대통령)

□ **a crowded room** (혼잡한 방)

□ **be patient with others** (타자에게 너그럽다)

□ **have a pleasant time** (즐거운 시간을 보내다)
□ **a pleasant boy** (상냥한 소년)

□ **at no extra cost[charge, fee]** (추가 요금 없이)

□ **a solid company** (건실한 회사)
□ **a solid foundation** (튼튼한 기초)

□ **the following day[year]** (다음날[해])
□ **the following example** (다음의 예)

Check 3　Sentence

□ **I was too nervous to speak.** (나는 너무 긴장해서 이야기할 수 없었다)

□ **Australia is a former British colony.** (오스트레일리아는 옛날에 영국의 식민지였다)

□ **The station is crowded with people.** (역은 사람들로 혼잡하다)

□ **Teachers should be patient with students.** (교사는 학생에 대하여 인내심을 가져야 한다)

□ **We had a very pleasant night at the party.** (우리는 파티에서 매우 즐거운 밤을 보냈다)

□ **I need some extra time to finish this report.** (이 보고서를 완성하는 데 조금 시간이 필요하다)

□ **The company has a solid footing in the Chinese market.** (그 회사는 중국 시장에 견고한 기반을 가지고 있다)

□ **Stock prices continued to decline in the following weeks.** (그 후 몇 시간, 주가는 계속 떨어졌다)

continued ▼

Check 1   Listen 》

☐ 0297
overnight
/óuvərnàit/
비즈니스문제

형 ❶다음날 배달의 ❷하룻밤 중의 ❸일박의
부 (/òuvərnáit/)한밤중

☐ 0298
sore
/sɔ́:r/

형 (몸이)아픈, (염증 등으로)따끔따끔하다(≒painful)

☐ 0299
bright
/bráit/
Part 2, 3

형 ❶밝은(⇔dark) ❷영리한;(생각 등이)똑똑한
동 brighten:❶~을 빛나게 하다 ❷~을 유망하게 하다

☐ 0300
effective
/iféktiv/
Part 5, 6

형 효과적인, 유효한(⇔ineffective)
명 effect:❶영향;(원인에 대한)결과 ❷(~에 대한)효과
(on[upon]~) ❸(~s)개인 자산, 소지품

☐ 0301
additional
/ədíʃənl/
Part 5, 6

형 추가의(≒extra)
동 add:❶~을(…에)더하다(to...) ❷~라 덧붙이다
명 addition:❶추가 ❷추가분 ❸덧셈

☐ 0302
opposite
/ápəzit/
❗ 강세주의
Part 1

형 ❶(~와)반대 측의(to~) ❷(성질 등이)(~와)정반대의(to
[from]~)(≒contrary)
전 ~의 맞은편에(≒across from)
동 oppose:❶~에 반대하다 ❷~와 적대하다
명 opposition:❶반대 ❷(집합적으로)대전팀

☐ 0303
complex
/kəmpléks/
Part 7

형 복잡한(≒complicated)(⇔simple)
명 (/kəmpléks/)종합빌딩

☐ 0304
reasonable
/rí:zənəbl/
Part 7

형 ❶이치에 맞는, 중요한(⇔unreasonable) ❷(가격이)저렴
한, 상응한(≒affordable)
명 reason:❶(~의)이유, 핑계(for~) ❷도리, 이치
동 reason:~라고 판단[추측, 추론]하다

Day 18 》
Quick Review
답은 오른쪽 페이지 아래

☐ 충분한
☐ 국내의
☐ 합법적인
☐ 불가결의

☐ 일시적인
☐ 민감한
☐ 재무의
☐ 안정된

☐ 지불기일이 온
☐ 이용할 수 있는
☐ 이전의
☐ 개개의

☐ 전체의
☐ 적절한
☐ 공기가 빠진
☐ 지루한

☐ **an overnight letter**(다음날 배달 우편)
☐ **overnight duty**(야근)

☐ **have sore shoulders**(어깨가 아프다)

☐ **a bright future**(밝은 장래)
☐ **a bright idea**(똑똑한 생각)

☐ **an effective solution**(효과적인 해결책)

☐ **additional information**(추가정보)

☐ **the building opposite to the station**(역 맞은편에 있는 건물)
☐ **the opposite sex**(이성)

☐ **a complex issue**(복잡한 문제)

☐ **a reasonable request**(타당한 요구)
☐ **a reasonable price**(저렴한 가격, 적정가격)

☐ **Extra charges apply to overnight deliveries.**(다음날 배달편에는 추가요금이 적용된다)

☐ **I have had a sore throat for the past few days.**(요 며칠 사이 목이 아프다)

☐ **Look on the bright side.**(밝은 면을 보자, 낙관적으로 생각하자)

☐ **The internet is an effective medium for advertising.**(인터넷은 효과적인 광고매체다)

☐ **The company hired additional staff for a new project.**(그 회사는 새로운 프로젝트를 위해 사원을 추가 채용했다)

☐ **The bus stop is on the opposite side of the street.**(버스정류장은 도로의 반대측에 있다)

☐ **Computers can perform complex calculations.**(컴퓨터는 복잡한 계산을 할 수 있다)

☐ **We thought that his views were reasonable.**(그의 생각은 타당한 것이라고 우리는 생각했다)

Day 18))
Quick Review
답은 왼쪽 페이지 아래

☐ sufficient	☐ temporary	☐ due	☐ entire
☐ domestic	☐ sensitive	☐ available	☐ proper
☐ legal	☐ financial	☐ previous	☐ flat
☐ essential	☐ steady	☐ individual	☐ boring

Day 20　형용사3

□ 0305 affordable
/əfɔ́ːrdəbl/

형 (가격 등이) 저렴한(≒reasonable); 구입하기 쉬운
동 afford: ❶ (can을 동반하여) ~을 살[지불할, 가질] 여유가 있다
❷ (afford to do로) (can을 동반하여) ~할 여유가 있다

□ 0306 physical
/fízikəl/
Part 2, 3

형 ❶ 신체[육체]의(⇔mental) ❷ 물질[물리적인]
명 신체[건강]검진

□ 0307 exact
/igzǽkt/
Part 5, 6

형 ❶ 정확한(≒right, accurate, correct, precise) ❷ 정밀[엄밀]한
부 exactly: ❶ 정확히, 엄밀하게 ❷ (동의를 나타내며) 그렇습니다

□ 0308 specific
/spisífik/
❗ 강세주의
Part 5, 6

형 ❶ 특정의 ❷ 명확한 ❸ (~에) 특유[고유]의(to~)
명 (~s) 상세(≒detail)
명 specification: (통례 ~s) 양식서, 설계명세서
동 specify: ~을 명확히 말하다, 명기하다, 지정하다

□ 0309 favorite
/fívərit/
Part 2, 3

형 마음에 드는, 매우 좋은
명 마음에 드는 사람[물건]
명 favor: ❶ 친절한 행위; 은혜 ❷ 기술, 원조
동 favor: ❶ (기획 등)에 찬성하다 ❷ ~을 좋아하다
형 favorable: ❶ 호의적인 ❷ 상황이 좋은

□ 0310 sensible
/sénsəbl/
Part 5, 6

형 현명한, 분별 있는(≒reasonable)
명 sense: ❶ 감각 ❷ 의미 ❸ 분별, 판단력
형 sensitive: ❶ (문제 등이) 민감한, 취급에 신중이 요구되는 ❷ 감수성이 예민한 ❸ (be sensitive to로) ~에 (자주) 의식하는

□ 0311 promising
/prάmisiŋ/
Part 4

형 전도유망한, 장래성 있는
동 promise: ~을 약속하다; (promise to do로) ~한다고 약속하다
명 promise: (~ 한다는) 약속(to do)

□ 0312 spare
/spέər/
비즈니스문제

형 ❶ (시간 등이) 여분의, 빈 ❷ (물건이) 예비의
동 (시간 등)을 할애하다

continued ▼

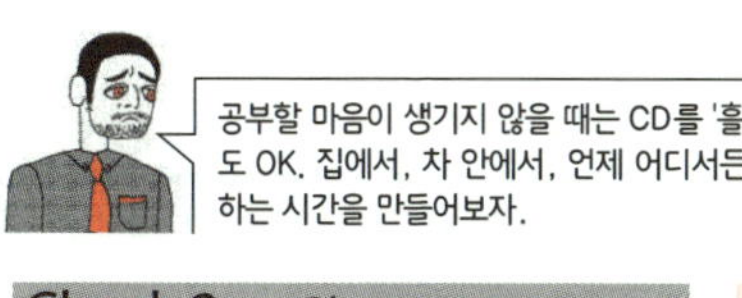

Check 2　Phrase

□ an **affordable** car (저렴한 가격의 차)

□ **physical** exercise (체험)
□ **physical** chemistry (물리화학)

□ the **exact** time (정확한 시간)
□ an **exact** instrument (정밀한 기구)

□ a **specific** purpose (특정목적)
□ a **specific** target (명확한 목표)

□ one's **favorite** restaurant (마음에 드는 레스토랑)

□ a **sensible** choice (현명한 선택)

□ a **promising** career (전도유망한 커리어)

□ **spare** change (여분의 잔돈)
□ a **spare** tire (예비 타이어)

Check 3　Sentence

□ It is difficult to find **affordable** housing in the urban area. (도시에서 저렴한 가격의 집을 발견하는 것은 어렵다)

□ Regular exercise improves both mental and **physical** fitness. (정기적인 운동은 정신적·신체적 건강 모두를 향상시킨다)

□ It is very difficult to determine the **exact** cause of the disease. (그 질병의 정확한 원인을 규명하는 것은 매우 어렵다)

□ Nuclear plant workers should follow **specific** safety guidelines. (원자력 발전소의 작업원은 특정 안정지침에 따르지 않으면 안 된다)

□ Who is your **favorite** singer? (당신이 좋아하는 가수는 누구입니까?)

□ She is a **sensible** and intelligent person. (그녀는 분별 있는 총명한 사람이다)

□ He is a **promising** young actor. (그는 전도유망한 젊은 배우다)

□ In my **spare** time, I like to read novels. (나는 한가한 때는 소설을 읽는 것이 좋다)

continued ▼

Check 1　　Listen 》

□ 0313
official
/əfíʃəl/
❶ 강세주의
Part 5, 6

형❶**공식**[공인, 정식]**의** (≒formal)(⇔unofficial) ❷공공의
명공무원, 관리
명office:❶사무소; 직장 ❷관청, 관공서

□ 0314
close
/klóus/
❶ 발음주의
Part 2, 3

형❶(~에)**가까운**(to~) ❷친밀한(≒intimate) ❸(조사 등이)세밀한
동(/klóuz/)❶~을 닫다 ❷닫히다 ❸~을 끝내다 ❹끝나다

□ 0315
positive
/pázətɪv/
Part 5, 6

형❶(~에 대해)**확신**[자신]**이 있는**(of[about]~)(≒sure, certain) ❷긍정[적극]적인(⇔negative)

□ 0316
equal
/íːkwəl/
❶ 강세주의
Part 5, 6

형❶**동량의**, 동등의 ❷(be equal to로)~와 같은; ~에 필적한 ❸평등한
동~와 같다
명equality:같은 것, 평등
동equalize:~을(…와) 같게 하다(with[to]...)

□ 0317
vague
/véig/
❶ 발음주의

형❶(생각 등이)**분명하지 않은**, 막연한(≒ambiguous) ❷(형태 등이)흐릿한

□ 0318
senior
/síːnjər/
비즈니스문제

형❶(직위 · 지위가)(~보다)**상위**[상급, 선임]**의**(to~) ❷(~보다)연상[연장]의(to~)(⇔junior)
명❶(대학 · 고교의)최고 상급생 ❷연장자

□ 0319
keen
/kíːn/
Part 5, 6

형❶**열심인**(≒enthusiastic); (욕구 등이)극심한 ❷(be keen on로)~을 열망하고 있는 ❸(be keen to 애로)~하고 싶어하는 ❹(감각 등이)예민한

□ 0320
rapid
/rǽpid/

형❶**급한**, 빠른(≒fast, quick) ❷신속한
부rapidly:급속히, 빠르게

100 ▶ 101

Day 19 》 Quick Review 답은 오른쪽 페이지 아래			
□ 긴장한	□ 즐거운	□ 다음날 배달의	□ 추가의
□ 앞의	□ 추가의	□ 아픈	□ 반대 측의
□ 혼잡한	□ 견실한	□ 밝은	□ 복잡한
□ 인내심 강한	□ 다음의	□ 효과적인	□ 이치에 맞는

□ an **official** statement (공식성명)
□ **official** duties (공무)

□ in **close** proximity to~ (~의 바로 가까이에)
□ a **close** friend (친한 친구)

□ be **positive** of one's success (성공을 확신하고 있다)
□ a **positive** attitude (적극적인 태도)

□ of **equal** height[weight] (같은 높이[무게]의)
□ be **equal** to him in ability (능력에서 그와 필적한다)

□ a **vague** promise (애매한 약속)
□ a **vague** smile (애매한 웃음)

□ a **senior** manager (상급관리자)
□ a **senior** citizen (고령자, 노인)

□ a **keen** golfer (열정적인 골퍼)
□ be **keen** on studying abroad (유학을 열망하다)

□ **rapid** change (급격한 변화)
□ a **rapid** worker (일이 빠른 사람)

□ The People's Republic of China is the **official** name of China. (중화인민공화국이 중국의 정식 이름이다)

□ The company is **close** to bankruptcy. (그 회사는 도산직전이다)

□ She is **positive** about her future. (그녀는 자신의 장래에 자신을 가지고 있다)

□ Woman should be admitted on **equal** terms with men. (여성은 남성과 동등한 조건으로 받아들여야 한다)

□ I have a **vague** memory of the movie. (나는 그 영화를 분명히 기억하지 않는다)

□ Mr. White was promoted to **senior** vice president. (화이트 씨는 상급 부사장으로 승진했다)

□ He has a **keen** interest in astronomy. (그는 천문학에 강한 관심을 가지고 있다)

□ China is experiencing **rapid** economic growth. (중국은 급속한 경제성장을 경험하고 있다)

CHAPTER 1
CHAPTER 2
CHAPTER 3
CHAPTER 4
CHAPTER 5
CHAPTER 6
CHAPTER 7
CHAPTER 8
CHAPTER 9
CHAPTER 10

Day 19))
Quick Review
답은 왼쪽 페이지 아래

□ nervous
□ former
□ crowded
□ patient
□ pleasant
□ extra
□ solid
□ following
□ overnight
□ sore
□ bright
□ effective
□ additional
□ opposite
□ complex
□ reasonable

□ 0321
particular
/pərtíkjulər/
❗ 강세주의
Part 2, 3

형 ❶**특별**[각별]**한** ❷특정의(⇔general:전반적인) ❸(be particular about로)~에 대해 까다롭게 구는, 고약한
부 particularly:특히

□ 0322
clear
/klíər/
❗ 정의주의
Part 1

형 ❶(길이)**한산한**:장애물이 없는 ❷투명한(≒transparent) ❸또렷한(≒obvious)
동 ~을 정돈하다(≒put away)

□ 0323
similar
/símələr/
Part 2, 3

형 (~와)**같은**, 비슷한, 유사한(to do~)
명 similarity:(~의 사이의/…와의)유사;유사점(between~/with...)

□ 0324
total
/tóutl/
Part 2, 3

형 ❶**통계의**, 전체의 ❷완전한(≒complete)
명 총합, 총액
동 ❶합계~이 된다(≒amount to, add up to) ❷(total up로)~을 합계[총합]하다
부 totally:전부, 완전히

□ 0325
local
/lóukəl/
Part 5, 6

형 ❶**지역적인**, 현지의(⇔national) ❷각 역 정차의(⇔express)

□ 0326
correct
/kərékt/
Part 5, 6

형 ❶**옳은**, 정직한(≒right, accurate, exact, precise) ❷적절한, 타당한(≒appropriate)
동 (오류 등)을 수정하다
부 correctly:바르게, 정확히

□ 0327
rare
/réər/
Part 2, 3

형 ❶**드문** ❷(고기가)설구운[레어의]
부 rarely:드물게[때때로 밖에]~하지 않다

□ 0328
valuable
/vǽljuəbl/
Part 7

형 ❶(~을 위해/…에 있어)**귀중한**(for~/to...) ➕ invaluable은 '헤아릴 수 없을 만큼 귀중한' ❷고가의
명 value:❶가치 ❷가격
명 valuables:귀중품
동 value:~을 높게 평가하다, 존중하다

continued ▼

☐ 듣기 모드　Check 1
☐ 확인 모드　Check 1 ▸ 2
☐ 완벽 모드　Check 1▸ 2 ▸ 3

Check 2　Phrase

☐ **pay particular attention to~** (〜에 특별한 주의를 기울이다)
☐ **on that particular day**(특히 그 날에 한하여)

☐ **a clear view of the ocean**(광활한 바다의 조망)
☐ **a clear lake** (탁 트인 호수)

☐ **two similar paintings**(비슷한 두 장의 그림)

☐ **the total number**(총수)
☐ **a total failure** (완전한 실수)

☐ **local wine**(지역의 와인, 현지의 와인)
☐ **a local train** (보통열차)

☐ **a correct answer**(정답)
☐ **correct behavior**(바른 행실)

☐ **rare answer**(희귀동물)
☐ **a rare steak** (레어 스테이크)

☐ **valuable information**(귀중한 정보)
☐ **a valuable painting**(고가의 그림)

Check 3　Sentence

☐ **There was no particular reason why I bought this car.**(내가 이 차를 산 특별한 이유는 아무것도 없었다)

☐ **The road is clear with light traffic.** (그 길은 교통량도 적어 한산하다)

☐ **Her voice is very similar to her mother's.** (그녀의 목소리는 그녀 어머니의 음성과 매우 비슷하다)

☐ **The total cost of the project was $25 million.**(그 프로젝트의 총비용은 2,500만 달러였다)

☐ **The car accident was reported in the local newspaper.**(그 자동차 사고는 지방 신문에서 보도되었다)

☐ **I'm convinced that my decision was correct.** (나는 자신의 결정은 옳았다고 확신하고 있다)

☐ **It is rare for her to be late for work.** (그녀가 일에 지각하는 것은 드물다)

☐ **Nothing is more valuable than our health.** (건강보다도 귀중한 것은 없다)

continued ▼

Check 1　Listen))

☐ 0329
formal
/fɔ́ːrməl/

형❶정식[공식]의(≒official)(⇔informal) ❷형식적인, 거북한

☐ 0330
present
/préznt/
❗ 정의주의
Part 1

형❶(~에)출석한(at[in]~)(⇔absent) ❷현재의
명(~한테/…로의)선물(from~/to...)
동(/prizént/)(present A to B로)❶A를 B에게 제출하다 ❷A를 B에게 보내다

☐ 0331
serious
/síəriəs/

Part 5, 6

형❶(사태 등이)심각[위험, 중대]한(≒grave) ❷(~에)진지한(about~)
부seriously:❶성실하게, 진심으로 ❷농담은 빼고 ❸매우, 심각하게

☐ 0332
commercial
/kəmə́ːrʃəl/
❗ 정의주의
비즈니스문제

형상업의;통상[무역]의
명광고
명commerce:상업;통상,무역

☐ 0333
further
/fə́ːrðər/
Part 4

형❶그 이상의, 더 추가한(≒additional) ❷더욱 먼
부❶그 이상으로;더욱이 ❷더 먼 곳으로

☐ 0334
odd
/ád/

형❶기묘한(≒strange, peculiar, queer, eccentric) ❷홀수의(⇔even:짝수의)

☐ 0335
demanding
/dìmǽndɪŋ/

형(일 등이)힘든, 고생스러운;(사람이)요구가 까다로운
명demand:❶(~의)수요(for~) ❷(~을 바란)요구(for~)
동demand:~을(…에게) 요구하는(of[from]...)

☐ 0336
probable
/prábəbl/

형있을 법한, 일어날 것 같은, 우선 확실한(≒likely)
부probably:아마
명probability: 개연성 , 확률

Day 20))
Quick Review
답은 오른쪽 페이지 아래

☐ 저렴한	☐ 마음에 드는	☐ 공식의	☐ 분명하지 않은
☐ 신체의	☐ 현명한	☐ 가까운	☐ 상위의
☐ 정확한	☐ 전도유망한	☐ 확신이 있는	☐ 열심인
☐ 특정의	☐ 여분의	☐ 동량의	☐ 급한

□ a **formal** announcement (정식 발표)
□ a **formal** greeting (형식적인 인사)

□ be **present** at the wedding (결혼식에 참석하다)
□ the **present** day (현대)

□ a **serious** problem (심각한 문제)
□ be **serious** about becoming a teacher (교사가 되려고 진지하게 생각하다)

□ **commercial** law (상법)
□ a **commercial** treaty (통상조약)

□ for a **further** 10 minutes (추가로 10분간)
□ on the **further** side (맞은편에)

□ an **odd** choice (의외의 선택)
□ **odd** numbers (홀수)

□ a **demanding** job (힘든 일)
□ a **demanding** boss (까다로운 상사)

□ a **probable** candidate (당선될 것 같은 후보자)
□ It is **probable** that~ (아마도~일 것이다)

□ She made d **formal** complaint to the police. (그녀는 정식으로 경찰에 고소했다)

□ People are **present** at the conference. (사람들은 회의에 출석했다)

□ Flooding caused **serious** damage to the area. (홍수는 그 지역에 심각한 피해를 초래했다)

□ Shanghai is the **commercial** capital of China. (상하이는 중국의 상업 중심지다)

□ For **further** information, please visit our website. (좀 더 자세한 것은 회사의 홈페이지를 봐주세요)

□ I heard an **odd** noise coming form my computer. (내 컴퓨터에서 기묘한 소리가 들렸다)

□ Raising children is a **demanding** but rewarding job. (육아는 힘들지만 보람이 있는 일이다)

□ Rain is **probable** tonight. (오늘밤 비가 내릴 것 같다)

CHAPTER 1
CHAPTER 2
CHAPTER 3
CHAPTER 4
CHAPTER 5
CHAPTER 6
CHAPTER 7
CHAPTER 8
CHAPTER 9
CHAPTER 10

Day 20 》
Quick Review
답은 왼쪽 페이지 아래

□ affordable
□ physical
□ exact
□ specific
□ favorite
□ sensible
□ promising
□ spare
□ official
□ close
□ positive
□ equal
□ vague
□ senior
□ keen
□ rapid

Day 22　형용사5

Check 1　Listen 》

□ 0337
conscious
/kánʃəs/
❗정의주의
Part 5, 6

형❶**의식**[의도]**적인**, 고의의(⇔unconscious) ❷(be conscious of로)~을 의식[자각]한;~을 알아차린(≒be aware of)(⇔be unconscious of) ❸의식 있는　▶

□ 0338
informal
/ìnfɔ́:rməl/

형❶**허물없는**;평상복의(≒casual)(⇔formal) ❷회화[구어]체의　▶

□ 0339
brilliant
/bríljənt/

형❶(매우)**우수한**, 훌륭한 ❷빛나는 ➕ bright보다 강한 말　▶

□ 0340
national
/nǽʃənl/
Part 5, 6

형❶**전국적인**, 전국 대상의(⇔local) ❷국가[국민]의, 국가[국민]적인 ❸국립의
명nation:❶나라, 국가 ❷(the~)(집합적으로)국민
명nationality:❶국적 ❷국민, 국가　▶

□ 0341
economic
/èkənámik/
❗강세주의
비즈니스문제

형**경제**(상)**의**
명economy:❶경제 ❷(~의)절약(of[in]~)
명economics:❶경제학 ❷경제학적 의미
형economical:경제적인　▶

□ 0342
ideal
/aidí:əl/
❗발음주의
Part 4

형(~에 있어)**이상적인**(for~)
명이상;(~의)이상적인 모습(of~)　▶

□ 0343
considerable
/kənsídərəbl/
❗강세주의
Part 5, 6

형(수량 등이)**상당한**, 꽤
동consider:❶~을 자주 생각한다, 숙고하다 ❷(consider doing로)~하는 것을 자주 생각하다
명consideration:고려, 고찰
형considerate:배려 있는, 이해가 있는　▶

□ 0344
personal
/pɜ́:rsənl/
Part 2, 3

형**개인적인**;개인의
명person:사람
명personality:❶성격, 성질 ❷(예능계 등의)유명인, 명사
부personally:❶자신으로서는 ❷직접적으로, 개인적으로　▶

continued
▼

Check 2　Phrase

□ make a **conscious** attempt (의식적으로 시도하다)
□ be **conscious** of one's short-comings (자신의 결점을 자각하다)

□ **informal** dress[clothes] (평상복)
□ **informal** English (회화체 영어)

□ a **brilliant** idea (훌륭한 아이디어)
□ **brilliant** jewels (빛나는 보석)

□ a **nation** newspaper (전국지)
□ a **nation** hero (국민적 영웅)

□ an **economic** crisis (경제위기)

□ an **ideal** situation (이상적인 상황)

□ a **considerable** amount of money (상당한 액수의 돈)

□ for **personal** reasons (개인적 이유로, 일신상의 경우로)

Check 3　Sentence

□ She made a **conscious** effort to be aggressive. (그녀는 적극적이 되려고 의식적으로 노력하고 있다)

□ The atmosphere of the meeting was **informal**. (회의 분위기는 허물없었다)

□ He is a **brilliant** scientist who holds degress in medicine, psychology, and philosophy. (그는 의학, 심리학, 그리고 철학 학위를 가진 우수한 과학자다)

□ It is very difficult for small businesses to compete with the big **national** chains. (소규모 상점이 전국적인 대규모 체인점과 경쟁하는 것은 매우 어렵다)

□ The present **economic** growth rate of China is the highest in the world. (현재 중국의 경제성장률은 세계에서 가장 높다)

□ The weather was **ideal** for hiking. (날씨는 하이킹에 이상적이었다)

□ There is a **considerable** difference of opinion between the two parties. (양 정당 간에는 상당한 의견 차이가 있다)

□ Hiroshi is a close **personal** friend of mine. (히로시는 나의 개인적인 친구다)

continued
▼

Check 1   Listen 》

□ 0345
attractive
/ətrǽktiv/
> 형 매력적인, 사람을 끌어당기는(≒appealing)
> 동 attract: ❶~을(…에)끌어당긴다(to...) ❷~을 매혹하다
> 명 attraction: 사람(의 흥미)을 매료시키는 물건[장소], 구경거리 ▶

□ 0346
common
/kάmən/
Part 5, 6
> 형 ❶일반적인 ❷공통[공유]의(⇔personal) ❸흔히 있는, 보통의(≒ordinary)(⇔uncommon)
> 명 (통례, 시읍면의)공원 ▶

□ 0347
medical
/médikəl/
> 형 의료[의학]의
> 명 medicine: ❶약 ❷의학 ▶

□ 0348
cutting-edge
비즈니스문제
> 형 최첨단[최전선]의(≒state-of-the-art) ▶

□ 0349
real
/ríːəl/
Part 5, 6
> 형 ❶실제의, 현실의(≒actual) ❷진짜의;진품의
> 명 reality: 현실(성), 진실(성)
> 부 really: ❶실제는, 진짜는 ❷확실히, 진짜로 ▶

□ 0350
comfortable
/kΛmftəbl/
❗ 강세주의
Part 2, 3
> 형 ❶(사람이)편안한 ❷(가구・방 등이)쾌적한(⇔uncomfortable)
> 명 comfort: ❶쾌적함, 안락 ❷안심감, 위로
> 동 comfort: ❶~을 위로하다 ❷~을 북돋다 ▶

□ 0351
huge
/hjúːdʒ/
Part 5, 6
> 형 거대한, 막대한≒enormous, immense)(⇔tiny: 매우 작다) ▶

□ 0352
free
/fríː/
Part 4
> 형 ❶무료의 ❷자유로운 ❸(be free to do로)자유롭게~할 수 있다 ❹(be free of[from]로)~에서 자유롭다
> 부 ❶무료로(≒for free) ❷자유롭게
> 동 ~을 해방하다, 자유롭게 하다 ▶

Day 21 》
Quick Review
답은 오른쪽 페이지 아래

□ 특별한
□ 한산한
□ 같은
□ 통계의

□ 지역적인
□ 옳은
□ 드문
□ 귀중한

□ 정식의
□ 출석한
□ 심각한
□ 상업의

□ 그 이상의
□ 기묘한
□ 힘든
□ 있을 법한

□ an **attractive** offer(매력적인 오퍼)

□ Many people find her **attractive**. (대부부의 사람이 그녀를 매력적이라 생각한다)

□ **common** practice(흔한 일, 상식)
□ **common** interest(공통의 이해[이익])

□ **Common** symptoms of influenza are fever, sore throat, muscle pains, headache, cough, and tiredness. (인플루엔자의 일반적인 증상은 열, 목의 통증, 근육통, 두통, 기침 그리고 피로다)

□ **medical** care(치료)
□ a **medical** student(의학생)

□ **Medical** supplies are running short in the refugee camp. (그 난민 캠프에서는 의료품이 부족하다)

□ a **cutting-edge** company(최첨단 기업)

□ They use **cutting-edge** technology th create the best products. (최고의 제품을 생산하기 위해서 그들은 최첨단 기술을 이용하고 있다)

□ the **real** world(현실세계)
□ the **real** thing(진짜)

□ The novel is based on **real** people. (그 소설은 현실의 사람들에 근거한다)

□ feel **comfortable**(기분 좋게 느끼는)
□ a **comfortable** chair(안락한 의자)

□ Please make yourself **comfortable**. (모쪼록 편안히 계세요) ➕ 초대 손님에게 건네는 말

□ a **huge** shopping center(거대 쇼핑센터)

□ The company suffered **huge** losses last year. (그 회사는 작년 막대한 손실을 입었다)

□ a **free** sample(무료 샘플)
□ a **free** election(자유선거)

□ I was given **free** tickets to the concert. (나는 그 콘서트의 무료 티켓을 받았다)

CHAPTER 1
CHAPTER 2
CHAPTER 3
CHAPTER 4
CHAPTER 5
CHAPTER 6
CHAPTER 7
CHAPTER 8
CHAPTER 9
CHAPTER 10

Day 21 》
Quick Review
답은 왼쪽 페이지 아래

□ particular
□ clear
□ similar
□ total

□ local
□ correct
□ rare
□ valuable

□ formal
□ present
□ serious
□ commercial

□ further
□ odd
□ demanding
□ probable

Chapter 3 Review

왼쪽 페이지의 (1)~(20) 의 형용사의 동의 · 유의어 (≒), 반의 · 반대어 (⇔) 를 오른쪽 페이지의 A~T 에서 선택하여 괄호 안에 답을 적는다 . 의미를 모를 때는 색인 번호를 참조하고 복습하자 .(답은 오른쪽 아래)

- □ **(1) legal** (0275) ⇔ 은? (　　　)
- □ **(2) essential** (0276) ≒ 은? (　　　)
- □ **(3) temporary** (0277) ⇔ 은? (　　　)
- □ **(4) steady** (0280) ≒ 은? (　　　)
- □ **(5) previous** (0283) ⇔ 은? (　　　)
- □ **(6) entire** (0285) ≒ 은? (　　　)
- □ **(7) extra** (0294) ≒ 은? (　　　)
- □ **(8) bright** (0299) ⇔ 은? (　　　)
- □ **(9) complex** (0303) ≒ 은? (　　　)
- □ **(10) affordable** (0305) ≒ 은? (　　　)
- □ **(11) physical** (0306) ⇔ 은? (　　　)
- □ **(12) exact** (0307) ≒ 은? (　　　)
- □ **(13) official** (0313) ≒ 은? (　　　)
- □ **(14) positive** (0315) ≒ 은? (　　　)
- □ **(15) keen** (0319) ≒ 은? (　　　)
- □ **(16) rapid** (0320) ≒ 은? (　　　)
- □ **(17) present** (0330) ⇔ 은? (　　　)
- □ **(18) odd** (0334) ≒ 은? (　　　)
- □ **(19) informal** (0338) ≒ 은? (　　　)
- □ **(20) huge** (0351) ≒ 은? (　　　)

A. additional

B. sure

C. accurate

D. strange

E. stable

F. enormous

G. complicated

H. fast

I. permanent

J. enthusiastic

K. whole

L. casual

M. resonable

N. illegal

O. following

P. absent

Q. formal

R. dark

S. mental

T. necessary

【해답】 (1) N　(2) T　(3) I　(4) E　(5) O　(6) K　(7) A　(8) R　(9) G　(10) M
(11) S　(12) C　(13) Q　(14) B　(15) J　(16) H　(17) P　(18) D　(19) L　(20) F

CHAPTER 4

명사 : 필수 160

Chapter 4에서는 TOEIC 필수 명사 160을 마스터한다. 비록 초필수는 아니지만, 모두 중요한 단어다. 당황하지 말고 차분하게 단어 하나하나를 착실하게 공부해가자.

Day 23 【명사11】
▶114
Day 24 【명사12】
▶118
Day 25 【명사13】
▶122
Day 26 【명사14】
▶126
Day 27 【명사15】
▶130
Day 28 【명사16】
▶134
Day 29 【명사17】
▶138
Day 30 【명사18】
▶142
Day 31 【명사19】
▶146
Day 32 【명사20】
▶150
Chapter 4 Review
▶154

TOEIC식 격언

Rome wasn't built in a day.
로마는 하루아침에 이루어지지 않았다.

Check 1   Listen 》

□ 0353
sink
/síŋk/
❗ 정의주의
Part 1

명 개수대 ; 세면대
동 ❶가라앉다 ❷~을 가라앉히다

□ 0354
row
/róu/
Part 1

명 (가로로 가지런한) 줄, 행렬 ➕ (세로로 가지런한) 줄은 line
동 보트를 젓다

□ 0355
value
/vǽljuː/
Part 5, 6

명 ❶가치 (≒ worth) ❷가격
동 ~을 높게 평가하다, 존중하다
형 valuable: ❶(~을 위해/…에 있어) 귀중한(for~/to…) ❷고가의
명 valuable: (통례~s) 귀중품

□ 0356
chemical
/kémikəl/
비즈니스 문제

명 화학물질 [제품, 약품]
형 화학의
명 chemistry: 화학
명 chemist: 화학자

□ 0357
director
/diréktər/
비즈니스 문제

명 ❶(회사의) 이사, 중역 ❷(영화 등의) 감독
동 direct: ❶~을 지도하다 ❷(direct A to B로)A에게 B로 가는 길을 가르쳐주다:A(주의 등)을 B에게 하다
형 direct: ❶곧은 ❷직접의
명 direction: ❶(~s)길 안내 ❷사용법 ❸방도

□ 0358
citizen
/sítəzən/

명 ❶시민 ❷국민(⇔allen: 외국인)
명 citizenship: ❶시민[공민]권 ❷국적

□ 0359
period
/píəriəd/
Part 5, 6

명 ❶기간, 시기 ❷시대(≒ ear, age)
명 periodical: 정기간행물
형 periodical: 정기간행(물)의

□ 0360
relative
/rélətiv/

명 친척
형 ❶어느 정도의 ❷(~에)관련한(to~)
부 relatively: 비교적, 비율로

---

continued ▼

□ 듣기 모드　Check 1
□ 확인 모드　Check 1 ▸ 2
□ 완벽 모드　Check 1 ▸ 2 ▸ 3

CHAPTER 1

CHAPTER 2

CHAPTER 3

CHAPTER 4

CHAPTER 5

CHAPTER 6

CHAPTER 7

CHAPTER 8

CHAPTER 9

CHAPTER 10

CHAPTER 11

Check 2　Phrase

□ **a kitchen sink** (부엌의 개수대)

□ **the front row** (가장 앞줄)
□ **a row of houses** (집이 늘어서 있음)

□ **increase [decrease] in value** (가치가 올라가다 [내려가다])
□ **market value** (시장가격)

□ **a toxic chemical** (유해 [유독] 화학물질)

□ **a board of directors** (이사 [중역] 회)
□ **a movie director** (영화감독)

□ **the citizens of London** (런던 시민)
□ **American citizens** (미국 국민)

□ **for a long [short] period** (오랜 [잠시] 동안)
□ **the colonial period** (식민지시대)

□ **a close relative** (가까운 친척)

Check 3　Sentence

□ **Dishes are piled up in the sink.** (개수대에 접시가 쌓여 있다)

□ **A row of trees lines the street.** (가로수가 거리에 나란히 심어져 있다)

□ **Children should learn the value of money.** (아이들은 돈의 가치를 배워야 한다)

□ **Chemicals are widely used in farming.** (화학물질은 농업에서 널리 사용되고 있다)

□ **He was appointed to the position of sales director.** (그는 판매담당 이사직에 임명되었다)

□ **The mayor should listen to the citizens.** (시장은 시민의 목소리에 귀를 기울여야 한다)

□ **The company is entering a period of steady growth.** (그 회사는 안정된 성장기에 접어들고 있다)

□ **I have relatives living in Australia.** (내게는 오스트레일리아에 살고 있는 친척이 있다)

continued ▼

Check 1　　Listen 🔊

□ 0361
loss
/lɔ́ːs/
Part 5, 6

명 ❶ 손실(액)(⇔profit) ❷(양·정도의)감소, 저하(⇔gain) ❸ 죽음
통 lost: ❶ ~을 잃다 ❷(시합 등)에 지다

□ 0362
quarter
/kwɔ́ːrtər/
❗ 정의주의
비즈니스문제

명 ❶ 사분기 ❷ 15분 ❸ 4분의 1

□ 0363
produce
/prədjúːs/
❗ 정의주의
비즈니스문제

명 (집합적으로) 농산물 ; 야채와 과일

□ 0364
dentist
/déntist/
Part 1

명 치과의사, 치과

□ 0365
dozen
/dʌ́zn/
Part 5, 6

명 한 다스, 12개

□ 0366
down payment
비즈니스문제

명 (~의) 계약금, 착수금(on~)

□ 0367
affair
/əféər/

명 ❶ (~s)(사회적) 문제, 정세 ❷(세상의 관심을 부르는)사건

□ 0368
advance
/ædvǽns/
Part 5, 6

명 ❶ 진보(≒ development, progress) ❷전진(⇔retreat: 후퇴)
통 ❶진보하다 ❷전진하다 ❸~을 전진시키다

Day 22 🔊
Quick Review
답은 오른쪽 페이지 아래

□ 의식적인	□ 경제의	□ 매력적인	□ 실제의
□ 허물없는	□ 이상적인	□ 일반적인	□ 편안한
□ 우수한	□ 상당한	□ 의료의	□ 거대한
□ 전국적인	□ 개인적인	□ 최첨단의	□ 무료의

Check 2 Phrase	**Check 3** Sentence

Check 2 Phrase

- ☐ make a huge loss (거액의 손실을 내다)
- ☐ weight loss (감량)

- ☐ the first [fourth] quarter (제1[제4]사분기)
- ☐ a quarter to [after] 11 (11시 15분 전[후])

- ☐ imported produce (수입농산물)
- ☐ a produce market (농산물시장)

- ☐ go to the dentist (치과에 가다)

- ☐ two dozen pencils (2다스의 연필, 24자루의 연필)
- ☐ half a dozen (반다스, 6개)

- ☐ make a down payment on ~ (~의 계약금을 지불하다)

- ☐ internal affairs (국내문제, 내정문제)
- ☐ the Watergate affair (워터게이트 사건)

- ☐ advances in science and technology (과학기술의 진보)
- ☐ the army's advance (군대의 전진)

Check 3 Sentence

- ☐ The insurance company reported losses of 78 million for the second quarter. (그 보험회사는 제2사분기에 7,800만 달러 손실을 보고했다)

- ☐ Sales figures for the third quarter are only 0.8 percent higher than a year earlier. (제3사분기 매상고는 1년 전보다 불과 0.8퍼센트가 높다)

- ☐ More and more consumers are buying organic produce. (유기농산물을 사는 소비자가 증가하고 있다)

- ☐ The dentist is treating the woman. (치과의는 여성을 치료하고 있다)

- ☐ Eggs are usually sold by the dozen. (달걀은 보통 12개 단위로 팔리고 있다)

- ☐ I paid a down payment of $2,000 on the car. (나는 그 차에 2,000달러의 계약금을 지불했다)

- ☐ Dr. Smith is an expert on world affairs. (스미스 박사는 국제문제 전문가다)

- ☐ The recent advances in biotechnology have raised a number of ethical questions. (최근 생명과학 진보는 많은 윤리문제를 일으키고 있다)

Day 22
Quick Review
답은 왼쪽 페이지 아래

- ☐ conscious
- ☐ informal
- ☐ brilliant
- ☐ national
- ☐ economic
- ☐ ideal
- ☐ considerable
- ☐ personal
- ☐ attractive
- ☐ common
- ☐ medical
- ☐ cutting-edge
- ☐ real
- ☐ comfortable
- ☐ huge
- ☐ free

Check 1　Listen))

□ 0369
reason
/ríːzn/
▶
명❶(~의) **이유**, 까닭(for~) ❷도리, 이치
동~라고 판단[추측, 추론]하다
형reasonable:❶사리에 맞는, 타당한 ❷(가격이)저렴한, 상응한 ▶

□ 0370
drill
/dríl/
❗ 정의주의
Part 7
▶
명❶**훈련**, 연습(≒practice, exercise) ❷송곳, 드릴
동~에(송곳 등으로) 구멍을 뚫다 ▶

□ 0371
experiment
/ikspérəmənt/
Part 1
▶
명(~의) **실험**(on[with]~)
동(/ɪkspérəmènt/)(~의)실험을 하다(on[with]~)
형experimental:❶실험의, 실험에 근거한 ❷실험용의, 실험적인 ▶

□ 0372
tour
/túər/
❗ 정의주의
Part 4
▶
명❶(공장 등의) **시찰**, 견학 ❷(~의)여행(of[around, round]~)
(≒trip, journey, travel, voyage)
명tourist: 여행자, 관광객 ▶

□ 0373
party
/páːrti /
❗ 정의주의
Part 2, 3
▶
명❶(함께 행동하는) **일행**, 단체 ❷정당 ❸(계약 등의) 당사자 ❹
파티 ▶

□ 0374
employer
/implɔ́iər/
비즈니스문제
▶
명**고용자**[주](⇔employee: 종업원)
동employ:❶~을 고용하다 ❷(수단 등)을(…을 위해)이용하다
(for…)
명employment:❶고용 ❷근무 ▶

□ 0375
check
/tʃék/
비즈니스문제
▶
명❶**수표** ❷전표, 계산서(≒bill) ❸검사
동~을 조사하다 ▶

□ 0376
assistance
/əsístəns/
Part 5, 6
▶
명**원조**(≒help)
동assist:~을 돕다
명assistant: 조수, 비서
형assistant: 보좌[보조]의, 부~ ▶

continued
▼

☐ 듣기 모드　Check 1
☐ 확인 모드　Check 1 ▶ 2
☐ 완벽 모드　Check 1 ▶ 2 ▶ 3

Check 2　Phrase

☐ the **reason** for the decision（결정 이유）
☐ **see reason**（도리를 알다, 사리를 분별하다）

☐ a fire **drill**（소방훈련）
☐ an electric **drill**（전기드릴）

☐ an **experiment** on animals（동물실험）
☐ **perform [conduct, do, carry out] an experiment**（실험을 하다）

☐ a **tour** of the campus（캠퍼스 견학）
☐ a five-day **tour** of Hawaii（5일간의 하와이 여행）

☐ a **party** of five（5명의 일행）
☐ the opposition [ruling] **party**（야[여]당）

☐ one's former **employer**（전 고용자）

☐ cash a **check**（수표를 현금으로 바꾸다）
☐ **Check**, please.（계산해주세요）

☐ give [provide, offer] **assistance** to ~（~을 돕다）
☐ economic **assistance**（경제원조）

Check 3　Sentence

☐ The company's CEO resigned for health **reasons**.（그 회사의 최고 경영책임자는 건강상의 이유로 사임했다）

☐ An evacuation **drill** will be held next Monday.（다음 주 월요일에 피난훈련이 실시된다）

☐ They are conducting an **experiment**.（그들은 실험을 실시하고 있다）

☐ We went on a **tour** of the factory.（우리는 그 공장을 시찰했다）

☐ A rescue **party** was sent to look for the victims.（조난자를 찾기 위한 구조대가 보내졌다）

☐ The company is the largest **employer** in this town.（그 회사는 그 거리에서 최대 고용주다）

☐ Would you like to pay by cash, **check**, or credit card?（지불은 현금, 수표, 신용카드 어느 것으로 하시겠습니까）

☐ Many of the developed countries have provided technical **assistance** to developing countries.（선진국의 대부분은 개발도상국에 기술지원을 해왔다）

continued ▼

Check 1   Listen 》》

☐ 0377
development
/divéləpmənt/
❗ 강세주의
비즈니스문제

명 ❶개발 ❷발달;진전(≒progress, advance)
동 develop:❶(자원 등)을 개발하다 ❷~을 발전시키다 ❸발달하다 ❹(필름)을 현상하다
명 developer:개발자;개발업자

☐ 0378
goods
/gúdz/
Part 1

명 (집합적으로)상품, 제품(≒merchandise)

☐ 0379
limit
/límit/
Part 5, 6

명 ❶한도, 제한 ❷(통례~s)범위, 구역
동 ~을(…에)제한한다(to...)(≒restrict, confine)
명 limitation:❶제한 ❷(통례~s)한계

☐ 0380
fair
/féər/
❗ 정의주의
Part 2, 3

명 ❶품평회, 전람회(≒exposition) ❷품평회
형 공평[공정]한

☐ 0381
principle
/prínsəpl/
Part 5, 6

명 ❶주의, 신조, 행동방침 ❷원리, 원칙 ✚ principal(주요한;교장)과의 차이에 주의

☐ 0382
sale
/séil/
비즈니스문제

명 ❶(~s)매상고, 판매수 ❷판매 ❸특매
동 sell:❶(어떤 금액·어느 상태에서)팔리다 ❷~을 팔다

☐ 0383
sympathy
/símpəθi/

명 ❶(~에의)동정, 배려(for[with]~)(≒compassion, pity) ❷(~에의)공감, 동의(for[with]~)
형 sympathetic:❶(~에)동정적인(to[toward]~) ❷(~에)공감하는, 호의적인(to[toward]~)

☐ 0384
progress
/prágres/
❗ 강세주의
Part 5, 6

명 ❶진보, 발달(≒development, advance) ❷진전
동 (/prəgrés/)❶(~까지)진보한다(to~) ❷진전하다

Day 23 》》
Quick Review
답은 오른쪽 페이지 아래

☐ 개수대
☐ 줄
☐ 가치
☐ 화학물질

☐ 이사
☐ 시민
☐ 기간
☐ 친척

☐ 손실
☐ 사분기
☐ 농산물
☐ 치과의사

☐ 한 다스
☐ 계약금
☐ 문제
☐ 진보

□ **under** development (개발 중에)
□ **mental and physical** devel-opment (심신의 발달)

□ **canned** goods (캔제품, 캔식품)
□ goods **in stock** (재고품)

□ **set a** limit **on** ~ (~에 한도를 설정하다)
□ **within the city** limits (시내에서[에])

□ **a book** fair (도서 전람회, 북페어)
□ **a county** fair (군의 농산물·축산물품평회)

□ **on** principle (주의로서, 주의에 따라서)
□ **Archimedes'** principle (아르키메데스의 원리)

□ **an increase [a decrease] in** sales (매상고의 증가[감소])
□ **make a** sale (매상을 올리다)

□ **have** sympathy **for** ~ (~에 동정하다; ~에 동의하다)
□ **be in** sympathy **with** ~ (~에 찬성하다)

□ **make** progress (진보[진전]하다)
□ **the** progress **of technology** (기술의 진보)

□ **A new housing** development **is under way in a suburb of the city.** (새로운 주택개발이 시의 교외에서 진행 중이다)

□ **The** goods **are arranged on the shelves.** (상품이 진열대에 진열되어 있다)

□ **The speed** limit **on this road is 40 mph.** (이 도로의 제한속도는 시속 40마일이다)

□ **The trade** fair **will be held in Chicago from January 21 to 24.** (산업품평회가 1월 21일부터 24일까지 시카고에서 개최된다)

□ **It's against my** principles **to accept gifts from clients.** (고객의 선물을 받는 것은 나의 신조에 반한다)

□ **We're expecting** sales **of $7 million this year.** (당사는 올해 700만 달러의 매상고를 예상하고 있다)

□ **I feel deep** sympathy **for the victims of the earthquake.** (나는 그 지진의 피해자에 깊은 동정을 느낀다)

□ **She is making steady** progress **with her English.** (그녀는 영어가 착실히 진전되고 있다)

Day 23))
Quick Review
답은 왼쪽 페이지 아래

□ sink	□ director	□ loss	□ dozen
□ row	□ citizen	□ quarter	□ down payment
□ value	□ period	□ produce	□ affair
□ chemical	□ relative	□ dentist	□ advance

Check 1 Listen))

☐ 0385
labor
/léibər/
Part 5, 6

명 ❶ (집합적으로) **노동자**(계급); 노동력 ➕ 개개의[노동자]는 laborer ❷노동
동 (힘겹게) 일하다

☐ 0386
evidence
/évədəns/
Part 5, 6

명 (~의) **증거**, 근거(of[for]~)(≒proof)
형 evident: 명백한

☐ 0387
function
/fʌ́ŋkʃən/
Part 5, 6

명 ❶(~의) **기능**(of[for]~) ❷(사회적)행사
동 (~의)기능[역할]을 다하다(as~)

☐ 0388
growth
/gróuθ/
비즈니스문제

명 ❶(~의)**증가**, 신장(in~) ❷성장
동 grow: ❶성장하다 ❷~을 재배하다, 키우다

☐ 0389
majority
/mədʒɔ́:rəti/

명 (~의) **대다수**, 과반수(of~)(⇔minority)
형 major: 주요한, 중요한
동 major: (major in로)~을 전공하다
명 major: ❶전공과목 ❷전공학생

☐ 0390
fault
/fɔ́:lt/
❗ 발음주의
Part 7

명 ❶(과실의) **책임**, 죄; 과실, 잘못(≒mistake) ❷고장 ❸(성격 등의)단점, 결점

☐ 0391
clothing
/klóuðiŋ /
Part 5, 6

명 (집합적으로) **의류**, 의료품(≒apparel, attire)
명 cloth: 옷감, 직물
명 clothes: (집합적으로)의복

☐ 0392
finance
/fáinæns/
❗ 발음주의
비즈니스문제

명 ❶(~s) **재원**, 자금; 재무상태 ❷재정, 재무
동 ~에 자금을 공급하다
형 financial: ❶재무의, 재정상의; 금전상의 ❷금융의

continued ▼

□ 듣기 모드　Check 1
□ 확인 모드　Check 1 ▸ 2
□ 완벽 모드　Check 1 ▸ 2 ▸ 3

Check 2　Phrase

□ skilled labor (숙련노동자)
□ manual labor (육체노동, 수작업)

□ new evidence (새로운 증거)
□ evidence of his guilt (그가 유죄라는 증거)

□ the function of the heart (심장의 기능)
□ an official function (공식행사)

□ population growth (인구증가)
□ the growth of children (아이의 성장)

□ the great [vast] majority of ~ (~의 거의 정원[전부])
□ a majority decision (다수결)

□ commit a fault (과실을 범하다)
□ a fault in the engine (엔진 고장)

□ a piece [an item, an article] of clothing (의류 1점)
□ a clothing store (옷가게)

□ family finances (가계)
□ the Minister of Finance (재무장관)

Check 3　Sentence

▸ □ Many companies have moved overseas in search of cheap labor. (많은 기업이 싼 노동력을 찾아 해외로 이동하고 있다)

▸ □ There is ample evidence that climate change is happening. (기후변동이 일어나고 있다는 충분한 근거가 있다)

▸ □ Function is more important than form. (기능은 형태보다도 중요하다)

▸ □ India's economic growth is one of the fastest in the world. (인도의 경제성장은 세계에서 가장 빠른 것 중 하나다)

▸ □ A two-thirds majority is needed to pass a constitutional amendment. (헌법수정안을 가결하기 위해서는 3분의 2 다수가 필요하다)

▸ □ It's my fault that we're late. (우리가 지각한 것은 내 탓이다)

▸ □ Be sure that you wear warm clothing and bring an umbrella. (반드시 따뜻한 옷을 입고 우산을 가져올 것)

▸ □ The company's finances are in good shape. (그 회사의 재무상태는 양호하다)

continued ▼

Check 1　Listen))

□ 0393
knowledge
/nάlidʒ/
❗ 발음주의

명 (~의) **지식** (of[about]~)
동 know:~을 알다

▶

□ 0394
quarrel
/kwɔ́:rəl/

명 (~와의/…에 관한) **언쟁**, 말다툼 (with~/about[over]...) (≒ argument)
동 (~와/…인 것으로) 언쟁을 벌이다 (with~/about[over]...)

▶

□ 0395
means
/mí:nz/
Part 5, 6

명 (~의) **방법**, 수단 (of~) (≒ method)

▶

□ 0396
governor
/gΛ́vərnər/

명 **지사**
동 govern:~을 통치하다, 지배하다
명 government:정부

▶

□ 0397
deal
/dí:l/
비즈니스문제

명 (상품 등의) **상거래**, 계약 (on~)
동 ❶(deal in로)~을 판매하다 ❷(deal with로)(문제 등)을 처리하다;~을 다루다
명 dealer:판매점[인]

▶

□ 0398
track
/trǽk/
Part 4

명 ❶(사람 등이 지나간) **흔적** (≒ trace) ❷길
동 ❶~의 흔적을 쫓다 ❷(track down로)~을 몰아넣다

▶

□ 0399
access
/ǽkses/
Part 4

명 ❶(~로) **접근** (방법)(to~) ❷(~을)이용[입수]할 권리[기회] (to~)
동 ❶~에 접속하다 ❷~에 접근하다, 들어가다
형 accessible:입수[이용, 입장, 접근] 가능한

▶

□ 0400
envelope
/énvəlòup/
Part 2, 3

명 **봉투**

▶

□ **knowledge** of mathematics (수학지식)

□ **have [get into] a quarrel**(언쟁을 하다[되다])

□ **means** of communication(통신수단)
□ **by means of** ~ (~에 의하여, ~의 도움 수단으로)

□ **the governor** of New York(뉴욕 주지사)

□ **make [cut, strike] a deal with** ~ (~와 거래하다;~와 계약을 맺다)

□ **tire tracks**(타이어 흔적)
□ **a track through the woods** (숲속 오솔길)

□ **gain [get] access to** ~ (~에 접근[면회]하다)
□ **have access to** ~ (~을 이용할 수 있다)

□ **an airmail envelope**(항공우편봉투)

□ **I was impressed with his knowledge of history.** (나는 그의 역사 지식에 감탄했다)

□ **I had a quarrel with my wife about a trifling matter.** (나는 사소한 일로 아내와 언쟁을 벌였다)

□ **I use a bicycle as my primary means of transportation.** (나는 주요 교통수단으로 자전거를 이용하고 있다)

□ **He announced that he will run for governor.** (그는 주지사에 입후보할 것을 발표했다)

□ **The deal went through without any problems.** (그 거래는 아무런 문제도 없이 정리되었다)

□ **Police are on the track of the murderer.** (경찰은 그 살인범을 추적하고 있다)

□ **The hotel is within easy access to shops and tourist attractions.** (그 호텔은 상점과 관광명소 바로 근처에 있다)

□ **He opened the envelope and found a birthday card from his girlfriend in it.** (그는 봉투를 열어 그 안에 연인이 보낸 생일카드가 있는 것을 발견했다)

Day 24 》
Quick Review
답은 왼쪽 페이지 아래

□ reason
□ drill
□ experiment
□ tour

□ party
□ employer
□ check
□ assistance

□ development
□ goods
□ limit
□ fair

□ principle
□ sale
□ sympathy
□ progress

Check 1　Listen 》

☐ 0401
crowd
/kráud/
Part 1

명**군중**, 인파
동❶(장소)에 메우다 ❷밀려들다
형crowded:(~로)혼잡했다, 만원의(with~)

☐ 0402
flood
/flʌ́d/
❶ 발음주의
Part 4

명**홍수**
동❶~을 침수시키다 ❷(be flooded with로)~으로 흘러넘치다

☐ 0403
lid
/líd/
Part 1

명(상자, 냄비 등의)**뚜껑** ➕ 병뚜껑은 top

☐ 0404
proof
/prú:f/

명❶(~의)**증거**(of~)(≒evidence) ❷증거품 ❸(통례~s)교정쇄
동prove:❶~을 증명[입증]하다 ❷(prove to be로)~이라고 판명하다

☐ 0405
suggestion
/səgdʒéstʃən/

명(~라는)**제안**(that절~)(≒proposal) ➕ suggestion에 이어서 that절 안의 동사는 가정법 현재(=원형)가 된다
동suggest:❶~을 제안하다 ❷~라고 시사하다 ❸(suggest doing로)~하자고 제안하다

☐ 0406
role
/róul/

명❶**역할** ❷(극 등의)역(≒part)

☐ 0407
population
/pàpjuléiʃən/

명❶**인구** ❷(the~)(집합적으로)(어느 지역의)전주민

☐ 0408
instruction
/instrʌ́kʃən/
❶ 정의주의
Part 2, 3

명❶(~s)**사용**[취급]**설명서** ❷(통례~s)(~하라는)지시, 명령(to do)(≒order) ❸교육
동instruct:(instruct A to do로)A에 ~하도록 지시[명령, 지도]하다

continued
▼

☐ 듣기 모드   Check 1
☐ 확인 모드   Check 1 ▸ 2
☐ 완벽 모드   Check 1 ▸ 2 ▸ 3

Check 2   Phrase

Check 3   Sentence

☐ an enormous crowd (대중)

☐ The street is filled with the crowd. (거리는 군중으로 가득하다)

☐ flood warning (홍수경보)

☐ The village was completely destroyed by floods. (그 마을은 홍수로 전부 파괴되었다)

☐ the lid of a box [jar] (상자[주둥이가 넓은 병]의 뚜껑)

☐ The man is taking the lid off. (그 남자는 뚜껑을 벗기려고 하고 있다)

☐ as (a) proof of ~ (~의 증거로서)
☐ read proofs (교정하다)

☐ Some claim that the increased frequency of hurricanes is proof of global warming. (허리케인 발생 수의 증가가 지구온난화 증거라고 주장하는 사람도 있다)

☐ make a suggestion (제안하다)

☐ She rejected his suggestion that they move to the countryside. (시골로 이사를 가자는 그의 제안을 그녀는 거부했다)

☐ a leading role (주도적 역할:주역)
☐ play the role of a teacher (교사의 역을 연기하다)

☐ She is satisfied with her role as wife and mother. (그녀는 아내와 엄마로서 자신의 역할에 만족하고 있다)

☐ a small [large] population (적은[많은] 인구)

☐ Russia has a population of nearly 145 million. (러시아 인구는 거의 1억 4500만 명이다)

☐ follow the instructions (사용설명서에 따르다)
☐ strict instructions (엄한 명령)

☐ Please read the instructions carefully before using the product. (제품을 사용하기 전에 사용설명서를 잘 읽어주세요)

continued ▼

Check 1　　Listen 》)

□ 0409
lack
/læk/
Part 5, 6

명 (~의) **부족** ; 결여 (of~) (≒ shortage, absence)
동 (필요한 것)이 결여되어 있다

□ 0410
desire
/dizáiər/

명 (~에 대한/…하고 싶은) **갈망** ; 욕망 (for~/to do)
동 ❶ ~을 강하게 바라다 ❷ (desire to do로) ~할 것을 원하다, 바라다)
형 desirable : 바람직한, 호감 가는

□ 0411
lane
/léin/
Part 1

명 ❶ **차선** ❷ (경주 · 수영시합 등)의 코스 ❸ 좁은 길 (≒ path)

□ 0412
element
/éləmənt/

명 ❶ (구성) **요소**, 성분 ❷ 원소
형 elementary : 초보[초등]의 ; 기초의

□ 0413
label
/léibəl/
❶ 발음주의
Part 2, 3

명 **라벨**, 딱지
동 ❶ ~에 라벨을 붙이다 ❷ ~을 (…라) 부르다 (as…)

□ 0414
press
/prés/
❶ 정의주의
Part 4

명 ❶ (통례 the~) **보도기관** ❷ (통례 the~) (집합적으로) 신문, 잡지
동 ~을 누르다

□ 0415
relief
/rilí:f/
Part 4

명 ❶ **안심**, 안도 ❷ (고통 등의) 완화, 경감 ❸ 구제, 구원
동 relieve : ❶ (고통 등)을 완화하다 ❷ (relieve A of B로) A에서 B(책임 등)을 없애다
형 relieved : (be relieved to do로) ~하고 안심하다

□ 0416
surface mail
Part 2, 3

명 (항공편에 대해서) **해상**[육상]편, 배[열차, 트럭]편 (⇔airmail)

Day 25 》)
Quick Review
답은 오른쪽 페이지 아래

□ 노동자　□ 대다수　□ 지식　□ 상거래
□ 증거　　□ 책임　　□ 언쟁　□ 흔적
□ 기능　　□ 의류　　□ 방법　□ 접근
□ 증가　　□ 재원　　□ 지사　□ 봉투

<table>
<tr><td>

Check 2   Phrase

</td><td>

Check 3   Sentence

</td></tr>
</table>

☐ **lack** of food (음식 부족)

▸ ☐ **He didn't get the job because of his lack of experience in the field.** (그 분야에서 경험이 부족하기 때문에 그는 그 일을 얻을 수 없었다)

☐ **a strong desire to study** (공부하고 싶다는 강한 갈망)

▸ ☐ **Teenagers' desire for independence is a normal part of adolescent development.** (10대의 독립 갈망은 청춘기 성장의 정상적인 부분이다)

☐ **change lanes** (차선을 변경하다)
☐ **a winding lane** (구불구불한 좁은 길)

▸ ☐ **All the lanes are filled with cars.** (모든 차선은 자동차로 가득하다)

☐ **an element of success** (성공의 요소)
☐ **a chemical element** (화학원소)

▸ ☐ **Fruit and vegetables are important elements of a healthy and balanced diet.** (과일과 야채는 건강에 균형 잡힌 식사의 중요한 요소다)

☐ **put a label on ~** (~에 라벨을 붙이다)
☐ **remove a label** (라벨을 벗기다)

▸ ☐ **Please read the recommended dose on the label.** (라벨에 적힌 추천 복용량을 읽어주세요)

☐ **freedom of the press** (보도의 자유)
☐ **release the information to the press** (그 정보를 신문에 공개하다)

▸ ☐ **The president refused to speak to the press.** (대통령은 보도기관에 대하여 발언하는 것을 거부했다)

☐ **to one's relief** (안심하게도, 다행스럽게도)
☐ **pain relief** (고통의 경감)

▸ ☐ **It was a relief to hear that.** (그것을 듣고 안심했다)

☐ **send ~ by surface mail** (~을 배편으로 보내다)

▸ ☐ **Surface mail costs about half the price of standard airmail.** (배편은 통상 항공편의 거의 절반 가격이다)

Day 25))
Quick Review
답은 왼쪽 페이지 아래

☐ labor   ☐ majority   ☐ knowledge   ☐ deal
☐ evidence   ☐ fault   ☐ quarrel   ☐ track
☐ function   ☐ clothing   ☐ means   ☐ access
☐ growth   ☐ finance   ☐ governor   ☐ envelope

Check 1　Listen))

□ 0417
manner
/mǽnər/
❶ 정의주의
Part 5, 6

명❶(～의)**방식**, 방법(of～)(≒way) ❷(～s)예의 범절, 관례

□ 0418
lecture
/léktʃər/
Part 2, 3

명(～에 대한)**강의**, 강연(on[about]～)
동～에(…에 대해)강의[강연]한다(on[about]…)
명lecturer:강연자, 강사

□ 0419
basis
/béisis/
Part 4

명❶**기준**, 원칙 ➕ on a ～basis(～제로, ～기본으로)의 형태로 이용한다 ❷(～의)근거, 이유(for[of]～)
동base:(be based on로)～에 근거하다
형basic:기초의, 기본적인
명basic:(～s)기초, 기본원리

□ 0420
relationship
/riléiʃənʃip/

명(～사이의/…과의)**관계**, 관련(between～/with…)(≒relation)
동relate:❶(relate A to B로)A를 B로 관련짓다 ❷(relate 새로)～와 관계[관련]이 있다
형related:(be related to로)～와 관계가 있다

□ 0421
vision
/víʒən/

명❶(～의)**이상으로 그리는 상**;이상(도)(of～)(≒dream) ❷시력(≒eye-sight) ❸상상력(≒imagination) ❹환각(≒illusion)

□ 0422
fuel
/fjúːəl/
Part 1

명(～의)**연료**(for～)

□ 0423
minister
/mínəstər/
Part 5, 6

명**장관**
명ministry:부처

□ 0424
document
/dákjəmənt/
Part 1

명**서류**, 문서
동❶～을 기록하다 ❷～에 증거를 제공하다

continued ▼

Check 2　Phrase

□ **in this manner**(이처럼, 이런 식으로)
□ **have good manners**(예의범절이 좋다)

□ **a lecture on modern architecture**(현대 건축에 대한 강의)

□ **on a regular basis**(정기적으로)
□ **the basis of the argument**(논거)

□ **the relationship between a mother and a daughter**(엄마와 딸의 관계)

□ **a vision of a classless society**(계급 없는 사회라는 이상)
□ **have poor vision**(시력이 약하다)

□ **fossil fuels**(화학연료)

□ **the prime minister**(국무총리)

□ **an official [a private] document**(공[사]문서)

Check 3　Sentence

□ **He spoke to me in a friendly manner.**(그는 친절한 태도로 내게 말을 걸어왔다)

□ **Professor Nelson will give a lecture on economics at 1 p.m. in the auditorium.**(넬슨 교수는 강당에서 오후 1시부터 경제학에 대하여 강의한다)

□ **She works on a part-time basis.**(그녀는 파트타임으로 일하고 있다)

□ **We must develop a relationship with our customers.**(우리들은 고객과의 관계를 발전시키지 않으면 안 된다)

□ **He has visions of becoming a politician.**(그는 정치가가 되는 꿈을 가지고 있다)

□ **He is putting fuel into the truck.**(그는 트럭에 연료를 넣고 있다)

□ **The Japanese foreign minister will be present at the conference.**(일본의 외무부장관이 그 회의에 출석할 예정이다)

□ **The woman is handing out the documents.**(그 여자는 서류를 나눠주고 있다)

continued
▼

Check 1　　Listen 》

□ 0425
fever
/fíːvər/
Part 2, 3

명 (병에 의한) **열**, 발열

□ 0426
study
/stʌ́di/
❗ 정의주의
Part 4

명 ❶(~의) **연구**;조사(of[into]~)(≒research) ❷공부, 학습
동 ~을 연구[조사]하다;~을 공부하다

□ 0427
stair
/stéər/
Part 1

명 ❶(~s) **계단**(≒staircase, stairway) ❷(계단의) 단(≒step)

□ 0428
research
/rìːsə́rtʃ/
Part 5, 6

명 (~에 대한) **연구**, 조사(into[on]~)이(≒study)
동 (/risə́ːrtʃ/)~을 연구[조사]하다

□ 0429
practice
/prǽktis/
❗ 정의주의
Part 2, 3

명 ❶**습관**, 관례(≒custom, habit) ❷연습(≒exercise) ❸실행, 실시
동 ❶~을 습관적으로 행하다 ❷~을 실행하다 ❸~을 연습하다
형 practical:❶현실[실제]적인 ❷실용적인
부 practically:❶거의 ❷실제적으로 ❸실질적으로

□ 0430
sum
/sʌ́m/

명 ❶**금액** ②(the~)통계, 합계
동 (sum up로)~을 요약하다
명 summary:(~의)요약(of~)
동 summarize:~을 요약하다

□ 0431
human
/hjúːmən/
Part 5, 6

명 **인간**(≒human being)
형 ❶인간의 ❷인간적인
명 humanity:❶인간성 ❷(집합적으로)인간, 인류

□ 0432
crack
/krǽk/
Part 1

명 **금**;갈라진 틈
동 ❶금이 가다 ❷~에 틈이 생기다

Day 26 》
Quick Review
답은 오른쪽 페이지 아래

□ 군중
□ 홍수
□ 뚜껑
□ 증거

□ 제안
□ 역할
□ 인구
□ 사용설명서

□ 부족
□ 갈망
□ 차선
□ 요소

□ 라벨
□ 보도기관
□ 안심
□ 해상편

<table>
<tr><td>

Check 2   Phrase

</td><td>

Check 3   Sentence

</td></tr>
</table>

☐ **have a slight [high] fever** (미열[고열]이 있다)

▶ ☐ **I have had a fever for the past three days.** (나는 이 3일간, 열이 있다)

☐ **make [conduct, carry out] a study** (연구[조사]를 하다)
☐ **the study of literature** (문학의 연구)

▶ ☐ **The study shows that 96 percent of Japanese high school students have their own cellphones.** (그 조사에 의하면, 일본의 고교생 96퍼센트는 자신의 휴대전화를 가지고 있다)

☐ **the bottom [top] of the stairs** (계단 아래[위])
☐ **the bottom [top] stair** (계단의 가장 아랫단[윗단])

▶ ☐ **The woman is climbing up the stairs.** (그 여자는 계단을 오르고 있다)

☐ **research and development** (연구개발)
☐ **research into the causes of AIDS** (에이즈 원인에 대하여 연구)

▶ ☐ **She has been doing research for her thesis.** (그녀는 논문을 위해 조사를 계속하고 있다)

☐ **a common practice** (자주 있는 일, 일상다반사)
☐ **piano practice** (피아노 연습)

▶ ☐ **It is his practice to get up early.** (일찍 일어나는 것이 그의 습관이다)

☐ **a large [small] sum of money** (다액[소액]의 돈)
☐ **the sum of the angles of a triangle** (삼각형의 3개의 각의 합)

▶ ☐ **The painting was sold for a large sum.** (그 그림은 고액으로 매각되었다)

☐ **humans and animals** (인간과 동물)

▶ ☐ **Malaria is spread to humans by mosquitoes.** (말라리아는 모기에 의해 인간에게 퍼진다)

☐ **a crack in a glass** (유리의 금)

▶ ☐ **There are cracks in the wall.** (벽에 금이 가 있다)

Day 26))
Quick Review
답은 왼쪽 페이지 아래

☐ crowd	☐ suggestion	☐ lack	☐ label
☐ flood	☐ role	☐ desire	☐ press
☐ lid	☐ population	☐ lane	☐ relief
☐ proof	☐ instruction	☐ element	☐ surface mail

□ 0433
trouble
/trʌ́bl/
Part 2, 3

명❶**곤경**, 폐 ❷걱정거리, 고민 ❸골칫거리 ❹(기계 등의)고장
동❶~에 폐를 끼치다 ❷~을 고민하다

□ 0434
workload
/wə́:rklòud/
비즈니스문제

명**업무**[작업]**량**

□ 0435
leave
/líːv/
❶ 정의주의
Part 7

명**휴가**
동❶(~을 향해)출발하다, 떠나다(for~) ❷(장소)를 떠나다, 멀어지다

□ 0436
rumor
/rúːmər/

명(~에 대한)**소문**(about[of]~)
동(be rumored to do로)~하다는 소문이 나다

□ 0437
nature
/néitʃər/
❶ 정의주의

명❶**본질**, 성질 ❷자연
형natural:❶당연의 ❷자연의

□ 0438
business
/bíznis/
❶ 정의주의
비즈니스문제

명❶**상거래**, 장사 ❷사업;사업

□ 0439
amount
/əmáunt/
Part 2, 3

명❶**양**, 액 ❷(the~)총계, 총수
동(amount to로)총계~에 다다르다

□ 0440
permission
/pərmíʃən/
Part 4

명(~해도 좋다는)**허가**, 승인(to do)(≒consent)(⇔prohibition: 금지)
동permit:❶~을 허락하다, 허가하다 ❷(permit A to do로)A에게 ~할 것을 허락하다

continued
▼

□ 듣기 모드　Check 1
□ 확인 모드　Check 1 ▸ 2
□ 완벽 모드　Check 1 ▸ 2 ▸ 3

Check 2　Phrase

□ **have trouble doing** ~(~하는 것이 곤란하다, ~하는 것이 힘들다)
□ **What's the trouble?**(무슨 일이세요?)

□ **complain of a heavy workload**(엄청난 업무량에 불만을 말하다)

□ **sick leave**(병가)

□ **Rumor has it that** ~.(소문으로는 ~라고 한다)

□ **human nature**(인간성)
□ **the laws of nature**(자연의 법칙)

□ **domestic [foreign] business**(국내[해외]거래)
□ **the advertising business**(광고업)

□ **a fair amount of** ~(상당한 양의 ~)
□ **the full amount**(전액)

□ **ask (for) permission**(허가를 구하다)
□ **without permission**(허가 없이, 무단으로)

Check 3　Sentence

□ **I often have trouble making myself understood in English.**(나는 영어로 이해하는데 어려움을 겪는다)

□ **We need to hire some extra people to handle the increased workload.**(증가한 업무량을 처리하기 위해 우리는 몇 명의 추가인원을 고용할 필요가 있다)

□ **Few men take child-care leave in Japan.**(일본에서는 육아휴가를 받는 남성은 거의 없다)

□ **The CEO denied rumors that he would resign.**(그 최고 경영책임자는 자신이 사임한다는 소문을 부정했다)

□ **The Internet has changed the nature of work.**(인터넷은 일의 본질을 바꿨다)

□ **Business is brisk at the store.**(그 가게에 거래가 활발하다)

□ **A moderate amount of exercise is good for our health.**(적정량의 운동은 건강에 좋다)

□ **He got permission from his parents to travel alone.**(그는 혼자 여행할 허가를 부모에게 받았다)

continued ▼

Check 1　Listen 》

□ 0441
right
/ráit/
❗ 정의주의
Part 5, 6

명 (~하는/…에 대한) **권리**(to do/to[of]...)
형 ❶올바른 ❷적절한(≒proper, appropriate)

□ 0442
index
/índeks/
Part 2, 3

명 ❶**색인**;목록 ❷지수
동 ~에 색인을 달다

□ 0443
obstacle
/ábstəkl/
Part 5, 6

명 (~에 대한) **장해**(물), 장해(to~)(≒barrier, hindrance)

□ 0444
favor
/féivər/
Part 5, 6

명 ❶**친절한 행위**;은혜 ❷지지, 원조
동 ❶(계획 등)에 찬성하다 ❷~을 좋아하다
형 favorite:마음에 드는, 좋아하는
명 favorite:마음에 드는 사람[물건]
형 favorable:❶호의적인 ❷상황이 좋은

□ 0445
lawn
/lɔ́:n/
Part 1

명 **잔디**

□ 0446
continent
/kántənənt/

명 **대륙**
형 continental:대륙(성)의

□ 0447
appeal
/əpí:l/
Part 4

명 ❶(~을 구하는) **호소**, 탄원(for~)(≒petition) ❷(~에 대한) 매력, 인기(for~) ❸(~로)상소(to~)
동 (appeal to A for B로)A에 B(도움 등)을 구하다
형 appealing:매력적인

□ 0448
disappointment
/dìsəpɔ́jntmənt/
Part 5, 6

명 (~에 대한) **실망**(at[in, with]~)
동 disappoint:❶~을 실망시키다 ❷(be disappointed with[at, about]로)~에 실망하다

136 ▶ 137

Day 27 》 Quick Review 답은 오른쪽 페이지 아래			
□ 방식	□ 이상으로 그리는 상	□ 열	□ 습관
□ 강의	□ 연료	□ 연구	□ 금액
□ 기준	□ 장관	□ 계단	□ 인간
□ 관계	□ 서류	□ 연구	□ 금

Check 2 Phrase

☐ **rights** and duties (권리와 의무)
☐ **the right** to vote (투표권, 선거권)

☐ **a library index** ([도서관의]장서목록)
☐ **a consumer price index** (소비자 물가지수)

☐ **an obstacle** to success (성공의 장해)
☐ **an obstacle** in the road (도로 위의 장해물)

☐ **ask her a favor** (그녀에게 부탁하다)
☐ **lose [find, gain, win] favor with him** (그의 지지를 잃다[얻다])

☐ **a lawn mower** (잔디깎기)

☐ **the Australian continent** (오스트레일리아 대륙)
☐ **the new continent** (신대륙)

☐ **an urgent appeal** for food (식량을 구하는 긴급청원)
☐ **have wide appeal** (폭넓은 인기가 있다)

☐ **express disappointment** (실망을 표하다)
☐ **to one's disappointment** (실망스럽게도)

Check 3 Sentence

☐ Every child has the **right** to education. (모든 아이는 교육받을 권리를 가지고 있다)

☐ The book has neither subject **index** nor bibliography. (그 책에는 건별 색인도 참고문헌 일람도 없다)

☐ There are many **obstacles** to overcome before reaching our goal. (우리들의 목표에 도달하기 위해서는 많은 극복해야 할 장해가 있다)

☐ Thank you very much — I'll return the **favor** sometime. (고맙습니다. 이 은혜는 언젠가 갚겠습니다)

☐ The man is mowing the **lawn**. (그 남자는 스포츠머리로 깎는다)

☐ The five rings on the Olympic flag represent the five **continents** of the world. (올림픽기의 다섯 개 원은 지구의 5개 대륙을 나타낸다)

☐ The Chinese government made an **appeal** for emergency assistance after the earthquake. (중국 정부는 지진 후, 긴급 원조를 호소했다)

☐ She tried to smile, but her **disappointment** was obvious. (그녀는 웃으려 했지만 그녀의 실망은 명백했다)

Day 27 》
Quick Review
답은 왼쪽 페이지 아래

☐ manner ☐ vision ☐ fever ☐ practice
☐ lecture ☐ fuel ☐ study ☐ sum
☐ basis ☐ minister ☐ stair ☐ human
☐ relationship ☐ document ☐ research ☐ crack

CHAPTER 1
CHAPTER 2
CHAPTER 3
CHAPTER 4
CHAPTER 5
CHAPTER 6
CHAPTER 7
CHAPTER 8
CHAPTER 9
CHAPTER 10
CHAPTER 11

Check 1　　Listen 》

□ 0449
environment
/inváiərənmənt/
❗ 강세주의
Part 4

명❶(the~)**자연환경** ❷환경, 주위의 상황(≒surrounding)
형environmental:환경(상의), 주위의

□ 0450
management
/mǽnidʒmənt/
비즈니스문제

명❶(집합적으로)**경영진**, 경영자측 ❷관리, 경영
동manage:❶~을 관리[경영]하다 ❷~을 어떻게든 수행하다
❸(manage to do로)어떻게든~하다, 잘[성공적으로]~하다
명manager:❶지배인, 관리인 ❷감독

□ 0451
head office
비즈니스문제

명**본사**(≒ headquarters);본점(⇔branch:지점)

□ 0452
crew
/krúː/

명(집합적으로)❶(비행기 등의)**탑승**[승조]**원** ❷(노동자의)팀, 반

□ 0453
exception
/iksépʃən/
Part 5, 6

명**예외**(≒ exclusion)
전except:~을 제외하고, ~이외는
형exceptional:❶매우 우수한 ❷예외적인

□ 0454
line
/láin/
❗ 정의주의
Part 5, 6

명❶**제품** ❷선 ❸열

□ 0455
exit
/égzit/
Part 4

명**출구**(⇔entrance)
동(~에서)퇴출[퇴거]하다(from[through]~)

□ 0456
criminal
/krímənl/

명**범죄자**, 범인
형범죄의
명crime:범죄

---

continued
▼

□ 듣기 모드　Check 1
□ 확인 모드　Check 1 ▸ 2
□ 완벽 모드　Check 1 ▸ 2 ▸ 3

Check 2　Phrase

□ **protect the environment**(자연환경을 보호하다)
□ **the work environment**(직장환경)

□ **labor and management**(노동자와 경영자, 노사)
□ **personnel management**(인사관리)

□ **the head office building**(본사빌딩)

□ **the crew of the space shuttle**(우주왕복선의 승조원)
□ **a camera crew**(촬영반, 카메라반)

□ **with the exception of** ~(~을 제외하고)
□ **without exception**(예외 없이)

□ **a new line of clothing for winter**(겨울옷 신상품)

□ **an emergency [a fire] exit**(비상구)

□ **a habitual criminal**(상습범)

Check 3　Sentence

□ **More and more people are concerned about the environment.**(자연환경을 걱정하는 사람들이 증가하고 있다)

□ **The management finally accepted the union's demands.**(경영진은 노동조합의 요구를 마침내 받아들였다)

□ **He was transferred from a branch in Osaka to the head office.**(그는 오사카 지사에서 본사로 전근하게 되었다)

□ **The crew attempted an emergency landing after reporting engine trouble.**(엔진고장을 보고한 뒤, 승무원은 긴급착륙을 시도했다)

□ **It's been very hot, but today's an exception.**(최근 매우 더웠는데, 오늘은 예외다)

□ **Toyota has come out with a new line of minivans.**(도요타는 미니밴 신차를 시장에 내놓았다)

□ **Exit 29 is blocked off due to an accident.**(29번 출구는 사고 때문에 폐쇄되었다)

□ **Police protect society from criminals.**(경찰은 범죄자로부터 사회를 지킨다)

continued
▼

CHAPTER 1
CHAPTER 2
CHAPTER 3
CHAPTER 4
CHAPTER 5
CHAPTER 6
CHAPTER 7
CHAPTER 8
CHAPTER 9
CHAPTER 10
CHAPTER 11

Check 1 Listen 》

□ 0457
merit
/mérit/
> 명❶**장점**(⇔demerit) ❷가치 ❸(통례~s)공적
> 동~을 받을 만하다(≒deserve)

□ 0458
platform
/plǽtfɔ̀ːrm/
Part 1
> 명❶(역의)**플랫폼** ❷연단 ❸(정당의)강령

□ 0459
loyalty
/lɔ́iəlti/
Part 5, 6
> 명❶(~에의)**충성**, 충의(to[for]~) ❷(통례~ies)충성심
> ➕ royalty(인세;저작권 사용료)와의 차이에 주의
> 형loyal:(~에)충성;충실, 성실한(to~)

□ 0460
faith
/féiθ/
> 명❶(~에 대한)**신뢰**, 신용(in~)(≒trust) ❷(~에 대한)신앙
> (in~)(≒belief)
> 형faithful:(~에)충실[성실]한, 신심 두터운(to~)

□ 0461
distribution
/dìstrəbjúːʃən/
비즈니스문제
> 명❶**분배**, 배급;(상품의)유통 ❷(동식물 등의)분포
> 동distribute:~을(…에) 분배[배급]하다(to...)

□ 0462
time line
비즈니스문제
> 명**예정**[스케줄]**표** ➕ timeline로 한 단어로 묶는 경우도 있다

□ 0463
story
/stɔ́ːri/
❗ 정의주의
Part 1
> 명❶(건물의)**층** ❷이야기

□ 0464
box office
Part 4
> 명(극장 등의)**매표소**

Day 28 》 Quick Review 답은 오른쪽 페이지 아래			
□ 곤경	□ 본질	□ 권리	□ 잔디
□ 업무량	□ 상거래	□ 색인	□ 대륙
□ 휴가	□ 양	□ 장해	□ 호소
□ 소문	□ 허가	□ 친절한 행위	□ 실망

<table>
<tr><td>

Check 2   Phrase

☐ the **merits** of the new plan
(새로운 계획의 장점)
☐ **literary [artistic] merit** (문학적[예술적] 가치)

☐ **an arrival [a departure] platform** (도착[출발] 플랫폼)
☐ **step up onto the platform** (연단에 서다)

☐ **loyalty** to one's nation (조국에 대한 충성)
☐ **divided loyalties** (분열된 충성심)
➕ 대립하는 2인자에 대한 충성심

☐ **have [lose] faith** in ~ (~을 신뢰하는 마음을 갖다[잃다])
☐ **a man of deep faith** (신실한 남자)

☐ **distribution** of wealth (부의 분배)
☐ **population distribution** (인구분포)

☐ **the time line** for the construction of the bridge (그 다리의 건설 예정표)

☐ **a 20-story building** (20층 빌딩)

☐ **wait in line at the box office**
(매표소에 줄을 서서 기다리다)

</td><td>

Check 3   Sentence

☐ The management discussed the **merits** of opening a new branch. (경영진은 새로운 지점을 개설하는 것에 대한 장점을 이야기했다)

☐ There are a few people on the **platform**. (플랫폼에는 사람이 몇 명 있다)

☐ People shifted their **loyalty** from the old government to the new one.
(사람들은 구정부에서 신정부로 그 충심을 바꾸었다)

☐ They have a lot of **faith** in each other. (그들은 서로를 크게 신뢰한다)

☐ The company is looking for better **distribution** channels for its products. (그 회사는 제품의 보다 좋은 유통경로를 찾고 있다)

☐ We need a realistic **time line** for the completion of the project. (우리들은 그 프로젝트를 완성시키기 위한 현실적인 예정표를 필요로 한다)

☐ The house is three **stories** high.
(그 집은 3층 건물이다)

☐ Tickets for the concert are available at the **box office**, by phone, and online. (그 콘서트 티켓은 매표소, 전화, 그리고 온라인으로 입수할 수 있다)

</td></tr>
</table>

Day 28 》
Quick Review
답은 왼쪽 페이지 아래

☐ trouble
☐ workload
☐ leave
☐ rumor
☐ nature
☐ business
☐ amount
☐ permission
☐ right
☐ index
☐ obstacle
☐ favor
☐ lawn
☐ continent
☐ appeal
☐ disappointment

Day 30　명사18

□ 0465
basement
/béismənt/
Part 4

명 **지하실**, 지층

□ 0466
heat wave
Part 4

명 (장기간의) **폭염**, 열파

□ 0467
decision
/disíʒən/
❶ 발음주의
Part 7

명 ❶(~에 관한) **결정**(about[on]~) ❷(~하고자 하는)결심(to do) ❸판결 ➕ 평결은 verdict
동 decide:❶~을 결정[해결]하다 ❷(decide to do로)~하자고 결심하다, ~하기로 하다

□ 0468
object
/ábdʒikt/
Part 5, 6

명 ❶**물체** ❷(~의)대상(of~) ❸(~의)목적(of~)
동 (/əbdʒékt/)(object to로)~에 반대하다
명 objection:(~에 대한)반대(to[against]~)
명 objective:(다다라야 할)목표, 목적

□ 0469
pay
/péi/
❶ 정의주의
비즈니스문제

명 **급료**, 임금(≒salary, wage)
동 ❶(대금 등)을 지불하다 ❷(주의 등)을 지불하다
명 payment:❶지불 ❷지불액

□ 0470
journal
/dʒə́:rnl/
Part 7

명 ❶(학회 등의) **정기간행물**, 잡지(≒periodical, magazine) ❷일기, 일지(≒diary)
명 journalism:저널리즘

□ 0471
room
/rú:m/
❶ 정의주의
Part 2, 3

명 ❶(~의/…하는) **여지**(for~/to do) ❷(~의/…하기 위한)공간(for~/to do) ❸방

□ 0472
policy
/páləsi/
❶ 정의주의
비즈니스문제

명 ❶**보험계약**:보험증서 ❷정책, 방침

---

continued ▼

☐ 듣기 모드　Check 1
☐ 확인 모드　Check 1 ▸ 2
☐ 완벽 모드　Check 1 ▸ 2 ▸ 3

Check 2　Phrase

☐ **the second [third] basement** (지하 2[3]층) ● 지하 2층은 subbasment 를 사용하는 경우도 많다

☐ **a record heat wave** (기록적인 폭염)

☐ **a final decision** (최종결정)
☐ **one's decision to resign** (사직할 결의)

☐ **an unidentified flying object** (미확인비행물체=UFO)
☐ **an object of criticism** (비난의 대상)

☐ **a pay cut** (임금 삭감)
☐ **starting pay** (초임)

☐ **a medical journal** (의학 잡지)
☐ **keep a journal** (일기를 쓰다)

☐ **room for improvement** (개선 여지)
☐ **a one-room apartment** (원룸 아파트)

☐ **a life [fire] policy** (생명[화재]보험증서)
☐ **defense [foreign] policy** (방어[외교]정책)

Check 3　Sentence

☐ **I store my wine in the basement.** (나는 지하실에 와인을 저장하고 있다)

☐ **A heat wave is predicted for the weekend.** (주말에는 폭염이 예상된다)

☐ **We need more time and information to make a decision.** (결정을 내리기 위해서는 좀 더 시간과 정보가 필요하다)

☐ **The instrument can detect objects in space that we can't see.** (그 기기는 눈에 보이지 않는 우주물체를 감지할 수 있다)

☐ **The union is seeking a pay increase of 5 percent.** (그 노동조합은 5퍼센트의 급료인상을 추진하고 있다)

☐ **The results of the study were published in the journal {Nature.}** (그 연구결과는 〈네이처〉지에서 발표되었다)

☐ **There is still room for debate on the matter.** (그 건에 대해서는 아직 논의의 여지가 있다)

☐ **The policy covers injury, permanent disability, and death.** (그 보험계약은 부상, 영구 후유장애, 그리고 사망에 적용시킨다)

continued ▼

Check 1　　Listen 》

□ 0473
district
/dístrɪkt/
Part 7

명❶(행정구・선거구 등의)**지구**, 지역 ❷지역(≒area, region)

□ 0474
information
/ìnfərméiʃən/
Part 5, 6

명(~에 관한)**정보**(about[on]) ➕ 불가산명사라는 점에 주의
동inform:(inform A of B로)A에 B에 대하여 알리다, 통지하다

□ 0475
relation
/riléiʃən/

명(~의 사이의/…과의)**관계**, 관련(between~/to[with]…)(≒ relationship)
동relate:❶(relate A to B로)A를 B와 관련짓다 ❷(relate to 로)~와 관계[관련]이 있다
형related:(be related to로)~와 관계가 있다

□ 0476
opening
/óupəniŋ/
❗ 정의주의
Part 2, 3

명❶(일자리 등의)**결원**, 빈자리(for~)(≒vacancy);일자리 ❷ 개시 ❸틈, 구멍

□ 0477
shelf
/ʃélf/
Part 1

명**선반** ➕ 복수형은 shelves

□ 0478
aircraft
/ɛ́ərkræft/
Part 1

명**항공기**(≒airplane, plane)

□ 0479
break
/bréik/
❗ 정의주의
Part 2, 3

명(일하는 틈틈이)**휴식**, 짧은 휴식;(단기간의)휴가
동❶~을 부수다 ❷부서지다

□ 0480
character
/kǽrɪktər/
Part 5, 6

명❶**성격**, 개성, 특성 ❷등장인물 ❸문자
명character:(통례~s)특징, 특성, 특질
형characteristic:❶전형[특징]적인 ❷(be characteristic of 로)~에 특징적이다

Day 29 》
Quick Review
답은 오른쪽 페이지 아래

□ 자연환경	□ 예외	□ 장점	□ 분배
□ 경영진	□ 제품	□ 플랫폼	□ 예정표
□ 본사	□ 출구	□ 충성	□ 층
□ 탑승원	□ 범죄자	□ 신뢰	□ 매표소

Check 2 — Phrase

☐ a school [an election] district (학군[선거구])
☐ a shopping district (상업지역, 상점가)

☐ information about the tour (그 투어에 관한 정보)
☐ gather [collect] information (정보를 모으다)

☐ the relation between poverty and disease (빈곤과 질병의 관계)

☐ a job opening (일의 공백, 결원)
☐ the opening of the new museum (새로운 박물관의 개관)

☐ supermarket shelves (슈퍼마켓의 선반)

☐ a light aircraft (경비행기)

☐ without a break (쉬지 않고, 휴식 없이)
☐ a Christmas break (크리스마스 휴가)

☐ the American [French] character (미국인[프랑스인]기질)
☐ the main [leading] character (주역)

Check 3 — Sentence

☐ He works in the financial district for an accounting firm. (그는 금융가 회계 사무실에서 일하고 있다)

☐ The Internet is a treasure trove of information. (인터넷은 정보의 보고다)

☐ Japan established diplomatic relations with China in 1972. (일본은 1972년에 중국과의 외교관계를 수립했다)

☐ There are two openings at the library for librarians. (그 도서관에서는 사서 두 자리가 결원이다)

☐ The shelves are lined with goods. (선반에는 상품이 진열되어 있다)

☐ The passengers are getting out of the aircraft. (승객들은 비행기에서 내리고 있다)

☐ You've been working very hard. Why don't you take a break? (일만 하네요. 좀 쉬는 게 어때요?)

☐ He is a gentle character. (그는 온화한 성격이다)

Day 29 🔊
Quick Review
답은 왼쪽 페이지 아래

☐ environment	☐ exception	☐ merit	☐ distribution
☐ management	☐ line	☐ platform	☐ time line
☐ head office	☐ exit	☐ loyalty	☐ story
☐ crew	☐ criminal	☐ faith	☐ box office

Day 31　명사19

□ 0481
agent
/éidʒənt/
비즈니스문제

명 **대리인**(≒representative), 중개인, 대리점
명 agency: ❶대리점 ❷정부기관, ~청[국]

□ 0482
ability
/əbíləti/

명 (~가능한)**능력**, 재능(to do)(≒talent)(⇔inabillity)
형 able: (be able to do로)~할 수 있다, ~할 능력이 있다
동 enable: (enable A to do로)A가 ~할 수 있게 하다

□ 0483
glance
/glǽns/

명 (~을)**힐끔 보는 것**, (~에)힐끔 봄(at~)(≒glimpse)
동 (glance at로)~을 힐끔 보다

□ 0484
novel
/návəl/

명 (장편)**소설** ➕ 단편소설은 short story
형 신기한, 기발한
명 novellist: 소설가

□ 0485
mood
/mú:d/
❗ 정의주의

명 ❶(~의/…하는)**기분**(for~/to do) ❷(the~)(~의)풍조, 경향(of~)

□ 0486
harm
/há:rm/

명 **해**, 손해(≒damage)
동 ~을 손해보다, 해치다
형 harmful: 해로운, 유해한

□ 0487
economy
/ikánəmi/
비즈니스문제

명 ❶**경제** ❷(~의)절약, 검약(of[in]~)
형 경제적인
형 economic: 경제(상)의
형 economical: 경제적인
명 economics: ❶경제학 ❷경제학적 의미

□ 0488
direction
/dirékʃən/
❗ 정의주의
Part 2, 3

명 ❶(~s)**방향**(을 가르쳐주는 것), 지시 ❷(~s)사용법, 사용설명서 ❸방향
동 direct: ❶~을 지도한다 ❷(direct A to B로)A에 B로의 방향을 가르치다: A(주의 등)을 B에게 하다
형 direct: ❶곧은 ❷직접의

---

continued
▼

Check 2 — Phrase

☐ **a real estate agent** (부동산중개인, 중개업자)

☐ **musical ability** (음악적 재능)

☐ **take [shoot, throw] a glance at ~** (~을 힐끔 보다)
☐ **at first glance** (첫눈에)

☐ **a romance [historical] novel** (연애[역사]소설)

☐ **in a good [bad] mood** (기분이 좋은[나쁜])
☐ **the anti-government mood** (반정부 풍조)

☐ **do harm to ~** (~에게 해를 끼치다)

☐ **the slowdown in the American economy** (미국경제의 둔화)
☐ **make economies** (절약하다)

☐ **give him directions to ~** (방향을 알려주다)
☐ **read the directions** (사용법을 읽어보다)

Check 3 — Sentence

☐ **Our agent in London will pick you up at the airport and take you to a hotel.** (런던의 우리 대리인이 공항에서 호텔까지 태워줄겁니다)

☐ **Students have different levels of ability.** (학생들마다 능력[의 수준]이 다르다)

☐ **She took an angry glance at me.** (그녀는 성난 눈길로 나를 힐끔 보았다)

☐ **I love the novels of Paul Auster.** (나는 폴 오스터의 소설들을 좋아한다)

☐ **His mood changes like the weather.** (그의 기분은 날씨처럼 변덕스럽다)

☐ **Human activities have caused considerable harm to the environment.** (인간활동은 자연에 상당한 위해를 끼쳐왔다)

☐ **The economy has not fully recovered from the recession yet.** (경제가 불황에서 아직 완전히 회복되진 않았다)

☐ **Could you give me directions to Haneda Airport?** (하네다 공항으로 가는 길을 알려주시겠습니까?)

continued ▼

Check 1　　Listen 》

□ 0489
chance
/tʃǽns/
❗ 정의주의
Part 4

명❶(~의) **가능성**, 예상(of~)(≒possibility) ❷(~할)기회, 호기(to do)(≒opportunity, occasion)

□ 0490
argument
/ά:rgjəmənt/

명❶(~과의) **논의**, 논쟁(with~)(≒debate) ❷(~에 찬성하는/…에 반대하는)주장;이유(for~/against...)
동argue:❶(~의 것으로)논의하다, 언쟁을 벌이다(about[over]~) ❷(~에 찬성의/…의 반대의)의견을 주장하다(for~/against...) ❸~라고 주장하다

□ 0491
hour
/áuər/
❗ 정의주의
Part 4

명❶(~s) **영업**[근무]**시간** ❷1시간 ❸시각

□ 0492
distance
/dístəns/

명❶(~로부터의/…의 사이의) **거리**, 간격(from~/between...) ❷먼 곳
형distant:❶(~에서)먼, 벗어난(from~) ❷(태도가)냉담한, 차가운

□ 0493
impact
/ìmpækt/
Part 2, 3

명❶**영향**(≒effect, influence) ❷충격
동(/impǽkt/)~에 영향[충격]을 주다

□ 0494
high
/hái/
❗ 정의주의
Part 4

명**최고 기온**;고가;최고 수준[기록](⇔low)
형❶높다 ❷높이가 ~의

□ 0495
occasion
/əkéiʒən/
❗ 발음주의
Part 2, 3

명❶(특정의) **때**, 경우(≒case) ❷(~을 위한/…하는)기회(for~/to do)(l≒opportunity, chance) ❸(특별한)사건
형occasional:그때그때, 가끔
부occasionally:때때로

□ 0496
employment
/implɔ́imənt/
비즈니스문제

명❶**고용**;근무(⇔unemployment:실업) ❷일, 직업
동employ:❶~을 고용하다 ❷(수단 등)을(…을 위해)이용한다(for...)
명employee:종업원, 피고용자
명employer:고용자[주]

Day 30 》
Quick Review
답은 오른쪽 페이지 아래

□ 지하실　　□ 급료　　□ 지구　　□ 선반
□ 폭염　　□ 정기간행물　　□ 정보　　□ 항공기
□ 결정　　□ 여지　　□ 관계　　□ 휴식
□ 물체　　□ 보험계약　　□ 결원　　□ 성격

- [ ] **have a good chance of success**(성공 가능성이 충분히 있다)
- [ ] **have [get] a chance to do ~**(~할 기회를 얻다)

- [ ] **get into an argument with him**(그와 논쟁[언쟁]을 시작하다)
- [ ] **an argument against smoking**(흡연에 반대하는 주장)

- [ ] **office [business] hours**(근무시간)
- [ ] **after hours**(근무시간 뒤에)

- [ ] **the distance between Tokyo and Osaka**(도쿄·오사카 간의 거리)
- [ ] **in the distance**(먼 곳으로[의])

- [ ] **have an impact on ~**(~에 영향을 주다)
- [ ] **on impact**(충격을 받으면, 충격으로)

- [ ] **reach a new high**(신기록을 만든다)

- [ ] **on one occasion**(어느 때, 일찍이)
- [ ] **take the occasion to do ~**(기회를 만들어 ~하다)

- [ ] **be in [out of, without] employment**(취업[실업]하다)
- [ ] **look for employment**(일을 찾다)

- [ ] **There is a chance of rain tomorrow.**(내일은 비가 올 가능성이 있다)

- [ ] **They had a heated argument about the issue.**(그들은 그 문제에 대하여 격론을 벌였다)

- [ ] **Our opening hours are 10 a.m. to 8 p.m.**(우리 가게의 영업시간은 오전 10시부터 오후 8시까지입니다)

- [ ] **He lives within walking distance of his office.**(그는 직장에 걸어서 갈 수 있는 거리에 살고 있다)

- [ ] **Air pollution is having a significant impact on public health.**(대기오염은 사람들의 건강에 중대한 영향을 미치고 있다)

- [ ] **Highs today will be in the mid-30s.**(오늘의 최고기온은 30도대 중반이 될 것이다)

- [ ] **They met on several occasions to discuss the matter.**(그 건에 대하여 이야기하기 위하여 그들은 여러 번 만났다)

- [ ] **Employment in the service industry has been increasing.**(서비스업에서 고용은 증가하고 있다)

| CHAPTER 1 |
| CHAPTER 2 |
| CHAPTER 3 |
| CHAPTER 4 |
| CHAPTER 5 |
| CHAPTER 6 |
| CHAPTER 7 |
| CHAPTER 8 |
| CHAPTER 9 |
| CHAPTER 10 |
| CHAPTER 11 |

Day 30 🄥
Quick Review
답은 왼쪽 페이지 아래

- [ ] basement
- [ ] heat wave
- [ ] decision
- [ ] object
- [ ] pay
- [ ] journal
- [ ] room
- [ ] policy
- [ ] district
- [ ] information
- [ ] relation
- [ ] opening
- [ ] shelf
- [ ] aircraft
- [ ] break
- [ ] character

□ 0497
border
/bɔ́:rdər/
Part 5, 6

명(~과의 사이의/…과의)**국경**;경계선(between~/with…)(≒boundary)

□ 0498
discovery
/diskʌ́vəri/

명**발견**;발견된 물건
동discover:~을 발견하다

□ 0499
absence
/ǽbsəns/
Part 2, 3

명❶**결석**, 결근, 부재(⇔presence) ❷(~의)없는 것, 결여(of~)(≒lack, shortage)
형absent:(be absent from로)❶~을 결석[결근]한 ❷~가 결여된

□ 0500
court
/kɔ́:rt/
❗ 정의주의

명❶**재판소**, 법정;(the~)(집합적으로)재판관 ❷(테니스 등의)코트
형courteous:(~에 대하여)예의바른, 친절[정중]한(to[with]~)
명courtesy:❶호의;공손 ❷정중함

□ 0501
literature
/lítərətʃər/
❗ 강세주의

명❶**문학** ❷문헌 ❸인쇄물
명literacy:❶식자능력, 읽기능력 ❷(컴퓨터 등의)사용능력
형literary:❶문학의 ❷문어의 ❸문학에 정통한
부literally:❶문자 그대로 ❷정말로

□ 0502
arrangement
/əréindʒmənt/
Part 5, 6

명❶(통례~s)(~의)**주선**, 준비(for~)(≒preparation) ❷협의, 협정(≒agreement) ❸배열
동arrange:❶~을 가지런히 놓다, 정돈하다 ❷~의 준비[주선]하다

□ 0503
paper
/péipər/
❗ 정의주의
Part 5, 6

명❶(~s)**서류**, 문서(≒document) ❷신문 ❸논문 ❹종이

□ 0504
talk
/tɔ́:k/
❗ 정의주의
Part 4

명❶(~s)**회담**, 협의 ❷대화 ❸(~에 대한)강연(on[about]~)
동(~에 대하여/…라고)말하다(about~/to[with]…)

continued ▼

150 ▶ 151

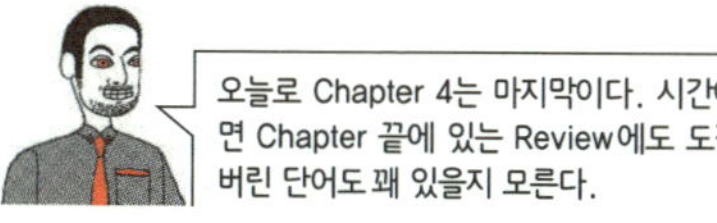

Check 2 Phrase	**Check 3** Sentence
☐ the **border** between the two countries (두 나라 사이의 국경)	☐ Refugees tried to cross the **border**. (난민들은 국경을 넘으려고 했다)
☐ the **discovery** of the new continent (신대륙의 발견) ☐ make a **discovery** (발견하다)	☐ Leonardo da Vinci made a number of scientific **discoveries**. (레오나르도 다빈치는 많은 과학상의 발견을 했다)
☐ **absence** from work [school] (결근[결석]) ☐ the **absence** of evidence (증거의 부재)	☐ A new manager was appointed during his **absence**. (그가 없는 동안에 새로운 부장이 임명되었다)
☐ appear in **court** (출정하다) ☐ go to **court** (재판에 호소하다)	☐ Hundreds of supporters gathered outside the **court** to await the verdict. (몇 백 명이나 하는 지지자가 평결을 기다리기 위하여 재판소 밖에 모였다)
☐ modern [classic] **literature** (현대[고전]문학) ☐ medical **literature** (의학 문헌)	☐ I majored in English **literature** at university. (나는 대학에서 영문학을 전공했다)
☐ **arrangements** for the party (파티 준비) ☐ by (prior) **arrangement** (타협에 의해)	☐ We made all the **arrangements** for the conference. (우리들은 그 회의 준비를 모두 했다)
☐ identification **papers** (신분증명서) ☐ a morning [an evening] **paper** (조[석]간)	☐ He searched the **papers** on his desk for the receipt. (그는 그 영수증을 찾기 위해 책상 위의 서류를 뒤졌다)
☐ peace **talks** (평화회담) ☐ have a **talk** with him about ~ (~에 대해 대화를 나누다)	☐ Delegates at the six-party **talks** finally reached an agreement. (6개국 협의의 대표들은 겨우 합의에 다다랐다)

continued ▼

Check 1　　Listen 》

□ 0505
respect
/rispékt/
Part 4

명❶(~로의) **존경**, 경의(for~) ❷(~로의)존중;배려(for~)
동~을 존경하다
형respective: 각각의, 각자의
부respectively: 각각에, 각자

□ 0506
entrance
/éntrəns/

명❶(~로의) **입구**, 현관(to[of]~)(⇔exit) ❷(~로의)입학, 입사(to[into]~)
동enter:❶(장소)에 들어가다 ❷(~에 더하다 ❸(데이터)를 입력하다
명entry:❶입장;참가 ❷(사전의)항목

□ 0507
title
/táitl/
❗정의주의
Part 2, 3

명❶**직함**, 칭호 ❷제목 ❸책, 출판물

□ 0508
chest
/tʃést/
Part 1

명❶**가슴** ➕ breast는 가슴 앞부분 ❷대형 수납상자

□ 0509
word
/wə́:rd/
❗정의주의
Part 5, 6

명❶**소문**(≒rumor);소식, 알림 ❷약속(≒promise) ❸단어

□ 0510
merchant
/mə́:rtʃənt/
비즈니스문제

명**상인**:상점주
명merchandise:(집합적으로)상품, 제품
동merchandise:~을 매매하다, 장사하다

□ 0511
parcel
/pá:rsəl/
Part 2, 3

명**소포**(≒package)

□ 0512
lot
/lát/
Part 1

명❶(특정용도의)**용지**, 부지 ❷제비뽑기, 추첨

Day 31 》
Quick Review
답은 오른쪽 페이지 아래

□ 대리인　□ 기분　□ 가능성　□ 영향
□ 능력　□ 해　□ 논의　□ 최고 기온
□ 힐끔 보는 것　□ 경제　□ 영업시간　□ 때
□ 소설　□ 방향　□ 거리　□ 고용

□ **win [earn, gain] respect of ~** (~의 존경을 얻다)
□ **have respect for ~** (~을 존경[존중]하다)

□ **the main entrance** (정문, 현관문)
□ **an entrance examination** (입시)

□ **a job title** (직책)
□ **the title of Soseki Natsume's first novel** (나쓰메 소세키의 처녀작의 제목)

□ **chest pain** (흉통)
□ **a toy chest** (장난감상자)

□ **have word from him** (그로부터 소식이 온다)
□ **keep [break] one's word** (약속을 지키다[깨다])

□ **a wine merchant** (와인판매상)

□ **send a parcel to ~** (~에게 소포를 보내다)

□ **a vacant lot** (빈터)
□ **draw lots** (제비를 뽑다)

□ **{ssi} in Korean is a term of respect similar to {Mr.} or {Mrs.} in English.** (한국어의 '씨'는 '미스터'나 '미세스'와 비슷한 경어다)

□ **There are two entrances in this building — one at the front and one at the back.** (이 빌딩에는 입구가 두 개 있다—하나는 앞, 하나는 뒤에)

□ **My current official title is {research and development Manager.}** (나의 현재 직무상의 직함은 '연구개발 부장'이다)

□ **The man is folding his arms across his chest.** (그 남자는 가슴 앞으로 팔장을 끼고 있다)

□ **Word has it that Mr. Tanaka is going to be promoted soon.** (소문에 의하면 다나카 씨는 조만간 승진할 것 같다)

□ **Merchants have to pay processing fees when customers use credit cards.** (고객이 신용카드를 사용하는 경우 상점주는 수수료를 지불하지 않으면 안 된다)

□ **The parcel was wrapped in white paper.** (그 소포는 흰 종이로 포장되어 있었다)

□ **There are a few cars in the parking lot.** (주차장에 차가 몇 대 세워져 있다)

Day 31 》
Quick Review
답은 왼쪽 페이지 아래

□ agent	□ mood	□ chance	□ impact
□ ability	□ harm	□ argument	□ high
□ glance	□ economy	□ hour	□ occasion
□ novel	□ direction	□ distance	□ employment

Chapter 4 Review

왼쪽 페이지의 (1)~(20) 의 명사의 동의 · 유의어 (≒), 반의 · 반대어 (⇔) 를 오른쪽 페이지의 A~T 에서 선택하여 괄호 안에 답을 적는다 . 의미를 모를 때는 색인 번호를 참조하고 복습하자 .(답은 오른쪽 아래)

- □ **(1)** **advance** (0368) ≒ 은? (　　　)
- □ **(2)** **employer** (0374) ⇔ 은? (　　　)
- □ **(3)** **assistance** (0376) ≒ 은? (　　　)
- □ **(4)** **goods** (0378) ≒ 은? (　　　)
- □ **(5)** **fair** (0380) ≒ 은? (　　　)
- □ **(6)** **evidence** (0386) ≒ 은? (　　　)
- □ **(7)** **majority** (0389) ⇔ 은? (　　　)
- □ **(8)** **clothing** (0391) ≒ 은? (　　　)
- □ **(9)** **means** (0395) ≒ 은? (　　　)
- □ **(10)** **lack** (0409) ≒ 은? (　　　)
- □ **(11)** **study** (0426) ≒ 은? (　　　)
- □ **(12)** **appeal** (0447) ≒ 은? (　　　)
- □ **(13)** **environment** (0449) ≒ 은? (　　　)
- □ **(14)** **head office** (0451) ≒ 은? (　　　)
- □ **(15)** **exit** (0455) ⇔ 은? (　　　)
- □ **(16)** **faith** (0460) ≒ 은? (　　　)
- □ **(17)** **pay** (0469) ≒ 은? (　　　)
- □ **(18)** **opening** (0476) ≒ 은? (　　　)
- □ **(19)** **agent** (0481) ≒ 은? (　　　)
- □ **(20)** **chance** (0489) ≒ 은? (　　　)

A. surrounding

B. shortage

C. help

D. possibility

E. proof

F. petition

G. vacancy

H. employee

I. attire

J. trust

K. method

L. exposition

M. headquarters

N. salary

O. development

P. research

Q. representative

R. minority

S. entrance

T. merchandise

【해답】 (1) O (2) H (3) C (4) T (5) L (6) E (7) R (8) I (9) K (10) B
(11) P (12) F (13) A (14) M (15) S (16) J (17) N (18) G (19) Q (20) D

CHAPTER 5

동사 : 필수 112

Chapter 5에서는 TOEIC에서 출제되는 필수 동사 112를 공부한다. 이 Chapter 도중에 이 책의 후반부로 돌입한다! 암기해온 단어의 수는 무려 600개를 돌파한다. 그야말로 티끌 모아 태산이다!

Day 33 【동사8】
▶158
Day 34 【동사9】
▶162
Day 35 【동사10】
▶166
Day 36 【동사11】
▶170
Day 37 【동사12】
▶174
Day 38 【동사13】
▶178
Day 39 【동사14】
▶182
Chapter 5 Review
▶186

TOEIC식 격언

A penny saved is a penny earned.

티끌모아 태산이 된다.
직역) 1페니를 절약하는 것은 1페니를 버는 것과 같다.

Check 1   Listen 》

□ 0513
own
/óun/
Part 2, 3

동 ~을 소유하다 (≒have, possess)
형 자기 자신의
명 owner: 소유자

□ 0514
select
/silékt/
Part 4

동 ~을 (~을 위해) 선택하다 (for...)(≒choose, pick)
형 엄선된, 선택받은
명 selection: ❶물건의 구색을 갖춤 ❷(~에서)고른 물건[사람] (from~) ❸선택, 선발

□ 0515
maintain
/meintéin/

동 ❶~을 유지하다 (≒keep, preserve, sustain) ❷~라고 주장하다 (≒claim)
명 maintenance: ❶(~의)유지(of~) ❷(~의)관리, 정비(of~)

□ 0516
disappear
/dìsəpíər/

동 ❶(~에서)보이지 않게 되다, 사라지다(from~)(⇔appear) ❷사라지다, 실종되다(≒vanish)
명 disappearance: 소실; 실종

□ 0517
gain
/géin/
비즈니스문제

동 ❶~을 얻다, 손에 넣다(≒get, obtain) ❷(힘, 가치 등)을 늘리다
명 ❶이익 ❷(수·양의)증가(⇔loss)

□ 0518
ignore
/ignɔ́ːr/

동 ~을 무시하다 (≒disregard, neglect)
명 ignorance: (~을)모르는 것(of~); 무지
형 ignorant: ❶무지의 ❷(~을)모르는(of[about]~)

□ 0519
reserve
/rizə́ːrv/

동 ❶~을 예약하다 (≒book) ❷(reserve A for B로)A를 B를 위해 잡아두다
명 ❶(~의)비축(of~)(≒store) ❷내성적임
명 reservation: ❶(호텔 등의)예약 ❷(권리 등의)보류

□ 0520
suppose
/səpóuz/
Part 5, 6

동 ❶~라고 생각하다, 사고하다(≒think, imagine) ❷~라고 추측하다 ❸(be supposed to do로)~하기로 되어 있다

continued ▼

□ 듣기 모드　Check 1
□ 확인 모드　Check 1 ▶ 2
□ 완벽 모드　Check 1 ▶ 2 ▶ 3

Check 2　Phrase

Check 3　Sentence

□ **own** a car (차를 소유하다)

□ **The land is owned by the city.** (그 토지는 시가 소유하고 있다)

□ **select** him for the post (그를 그 자리에 선발하다)

□ **He was selected as the new sales manager.** (그는 새로운 판매부장으로 선발되었다)

□ **maintain** world peace (세계의 평화를 유지하다)
□ **maintain** that he is innocent (그는 무죄를 주장하다)

□ **The police are needed to maintain law and order.** (경찰은 법과 질서를 유지하기 위해 필요하다)

□ **disappear** from sight [view] (시야에서 사라지다, 보이지 않다)
□ **disappear** from the stores ([인기상품 등이] 가게에서 없어지다)

□ **I looked for him but he had disappeared in the crowd.** (나는 그를 찾았지만, 그는 인파 속으로 모습을 감췄다)

□ **gain** support (지지를 얻다)
□ **gain** weight [speed] (체중[속도]이 증가하다)

□ **India gained independence from Britain in 1947.** (인도는 1947년에 영국에서 독립했다)

□ **ignore** regulations (규칙을 무시하다)
□ **ignore** him (그를 무시하다)

□ **The government should not ignore the wishes of its citizens.** (정부는 국민의 바람을 무시해서는 안 된다)

□ **reserve** plane tickets (항공권을 예약하다)
□ **reserve** seats for guests (자리를 내빈을 위해 잡아두다)

□ **He reserved a double room at the hotel.** (그는 그 호텔의 더블룸을 예약했다)

□ **suppose** that he'll come (그는 올 것이다)
□ **be supposed** to arrive at 10. (10시에 도착하기로 되어 있다)

□ **Do you suppose that Greg will marry her?** (그렉은 그녀와 결혼할까요?)

continued
▼

Check 1   Listen))

□ 0521
perform
/pərfɔ́ːrm/

동❶(임무 등)을 **수행하다**, 행하다(≒do, carry out) ❷~을 연주[상연]하다
▶ 명performance:❶(일 등의)실적, 성과 ❷(일 등의)수행 ❸연주, 상연 ▶

□ 0522
employ
/implɔ́i/
비즈니스문제

동❶~을 **고용하다**(≒hire)(⇔dismiss) ❷(수단 등)을 이용하다(≒use)
명employment:❶고용;근무 ❷일, 직업
명employee:종업원, 피고용자
명employer:고용자[주] ▶

□ 0523
cure
/kjúər/

동(사람·질병)을 **고치다**(≒heal);(사람)의(질병을)고치다 (of...)
▶ 명치료(법) ▶

□ 0524
print
/prínt/
❗ 정의주의
Part 7

동❶~을 **활자체로 쓰다** ❷~을 인쇄하다
명❶활자 ❷인쇄 ▶

□ 0525
weigh
/wéi/
❗ 발음주의
Part 2, 3

동❶~의 **무게를 재다** ❷~의 무게가 나가다
명weight:❶무게;체중 ❷부담 ▶

□ 0526
seek
/síːk/

동❶~을 **얻으려고 하다**, 찾으려고 하다 ❷(seek to do로)~하려고 노력하다(≒try to do) ▶

□ 0527
hold
/hóuld/
❗ 정의주의
Part 2, 3

동❶(모임 등)을 **개최하다**, 열다 ❷전화를 끊지 않고 기다리다 ❸~을 가지고 있다, 쥐고 있다 ▶

□ 0528
project
/prɑdʒékt/
❗ 정의주의
Part 5, 6

동❶(결과 등)을 **예상하다** ❷~을 예상하다 ❸~을 계획하다
명(/prɑ́dʒekt/)❶(~하는)계획(to do)(≒plan) ❷(대규모의)사업, 프로젝트
명projection:(장래의)예측, 추정 ▶

Day 32))
Quick Review
답은 오른쪽 페이지 아래

□ 국경	□ 문학	□ 존경	□ 소문
□ 발견	□ 주선	□ 입구	□ 상인
□ 결석	□ 서류	□ 직함	□ 소포
□ 재판소	□ 회담	□ 가슴	□ 용지

Check 2 — Phrase

- ☐ **perform** one's duties (직무를 수행하다)
- ☐ **perform** an opera (오페라를 상연하다)

- ☐ **employ** him as an assistant (그를 조수로서 고용하다)
- ☐ **employ** various means (여러 가지 수단을 이용하다)

- ☐ **cure** diabetes (당뇨병을 고치다)
- ☐ **cure** a patient of a disease (환자의 병을 고치다)

- ☐ **print** one's name (이름을 활자체로 쓰다)
- ☐ **print** a document (서류를 인쇄하다)

- ☐ **weigh** oneself on the scales (저울로 체중을 재다)
- ☐ **weigh** 20 kilograms (20킬로그램의 무게가 나가다)

- ☐ **seek** advice [help] (조언[도움]을 구하다)
- ☐ **seek** to gather information (정보를 모으려고 노력하다)

- ☐ **hold** a meeting (회의를 열다)
- ☐ **hold** a baby in one's arms (아기를 안다)

- ☐ **project** population growth (인구증가를 예상하다)
- ☐ **project** the costs of construction (건축비를 추정하다)

Check 3 — Sentence

- ☐ The operation will be **performed** tomorrow. (그 수술은 내일 행할 예정이다)

- ☐ Over 1,000 people are **employed** at the factory. (그 공장에서는 1000명 이상이 고용되어 있다)

- ☐ Many early cancers can be **cured** by surgery. (대부분의 초기 암은 수술에 의해 고칠 수 있다)

- ☐ Please **print** your name and address clearly on the back of the envelope. (봉투 뒤에 이름과 주소를 또렷한 활자체로 기입해주세요)

- ☐ Your luggage must be **weighed** prior to boarding. (탑승 전에 반드시 수하물의 무게를 재야한다)

- ☐ He has been **seeking** a job for the past two months. (그는 최근 2개월 동안 일자리를 찾고 있다)

- ☐ The election will be **held** next month. (다음 달, 선거가 행해질 예정이다)

- ☐ World economic growth is **projected** to slow. (세계의 경제성장은 감속할 것으로 예상된다)

Day 32))
Quick Review
답은 왼쪽 페이지 아래

☐ border	☐ literature	☐ respect	☐ word
☐ discovery	☐ arrangement	☐ entrance	☐ merchant
☐ absence	☐ paper	☐ title	☐ parcel
☐ court	☐ talk	☐ chest	☐ lot

Check 1　　Listen 》

☐ 0529
lead
/líːd/
Part 5, 6

통❶~을 통솔하다, 지휘하다 ❷~을 이끌다 ❸(어떤 인생)을 보내다 ❹(lead to로)(어느 결과)에 이르다, 이어지다
명솔선 ; 선도
형leading : 일류[1위, 1급]의, 주요한

☐ 0530
customize
/kʌ́stəmàiz/
Part 7

통~을 주문제작하다

☐ 0531
serve
/sə́ːrv/
❗ 정의주의

통(사람)에게 식사를 내다 ; 식사를 내다 ❷(식사가)~인분이다 ❸~에 시중들다 ❹(~로서)도움이 되다(as~)
명service : ❶(~ 로의)공헌, 봉사(to~) ❷접객, 서비스

☐ 0532
prefer
/prifə́ːr/
❗ 강세주의
Part 2, 3

통❶(…보다)~가 좋다(to…) ❷(prefer to do로)~하는 것이 좋다, 오히려 ~하고 싶다
명preference : ❶(~ 에 대한)기호(for~) ❷우선

☐ 0533
empty
/émpti/
❗ 정의주의
Part 1

통(용기 등)을 비우다
형❶빈 ❷(집 등이)사람이 살지 않는

☐ 0534
identify
/aidéntəfài/
Part 5, 6

통❶~가 누구[무엇]인지 알다 ❷(identify A as B)A를 B라 확인[확정, 특정]하다
명identification : ❶신분증명(서) ❷신분확인
명identity : ❶신원, 정체 ❷동일성, 아이덴티티

☐ 0535
prove
/prúːv/
❗ 발음주의
Part 5, 6

통❶~을 증명[입증]하다(≒demonstrate)(⇔disprove : ~의 잘못을 입증하다) ❷(prove to be로)~이라 판명하다
명proof : ❶(~ 의)증거(of~) ❷증거품 ❸(통례~s)교정쇄

☐ 0536
threaten
/θrétn/
❗ 발음주의

통❶~을(…로) 위협하다, 협박하다(with…) ❷(threaten to do로)~하겠다고 위협하다, 협박하다 ❸~의 우려가 있다
명threat : ❶(~ 한다는)협박, 위협(to do) ❷(나쁜 일의)조짐, 징조(of~)

---

continued ▼

Check 2　Phrase

□ **lead** the investigation(조사를 지휘하다)
□ **lead** the guests to their rooms (손님을 방으로 데리고 가다)

□ a **customized** car(주문제작으로 만들어진 차)

□ **serve** the guests(손님에게 식사를 내다)
□ **serve** a meal(식사를 내다)

□ **prefer** coffee to tea(홍차보다 커피가 좋다)
□ **prefer** not to discuss the issue(그 문제를 이야기하고 싶지 않다)

□ **empty** one's pockets(포켓의 내용물을 꺼내다)

□ **identify** handwriting(필적을 감정하다)
□ **identify** him as the robber(그를 그 강도라고 지목하다)

□ **prove** her innocence(그의 무죄를 증명하다)
□ **prove** to be difficult(어렵다는 것을 알다)

□ **threaten** people with a gun (사람들을 권총으로 위협하다)
□ **threaten** to kill him(그를 죽이겠다고 위협하다)

Check 3　Sentence

□ I was asked to **lead** the discussion.(나는 그 토론을 이끌도록 요구받았다)

□ He had his computer **customized** to his needs.(그는 요구에 맞춰 컴퓨터를 주문제작 했다)

□ Dinner is **served** in the dining hall from 6 to 9 p.m.(저녁 식사는 오후 6시부터 9시까지 식당에서 나왔다)

□ He **prefers** playing soccer to watching it.(그는 축구를 보는 것보다 하는 것을 좋아한다)

□ The woman is **emptying** the dishwasher.(그 여자는 식기세척기의 내용물을 꺼내고 있다)

□ A new-born baby can **identify** its mother by her voice and smell.(신생아는 목소리나 냄새로 엄마가 누군지 안다)

□ It was **proved** that he had nothing to do with the incident.(그가 그 사건과 관계가 없다는 것이 증명되었다)

□ The workers at the factory are **threatened** with dismissal.(그 공장의 노동자들은 해고의 위협을 받고 있다)

continued ▼

Check 1　　Listen 》

□ 0537
disappoint
/dìsəpɔ̀int/
Part 5, 6

동❶~을 실망시키다(⇔satisfy:~을 만족시키다) ❷(be disappointed with[at, about]로)~에 실망하다
명disappointment:실망
형disappointing:실망시키는, 기대를 벗어난

□ 0538
prepare
/pripéər/
Part 4

동❶~의 준비를 하다 ❷(lprepare for로)~에 대비하다, ~에 대비하여 준비하다 ❸(prepare to do로)~할 준비를 하다 ❹(be prepared to do로)~할 각오[준비]가 되어 있다
명preparation:(~의)준비(for[of]~)

□ 0539
order
/ɔ́:rdər/
Part 2, 3

동❶~을 (…에) 주문하다(from…) ❷~에 (…하도록) 명령하다 (to do)(≒command)
명❶주문 ❷명령 ❸순서

□ 0540
rise
/ráiz/
Part 5, 6

동(가격 등이) 오르다, 증가하다(≒increase) ➕ '~을 올리다'는 raise
명(가격 등의)상승, 증가(in~)

□ 0541
include
/inklú:d/
Part 5, 6

동~을 포함하다(≒contain)(≒exclude:~을 제외하다)
전including:~을 포함하여

□ 0542
swell
/swél/

동❶부풀다 ❷~을 부풀리다 ❸증가하다 ❹~을 늘리다
명❶팽창 ❷증가

□ 0543
develop
/divéləp/
Part 5, 6

동❶(자원 등)을 개발하다 ❷~을 발전시키다 ❸발달하다 ❹(필름)을 현상하다
명development:❶개발 ❷발달;진전
명developer:개발자;개발업자

□ 0544
attract
/ətrǽkt/
Part 5, 6

동❶~을 (…에) 끌어들이다(to…) ❷~을 매혹하다
명attraction:사람(의 흥미)을 끌어들이는 물건[장소]
형attractive:매력적인, 사람을 끌어들이는

Day 33 》
Quick Review
답은 오른쪽 페이지 아래

□ ~을 소유하다
□ ~을 선택하다
□ ~을 유지하다
□ 보이지 않게 되다
□ ~을 얻다
□ ~을 무시하다
□ ~을 예약하다
□ ~라고 생각하다
□ ~을 수행하다
□ ~을 고용하다
□ ~을 고치다
□ ~을 활자체로 쓰다
□ ~의 무게를 재다
□ ~을 얻으려고 하다
□ ~을 개최하다
□ ~을 예상하다

Check 2 — Phrase

- □ **disappoint** the fans (팬을 실망시키다)
- □ be **disappointed** with the result (그 결과에 실망하다)

- □ **prepare** the meal (식사 준비를 하다)
- □ **prepare** for the game (시합에 대비하여 준비하다)

- □ **order** the book from a bookstore (그 책을 서점에 주문하다)
- □ **order** him to leave the room (방에서 나가도록 그에게 명령하다)

- □ **rise** by [at] 5 percent (5퍼센트 오르다)
- □ **rise** sharply (급격히 상승하다)

- □ **include** breakfast and dinner ([호텔 요금에] 조식과 석식이 포함되어 있다)

- □ a **swollen** ankle (부은 발목)
- □ a **swelling** population (증가하는 인구)

- □ **develop** the natural resources (천연자원을 개발하다)
- □ **develop** the country (국가를 발전시키다)

- □ **attract** attention (주의를 끌다)
- □ **attract** customers (손님을 끌어들이다)

Check 3 — Sentence

- □ The movie really **disappointed** me. (그 영화에는 정말 실망했다)

- □ I haven't **prepared** the necessary documents for the meeting yet. (나는 그 회의에 필요한 서류를 아직 준비하지 않았다)

- □ I **ordered** steak and a mixed salad at the restaurant. (나는 그 레스토랑에서 스테이크와 믹스샐러드를 주문했다)

- □ The Earth's average temperature is expected to **rise** by 1.8 to 4.0 degrees Celsius by the year 2100. (지구의 평균기온은 2100년까지 1.8에서 4.0도 오를 것이라 예상한다)

- □ The price **includes** consumption tax. (그 가격에는 소비세가 포함되어 있다)

- □ The cherry buds are starting to **swell**. (벚꽃의 봉오리가 부풀기 시작했다)

- □ It takes three to five years to **develop** a new car. (신차를 개발하는 데는 3년에서 5년이 걸린다)

- □ The opening ceremony of the Beijing Olympic Games **attracted** huge television audiences. (북경 올림픽 개회식은 대단히 많은 시청자를 끌어당겼다)

Day 33 》
Quick Review
답은 왼쪽 페이지 아래

□ own	□ gain	□ perform	□ weigh
□ select	□ ignore	□ employ	□ seek
□ maintain	□ reserve	□ cure	□ hold
□ disappear	□ suppose	□ print	□ project

Check 1 　Listen 》》

□ 0545
jam
/dʒǽm/
❗ 정의주의
Part 2, 3

동 ❶(기계 등)을 움직이지 못하게 하다 ❷움직이지 않다
❸~을(…에) 막히다(into[in]...)
명 ❶혼잡 ❷잼

□ 0546
puzzle
/pʌ́zl/
❗ 정의주의

동 ❶~을 난처하게 하다, 당혹스럽게 하다(≒confuse)
❷(be puzzled about[at]로)~로 난처해 하다, 당혹스럽다(≒be confused about)
명 ❶퍼즐 ❷난문

□ 0547
melt
/mélt/

동 ❶녹다 ❷~을 녹이다(≒thaw)(⇔freeze)

□ 0548
forward
/fɔ́:rwərd/
❗ 정의주의
비즈니스문제

동 ❶~을(…로) 전송하다(to...) ❷(계획 등)을 촉진하다
부 앞쪽으로

□ 0549
pose
/póuz/
❗ 정의주의
Part 7

동 ❶(위험 등)을 일으키다(≒cause), (문제 등)을 제기하다 ❷포즈를 취하다
명 자세, 포즈

□ 0550
sign
/sáin/
Part 2, 3

동 ❶(서류)에 서명하다;(이름)을 서명하다 ❷(sign up for로)~에 신청하다;~에 참가하다
명 ❶징후 ❷표식
명 signature:서명, 싸인

□ 0551
warn
/wɔ́:rn/
Part 4

동 ❶~라고 경고[주의]하다 ❷(warm A of[about] B로)A에 B(위험 등)를 경고[주의]하다 ❸(warn A to do로)A에 ~하도록 경고[주의]하다
명 warning:(~의/…에 대한)경고, 경보(of~/against...)

□ 0552
insist
/insíst/
Part 5, 6

동 ❶~라고 강하게 주장하다 ❷~인 것을 강하게 요구하다
➕ 이 의미에서는 that절 속의 동사는 가정법 현재(=insist on로)가 된다 ❸(insist on로)~을 강하게 요구하다
명 insistence:강한 주장, 단언

continued
▼

☐ 듣기 모드　Check 1
☐ 확인 모드　Check 1 ▸ 2
☐ 완벽 모드　Check 1 ▸ 2 ▸ 3

Check 2　Phrase

☐ **jam** the keys ([키보드의]키를 고장 나게 하다)
☐ **jam** clothes into a box (옷을 상자 속에 담다)

☐ a **puzzled** look (난처한 표정)
☐ be **puzzled** about what to do next (다음에 무엇을 해야 할지 난감하다)

☐ **melted** cheese (녹은 치즈)

☐ **forward** the e-mail to him (그 전자메일을 그에게 전송하다)
☐ **forward** the plan (그 계획을 추진하다)

☐ **pose** a problem (문제를 일으키다)
☐ **pose** for a picture (사진의 포즈를 취하다)

☐ **sign** a check (수표에 서명하다)
☐ **sign** up for yoga classes (요가 교실에 참가하다)

☐ **warn** that high oil prices will have an impact on the global economy (높은 원유가는 세계경제에 영향을 미칠 것이라 경고하다)

☐ **insist** that he is guilty (그는 유죄라고 강하게 주장하다)
☐ **insist** on attendance (출석을 강하게 요구하다)

Check 3　Sentence

☐ The printer is **jammed** with paper. (그 프린터는 종이가 걸려 작동하지 않는다)

☐ It **puzzles** me why he resigned. (왜 그가 사직했는지 나는 이해하기 어렵다)

☐ Ice **melts** at zero degrees Celsius. (얼음은 0도에서 녹는다)

☐ Please **forward** any mail to my new address. (우편물을 나의 새로운 주소로 보내주세요)

☐ Nuclear weapons **pose** a threat to human beings. (핵병기는 인류에 대하여 위협을 초래하고 있다)

☐ She **signed** her name at the end of the letter. (그녀는 편지의 마지막에 자신의 이름을 적었다)

☐ Police **warned** that there would be major traffic congestion all afternoon and into the evening. (오후 내내, 그리고 저녁에 걸쳐서 심하게 정체될 것이라고 경찰은 경고했다)

☐ He **insists** that he did nothing wrong. (그는 아무런 나쁜 일은 하지 않았다고 강하게 주장했다)

continued ▼

Check 1　Listen))

□ 0553
dig
/díg/
Part 1

동 ~을 파내다(≒excavate)

□ 0554
contact
/kántækt/
Part 5, 6

동 ~에 연락하다, ~와 연락을 취하다 ➕ 타동사이기 때문에 (✕)contact to처럼 뒤에 전치사 to는 오지 않는다
명 ❶(~와의) 연락, 관계(with~) ❷접촉

□ 0555
miss
/mís/
Part 2, 3

동 ❶~에 놓치다(⇔catch:~의 시간에 맞다) ❷~을 간과하다
❸~가 없는 것을 쓸쓸히 생각하다, 그리워하다

□ 0556
interrupt
/ìntərápt/
❗ 강세주의
Part 5, 6

동 ~을 차단하다;방해하다
명 interruption:차단하는 것, 방해; 차단한 물건, 방해물

□ 0557
feed
/fíːd/
Part 1

동 ❶~에 먹이[음식]를 주다 ❷~에(…을)공급하다(with…)(≒provide, supply)

□ 0558
assist
/əsíst/

동 ~을 돕다;(assist A with[in] B로)A(사람)의 B(일 등)를 돕다(≒help, aid)
명 assistance : 도움, 원조, 지원
명 assistant : 조수, 보조자
형 assistant : 도움이 되는, 보조의

□ 0559
hang
/hǽŋ/
Part 1

동 ~을(…에) 매달다, 걸다(on[to]…)

□ 0560
import
/ìmpɔ́ːrt/
비즈니스문제

동 ~을(…에서) 수입하다(from…)(⇔export)
명 (/ímpɔːrt/)수입;(통례~s)수입품

Day 34))
Quick Review
답은 오른쪽 페이지 아래

□ ~을 통솔하다
□ ~을 주문제작하다
□ ~에게 식사를 내다
□ ~가 좋다

□ ~을 비우다
□ ~가 누구인지 알다
□ ~을 증명하다
□ ~을 위협하다

□ ~을 실망시키다
□ ~의 준비를 하다
□ ~을 주문하다
□ 오르다

□ ~을 포함하다
□ 부풀다
□ ~을 개발하다
□ ~을 끌어들이다

Check 2　　Phrase

- ☐ dig the ground (땅을 파다)

- ☐ contact her by phone (그녀에게 전화로 연락하다)

- ☐ miss the last bus (막차 버스를 놓치다)
- ☐ miss the beginning of the film (영화 시작 부분을 놓치다)

- ☐ interrupt train service (열차의 운행을 방해하다)
- ☐ Can I interrupt for a second? (조금 끼어들어도 될까요?)

- ☐ feed a dog (개에게 먹이를 주다)
- ☐ feed the fire with wood (장작에 불을 지피다)

- ☐ assist her financially (그녀를 금전적인 면에서 원조하다)
- ☐ assist students with their studies (학생들의 공부를 돕다)

- ☐ hang the washing on the line (세탁물을 줄에 걸다)

- ☐ import wheat from Australia (밀가루를 오스트레일리아에서 수입하다)

Check 3　　Sentence

- ☐ The man is digging a hole in the garden. (그 남자는 정원에 구멍을 파고 있다)

- ☐ If you have any questions, please contact me by e-mail. (뭔가 질문이 있으면 전자메일로 내게 연락해주세요)

- ☐ Hurry up, or you will miss your train. (서두르지 않으면 전차를 놓친다)

- ☐ Our conversation was interrupted by a phone call. (우리들의 대화는 전화에 방해받았다)

- ☐ The man is feeding the cows. (그 남자는 소에게 먹이를 주고 있다)

- ☐ The NPO assists immigrants with job training. (그 NPO는 이민자들의 직업훈련을 지원하고 있다)

- ☐ The lamp is hung from the ceiling. (램프가 천장에 매달려 있다)

- ☐ Japan imports oil from the Middle East. (일본은 석유를 중동에서 수입하고 있다)

Day 34))
Quick Review
답은 왼쪽 페이지 아래

☐ lead	☐ empty	☐ disappoint	☐ include
☐ customize	☐ identify	☐ prepare	☐ swell
☐ serve	☐ prove	☐ order	☐ develop
☐ prefer	☐ threaten	☐ rise	☐ attract

Check 1　　Listen 》)

☐ 0561
lower
/lóuər/
Part 4

동❶~을 내리다 ; 줄이다 ❷내려가다 ; 줄다 (≒reduce, decrease)(⇔increase, raise)
형low: 낮은

☐ 0562
propose
/prəpóuz/
비즈니스문제

동❶~을 제안하다 (≒suggest) ❷(propose doing[to do]로)~하자고 제안하다 ❸(propose to로)~에 결혼을 신청하다
명proposal: ❶(~하자는)제안(to do);(~의)계획(for~) ❷결혼 신청

☐ 0563
survive
/sərváiv/

동❶생존하다 (≒exist) ❷(역경 등)을 견뎌내다
명survival: 살아남는[견디는] 것, 생존

☐ 0564
frame
/fréim/
❗ 정의주의
Part 1

동❶(그림 등)을 액자에 넣다 ❷(계획 등)을 입안하다
명❶액자틀 ❷뼈대 ❸틀 ❹체격

☐ 0565
decide
/disáid/
Part 5, 6

동❶~을 결정[해결]하다 (≒determine, resolve) ❷(decide to do로)~하겠다고 결심하다, ~하기로 하다
명decision: ❶(~에 관한)결정(about[on]~) ❷(~하자는)결심(to do) ❸판결

☐ 0566
gather
/gǽðər/

동❶모이다 ❷~을 모으다 (≒collect) ❸~라고 추측하다

☐ 0567
continue
/kəntínjuː/
❗ 강세주의
Part 4

동❶이어지다 (≒last) ❷~을 이어가다 ❸(continue to do[doing]로)~해나가다
명continuity: 연속성
형continual:(특히 싫은 일이)연속적인
형continuous: 끊임없이

☐ 0568
stretch
/strétʃ/
Part 1

동❶~을 뻗치다 ❷뻗다
명❶(~의)구간(of~) ❷(~의)일정기간 이어지는 시간(of~)

continued ▼

□ 듣기 모드　Check 1
□ 확인 모드　Check 1 ▸ 2
□ 완벽 모드　Check 1 ▸ 2 ▸ 3

Check 2　Phrase

□ **lower** one's voice (목소리가 잠기다, 목소리가 작아지다)
□ **lower** in value (가치가 낮아지다)

□ **propose** a plan (계획을 제안하다)
□ **propose** to close the factory (그 공장을 폐쇄하자고 제안하다)

□ **survive** in cold temperatures (저온 속에서 살아남다)
□ **survive** the war (전쟁 속에서 살아남다)

□ **frame** a painting (그림을 액자에 넣다)
□ **frame** a plan (계획을 입안하다)

□ **decide** one's future (장래를 결정하다)
□ **decide** to resign (사직을 결정하다)

□ **gather** to attend the funeral (장례식에 출석하기 위해 모이다)
□ **gather** information (정보를 모으다)

□ **continue** for two weeks (2주간 이어지다)
□ **continue** one's studies (학업을 계속하다)

□ **stretch** one's arms (양팔을 뻗다)
□ **stretch** out on a bed (침대에 길게 눕다)

Check 3　Sentence

□ Interest rates were **lowered** again. (금리를 또 내렸다)

□ He **proposed** several dates for the next meeting. (그는 다음 회의 날짜로 몇 가지를 제안했다)

□ The company is struggling to **survive** in a competitive market. (그 회사는 경쟁이 심한 시장 속에서 생존하기 위해 분투하고 있다)

□ **Framed** photos are on the wall. (액자에 넣은 사진이 벽에 걸려 있다)

□ The issue will be **decided** by a vote. (그 문제는 투표로 결정될 예정이다)

□ Thousands of demonstrators **gathered** in front of Parliament House. (몇 천 명이나 하는 데모 참가자들이 국회의사당 앞에 모였다)

□ Cold weather will **continue** through the weekend. (주말 내내 추운 날씨가 이어질 것이다)

□ The woman is **stretching** her leg. (그 여자는 다리를 뻗으려고 하고 있다)

continued ▼

Check 1　Listen 》

□ 0569
create
/kriéit/
Part 4

> 동 ~을 낳다, 창조하다(≒make)
> 명 creation: ❶창조 ❷창조물
> 명 creature: 생물
> 형 creative: 창조적인

□ 0570
book
/búk/
❗ 정의주의
Part 2, 3

> 동 ~을 예약하다(≒reserve)
> 명 책

□ 0571
lay
/léi/
Part 1

> 동 ~을(…에) 두다, 깔다(in[on, under]…)(≒put, place); ~을 눕히다 ➕ '눕다'는 lie

---

□ 0572
reform
/rifɔ́:rm/

> 동 (제도·사회 등)을 개선[개혁]하다(≒improve)
> 명 개선, 개혁

□ 0573
treat
/trí:t/

> 동 ❶~을(…처럼) 다루다, 대우하다(like[as]…) ❷~을 치료하다 ❸(treat A to B로)A에게 B를 내다, 한턱내다
> 명 treatment: ❶(~의)치료(for[of]~) ❷(~의)대우, 취급(of~)

□ 0574
desert
/dizə́:rt/
❗ 강세주의

> 동 ~을 간과하다, 버리다
> 명 (/dézə:rt/) 사막
> 형 deserted: 인기척이 없는

□ 0575
pretend
/priténd/

> 동 ❶~척하다, ~인 것처럼 보이다 ❷(pretend to do로)~하는 척하다(≒make believe, feign)

□ 0576
head
/héd/
❗ 정의주의
Part 5, 6

> 동 ❶~을 이끌다, ~의 장을 역임하다 ❷나아가다, 향하다
> 명 ❶우두머리 ❷(단체의)장

<table>
<tr><td>

Check 2   Phrase

</td><td>

Check 3   Sentence

</td></tr>
</table>

□ **create a new trend** (새로운 경향[유행]을 낳다)

▶ □ **The project is expected to create 1,000 jobs in the local community.** (그 프로젝트는 지역사회에 1000명의 일자리를 창출할 것으로 기대된다)

□ **book a seat on a plane** (비행기의 좌석을 예약하다)

▶ □ **Have you already booked your accommodation?** (묵을 곳은 이미 예약했습니까?)

□ **lay a carpet on the floor** (바닥에 카펫을 깔다)
□ **lay the baby on the bed** (아기를 침대에 눕히다)

▶ □ **The waiter is laying plates on the table.** (웨이터는 테이블에 접시를 놓고 있다)

□ **reform the education system** (교육체계를 개선하다)

▶ □ **The union is seeking to reform working conditions.** (그 노동조합은 노동조건을 개선하려고 노력하고 있다)

□ **treat him like a child** (그를 어린애처럼 다룬다)
□ **treat an injury** (상처를 치료하다)

□ **We should treat others with respect.** (우리들은 경의를 가지고 남을 대해야 한다)

▶ □ **desert one's post** (지위를 버리다)

□ **He deserted his family after the divorce.** (그는 이혼 후 자신의 가족을 버렸다)

▶ □ **pretend ignorance** (무지한 척하다)
□ **pretend to be interested** (관심[흥미]가 있는 척하다)

□ **She pretended that she knew nothing about it.** (그녀는 그것에 대해서 아무것도 모르는 척했다)

▶ □ **head the investigation team** (조사단을 이끌다)
□ **head north** (북으로 향하다)

□ **He heads the accounting department of the company.** (그는 그 회사의 경리부장이다)

Day 35))
Quick Review
답은 왼쪽 페이지 아래

□ jam	□ pose	□ dig	□ feed
□ puzzle	□ sign	□ contact	□ assist
□ melt	□ warn	□ miss	□ hang
□ forward	□ insist	□ interrupt	□ import

□ 0577
divide
/diváid/

동❶~을(…에) **나누다**, 분할하다(into[in]...) ❷~을(…사이에서)분배하다, 나누다(between[among]...) ❸(~로)나뉘다(into~)
명division:❶(회사 등의)부국, 부문 ❷분할

□ 0578
rub
/rʌ́b/
Part 1

동~을 **문지르다**, (문지르듯이)주무르다

□ 0579
bury
/béri/
❗ 발음주의
Part 1

동❶~을 **묻다** ❷~을 매장하다
명burial: 매장(식)

□ 0580
farm
/fɑ́:rm/
❗ 정의주의
Part 1

동❶(토지)을 **경작하다** ❷농사를 짓다
명농장, 농원
명farmer:농장경영자, 농민

□ 0581
match
/mǽtʃ/
❗ 정의주의
Part 7

동❶~와 **조화를 이루다**, ~와 어울리다 ➕ suit, fit와 달리 '사람'을 목적어로 취하지 않는다 ❷~에 필적하다
명시합, 경기

□ 0582
run
/rʌ́n/
❗ 정의주의
Part 5, 6

동❶~을 **경영하다**(≒operate) ❷달리다

□ 0583
unload
/ʌnlóud/
Part 1

동~을(…에서) **내리다**(from...)(⇔load)

□ 0584
exist
/igzíst/
❗ 발음주의
Part 5, 6

동❶**존재**[실존, 현존]**하다** ❷(~에서)살아가다(on~)(≒survive)
명existence:❶(~의)존재(of~) ❷생활(상황)

continued
▼

☐ 듣기 모드　Check 1
☐ 확인 모드　Check 1 ▶ 2
☐ 완벽 모드　Check 1 ▶ 2 ▶ 3

Check 2　Phrase

☐ **divide** the students into four groups (생도들을 네 그룹으로 나누다)
☐ **divide** $100 among the four of us (100달러를 우리 넷이 나누다)

☐ **rub** one's knee (무릎을 주무르다)

☐ **bury** a time capsule in the garden (타임캡슐을 정원에 묻다)
☐ be **buried** in the cemetery (공동묘지에 매장되다)

☐ **farm** a rice field (논을 경작하다)

☐ **match** her shirt exactly ([윗도리 등이]그녀의 셔츠와 잘 어울린다)
☐ be well **matched** ([힘 등이]잘 어우러지다)

☐ **run** a hotel (호텔을 경영하다)

☐ **unload** cargo from a ship (배에서 화물을 내리다)

☐ cease to **exist** (소멸하다)
☐ **exist** on the minimum wage (최저임금으로 살아가다)

Check 3　Sentence

☐ **Germany was divided into two countries after World War II.** (제2차 세계대전 후, 독일은 두 개의 나라로 나뉘었다)

☐ **The woman is rubbing her eyes.** (그 여자는 눈을 비비고 있다)

☐ **The cars are buried in the snow.** (차는 눈에 묻혀 있다)

☐ **The man is farming the land.** (그 남자는 토지를 경작하고 있다)

☐ **The shirt matched his jeans.** (그 셔츠는 그의 청바지에 잘 어울렸다)

☐ **He runs three restaurants in the city.** (그는 그 거리에서 레스토랑을 3곳 경영하고 있다)

☐ **They are unloading the sofa from the truck.** (그들은 트럭에서 소파를 내리고 있다)

☐ **Poverty still exists in many parts of the world.** (빈곤은 아직 세계의 많은 지역에 존재하고 있다)

continued
▼

Check 1   Listen))

□ 0585
coat
/kóut/
❗ 정의주의

동 ~을(…으로) **덮다**, ~에(…을) 입히다(with...)
명 (슈트의)윗도리;코트

□ 0586
design
/dizáin/
Part 4

동 ~을 설계[입안]**하다**
명 설계도;디자인

□ 0587
imagine
/imædʒin/

동 ❶~을 **상상하다** ❷~라고 생각하다(≒think, suppose)
명 imagination:상상, 상상력
형 imaginary:상상의, 가공의

□ 0588
borrow
/bárou/
Part 2, 3

동 ~을(…한테) **빌리다**(from...)(⇔lend, loan) ➕ '~을 임대하다'는 rent

□ 0589
flow
/flóu/
Part 4

동 (~에서/…로)**흘러가다**(from~/to[into]...)
명 흐름

□ 0590
list
/líst/
❗ 정의주의
Part 2, 3

동 ~을 리스트[목록]에 **싣다**, 기록하다
명 표, 목록, 리스트

□ 0591
sell
/sél/
❗ 정의주의
Part 2, 3

동 ❶(어느 금액·어느 상태에서)**팔리다**, 팔리고 있다 ❷~을 팔다
명 sale:❶(~s) 매상고, 판매수 ❷판매 ❸특매

□ 0592
publish
/pʌ́bliʃ/
Part 4

동 ❶~을 출판[발행]**하다** ❷~을 발표[공표]하다
명 publication:❶출판, 발행 ❷출판물 ❸발표, 공표
명 publisher:출판사

Day 36))
Quick Review
답은 오른쪽 페이지 아래

□ ~을 내리다	□ ~을 결정하다	□ ~을 낳다	□ ~을 다루다
□ ~을 제안하다	□ 모이다	□ ~을 예약하다	□ ~을 간과하다
□ 생존하다	□ 이어지다	□ ~을 두다	□ ~척하다
□ ~을 액자에 넣다	□ ~을 뻗치다	□ ~을 개선하다	□ ~을 이끌다

<table>
<tr><td colspan="1">## Check 2   Phrase</td><td>## Check 3   Sentence</td></tr>
</table>

Check 2 — Phrase	Check 3 — Sentence
☐ **coat** the meat with salt and pepper (고기에 소금과 후추를 입히다)	☐ **A thin layer of dust coated all the furniture.** (옅은 먼지가 모든 가구를 덮고 있다)
☐ **design** a building (빌딩을 설계하다) ☐ **design** a dress (드레스를 디자인하다)	☐ **The game is designed for children of five and over.** (그 게임은 5세 이상의 아이를 대상으로 만들어졌다)
☐ **imagine** the world 100 years from now (100년 뒤 세계를 상상하다) ☐ **imagine** that it will rain tomorrow (내일은 비가 내릴 것이라 생각한다)	☐ **I can't imagine how it feels to have so much money.** (그런 거금을 가지고 있는 것이 어떤 기분인지 나는 상상할 수 없다)
☐ **borrow** $100 from him (그한테 100달러를 빌리다)	☐ **Can I borrow your car for this evening?** (오늘밤, 당신의 차를 빌릴 수 있을까요?)
☐ **flow** into the sea ([하천 등이]바다로 흘러가다)	☐ **Traffic is flowing more smoothly than usual.** (교통은 평소보다 순조롭게 흐르고 있다)
☐ **list** recommended books on the handout (추천도서를 배부자료에 기재하다)	☐ **The guide lists the 20 best hotels and 50 best restaurants in New York.** (그 가이드에는 뉴욕의 최고급 호텔 20곳과 레스토랑 50곳이 실려 있다)
☐ **sell** for [at] $50 (50달러에 팔리고 있다) ☐ **sell** the land to a real estate agency (토지를 부동산 업자에게 팔다)	☐ **Air conditioners are selling well this summer.** (올해 여름은 에어컨의 판매가 호조다)
☐ **publish** textbooks (교과서를 출판하다) ☐ **publish** unemployment figures (실업자수를 발표하다)	☐ **He was only 25 when his first novel was published.** (그의 첫 소설이 출판된 때, 그는 불과 25세였다)

Day 36
Quick Review
답은 왼쪽 페이지 아래

☐ lower	☐ decide	☐ create	☐ treat
☐ propose	☐ gather	☐ book	☐ desert
☐ survive	☐ continue	☐ lay	☐ pretend
☐ frame	☐ stretch	☐ reform	☐ head

Check 1　　Listen))

☐ 0593
carry
/kǽri/
❗정의주의
Part 2, 3

동❶(가게가)(상품)을 **취급하다**, 팔고 있다(≒deal in) ❷~을 선택하다
명carrier:❶운송[수송]회사 ❷배달인 ❸보균자

☐ 0594
meet
/míːt/
❗정의주의
Part 2, 3

동❶(요구 등)을 **충족하다**(≒fulfill, satisfy) ❷~와 만나다
명meeting:회의

☐ 0595
wave
/wéiv/
❗정의주의
Part 1

동(~에)**손을 흔들어 인사하다**(at[to]~)
명물결

☐ 0596
fit
/fít/
Part 2, 3

동(옷 등이)~에(크기·형태가) **맞다**
형❶(~에)적합한(for~) ❷건강한

☐ 0597
burst
/bə́ːrst/

동❶**폭발**[파열]**하다** ❷~을 폭발[파열]시키다(≒explode)
❸(burst into로)돌연[갑자기] ~하기 시작하다

☐ 0598
note
/nóut/
❗정의주의
Part 5, 6

동❶~**라는 것을 깨닫다**, 알아차리다(≒notice) ❷~을 적어 넣다
명❶메모 ❷주석
형notable:(~로)주목할 만하다;유명한(for~)

☐ 0599
market
/máːrkit/
❗정의주의
비즈니스문제

동(상품)을 **시장에 내다**, 팔다
명시장, 마켓

☐ 0600
pass
/pǽs/
❗정의주의
Part 4

동❶(의안 등)을 **가결하다**, 통과시키다 ❷~을(…에게)건네다(to…) ❸~에 합격하다(⇔fail) ❹(시간이) 지나다
명통행(허가)증

continued ▼

오늘도 '❗정의주의'의 단어가 계속 이어진다. 의미를 좀처럼 알지 못할 때는 소리 내어 읽으면 효과적이다!

☐ 듣기 모드　Check 1
☐ 확인 모드　Check 1 ▸ 2
☐ 완벽 모드　Check 1 ▸ 2 ▸ 3

Check 2　Phrase

☐ **carry a variety of goods**(여러 가지 상품을 다루고 있다)
☐ **carry the bags to the car**(가방을 차까지 운반하다)

☐ **meet requirements**(요건을 충족시키다)
☐ **meet a deadline**(마감 시간에 맞추다)

☐ **wave at [to] him**(그에게 손을 흔들어 인사하다)

☐ **fit ~ like a glove**([의복 등이]~에게 딱 어울리다)

☐ **burst into fragments**(파열하여 가루가 되다)
☐ **burst a balloon**(풍선을 터뜨리다)

☐ **Please note that ~.**(~라는 것에 주의해주세요)
☐ **note his number**(그의 전화번호를 적어 넣다)

☐ **market a new product**(신제품을 시장에 내다)

☐ **pass a bill**(의안을 가결하다)
☐ **pass the salt to him**(소금을 그에게 건네다)

Check 3　Sentence

☐ **The discount store carries brand-name merchandise at low prices.**(그 할인매장에서는 상표가 붙은 상품을 낮은 가격에 판매하고 있다)

☐ **We haven't yet found a house that meets our needs.**(우리들의 요구를 충족할 집을 우리는 아직 찾지 못했다)

☐ **The man is waving at the crowd.**(그 남자는 군중에 손을 흔들어 인사를 하고 있다)

☐ **That dress fits her perfectly.**(그 드레스는 그녀에게 딱 어울린다)

☐ **The dam burst after days of heavy rain.**(그 댐은 호우가 며칠간 이어진 뒤에 결국 파괴되었다)

☐ **Please note that the museum is closed on Tuesdays.**(우리 박물관은 매주 화요일에는 휴관이라는 것에 주의해주세요)

☐ **The car is marketed towards singles.**(그 차는 독신자를 대상으로 판매되고 있다)

☐ **The city council passed a regulation banning smoking in most public places.**(시의회는 거의 공공장소에서 흡연을 금지하는 조례를 가결했다)

continued ▼

Check 1　Listen 》

□ 0601
schedule
/skédʒuːl/
❗ 정의주의
Part 2, 3

동❶~을 (어느 일시에) **예정하다** (for...) ❷(be scheduled for 로)(일시)에 예정되어 있다 ❸(be scheduled to do로)~할 예정이다
명❶예정, 계획, ❷시간표

□ 0602
last
/lǽst/
❗ 정의주의
Part 4

동❶**이어지다**, 계속하다(≒continue) ❷오래가다
형❶이 전의, 지난~, 앞선~(⇔next) ❷(the~)최후의(⇔first)
형lasting:오래가는, 내구력이 있는

□ 0603
cover
/kʌ́vər/
❗ 정의주의
Part 5, 6

동❶(비용 등)**을 대다**, 상쇄하다 ❷~에 보험을 들다 ❸~을 취재하다 ❹~에(…을)덮다(with...)
명❶덮개 ❷보험
명coverage:❶(보험의)적용범위 ❷보도

□ 0604
breathe
/bríːð/
❗ 발음주의

동❶**호흡하다**, 숨을 쉬다 ❷(breathe in로)숨을 들이마시다;(냄새 등)을 빨아들이다 ❸(breathe out로)숨을 토해내다;(호흡 등)을 토하다
명breath:숨, 호흡

□ 0605
trust
/trʌ́st/
Part 5, 6

동~을 **신뢰**[신용]**하다**(≒bellieve)
명(~에 대한)신뢰, 신용(in~)(≒faith, belief)
명trustee:❶(회사·학교 등의)임원, 이사, 평의원 ❷(타인의 재산의)재정관리[보관]인

□ 0606
train
/tréin/
❗ 정의주의
Part 4

동❶~을(…하도록) **훈련**[교육]**하다**(to do) ❷훈련[교육]을 받다
명열차, 전차
명training:(~의)훈련, 교육, 양성(in~)

□ 0607
bind
/báind/
Part 1

동❶~을 **묶다**, 결부시키다(≒tie) ❷(bind A to do로)A에 ~하는 것을 의무화하다
명곤란한 상황[사태]

□ 0608
wear
/wéər/
Part 1

동❶~을 **입다** ➕ wear는 상태, put out은 '~을 입다'는 동작을 나타낸다 ❷닳다 ❸~을 닳아 떨어지다
명❶(집합적으로)의복, 의류 ❷닳아 떨어짐, 마모

Day 37 》
Quick Review
답은 오른쪽 페이지 아래

□ ~을 나누다
□ ~을 문지르다
□ ~을 묻다
□ ~을 경작하다

□ ~와 조화를 이루다
□ ~을 경영하다
□ ~을 내리다
□ 존재하다

□ ~을 덮다
□ ~을 설계하다
□ ~을 상상하다
□ ~을 빌리다

□ 흘러가다
□ ~을 리스트에 싣다
□ 팔리다
□ ~을 출판하다

Check 2   Phrase

- ☐ **schedule** a meeting for tomorrow (회의를 내일로 예정하다)
- ☐ be **scheduled** for 4 p.m. ([회의 등이]오후 4시에 예정되어 있다)

- ☐ **last** until September (9월까지 이어지다)
- ☐ **last** for eight hours ([전지 등이]8시간 지속된다)

- ☐ **cover** the expenses (비용을 대다)
- ☐ be **covered** against ~ ([사람이]~에 보험을 들다)

- ☐ **breathe** deeply (심호흡을 하다)
- ☐ **breathe** in poisonous gases (독가스를 마시다)

- ☐ **trust** her story (그녀의 이야기를 신용하다)

- ☐ **train** new employees (신입사원을 교육하다)
- ☐ **train** as [to be] a teacher (교사가 되기 위해 교육을 받다)

- ☐ **bind** newspapers with string (신문을 끈으로 묶다)
- ☐ be **bound** to follow the rules (규칙에 따를 의무가 있다)

- ☐ **wear** glasses [a shirt] (안경을 쓰다[셔츠를 입다])
- ☐ start to **wear** ([옷 등이]닳아 떨어지기 시작하다)

Check 3   Sentence

- ☐ The annual stockholders' meeting is **scheduled** for April 22, 2009. (연차 주주총회는 2009년 4월 22일에 예정되어 있다)

- ☐ The drought **lasted** for eight months. (그 가뭄은 8개월간 이어졌다)

- ☐ Airlines have raised fares to **cover** the rising cost of fuel. (상승하는 연료비를 대기 위해 각 항공회사는 운임을 늘렸다)

- ☐ Plants **breathe** in carbon dioxide and breathe out oxygen. (식물은 이산화탄소를 마시고 산소를 뱉는다)

- ☐ The testimony of the witness is not to be **trusted**. (그 목격자의 증언은 신용할 수 없다)

- ☐ Police dogs are **trained** to detect explosives and drugs. (경찰견은 폭발물이나 약물을 감지하도록 훈련받고 있다)

- ☐ The woman is **binding** the box with ribbon. (그 여자는 상자를 리본으로 묶는다)

- ☐ The man is **wearing** a cap. (그 남자는 모자를 쓰고 있다)

Day 37))
Quick Review
답은 왼쪽 페이지 아래

☐ divide	☐ match	☐ coat	☐ flow
☐ rub	☐ run	☐ design	☐ list
☐ bury	☐ unload	☐ imagine	☐ sell
☐ farm	☐ exist	☐ borrow	☐ publish

Check 1　Listen 🔊

☐ 0609
reschedule
/rìskédʒuːl/
Part 2, 3

동 ~의 예정[일정]을 (…에) **변경하다** (for[to],...)

☐ 0610
chair
/tʃéər/
❗ 정의주의

동 ~의 의장을 맡다
명 ❶ (the ~) 의장 ❷ 의자
명 chairman: ❶ 의장, 사회자 ❷ (모임 등의) 회장, 사장

☐ 0611
frighten
/fráitn/

동 ❶ ~을 **두렵게 만들다**, 두려움에 떨게 하다 (≒scare, startle, terrify) ❷ (be frightened at[of, about]로) ~에 겁을 먹다

☐ 0612
move
/múːv/
❗ 정의주의
Part 2, 3

동 ❶ (~에서/…로) **이사를 가다** (from~/to...) ❷ ~을 움직이다 ❸ 움직이다
명 ❶ 움직임 ❷ 진전
명 movement: ❶ 움직임, 이주 ❷ 동작 ❸ (사회·정치적) 운동

☐ 0613
oppose
/əpóuz/
Part 5, 6

동 ❶ ~에 **반대하다** ➕ 타동사라는 점에 주의 (≒object to, disagree with)(⇔agree with) ❷ ~와 적대하다 ③ (be opposed to로)(제안 등에) 반대하다
명 opposition: ❶ 반대 ❷ (집합적으로) 대전팀
형 opposite: ❶ 반대측의 ❷ 정반대의

☐ 0614
introduce
/ìntrədjúːs/
❗ 정의주의
비즈니스문제

동 ❶ (상품 등) 을 (시장 등에) **팔다** (to...) ❷ ~을 (…에) 소개하다 (to...) ❸ ~을 도입하다
명 introduction: ❶ (~에) 도입 (into[to]~) ❷ (~에) 소개 (to~)

☐ 0615
join
/dʒɔ́in/
Part 5, 6

동 ❶ ~에 **가입[참가]하다** (≒take part in, participate in) ❷ ~을 (join in) 잇다 (to...) (≒connect, link)
형 joint: 공동[공유, 공통]의
명 joint: ❶ 관절 ❷ 이음새

☐ 0616
crash
/kráʃ/

동 ❶ (비행기가) **추락하다** ❷ (crash into[onto]로) ~에 충돌하다, 부딪히다 (≒collide with) ❸ (컴퓨터가) 고장나다
명 ❶ 충돌; 추락 ❷ (컴퓨터의) 고장

---

continued ▼

☐ 듣기 모드　Check 1
☐ 확인 모드　Check 1 ▸ 2
☐ 완벽 모드　Check 1 ▸ 2 ▸ 3

Check 2　Phrase

☐ **reschedule** the appointment for another day (면회 약속 예정을 다른 날로 변경하다)

☐ **chair** a committee (위원회의 의장을 맡다, 위원장을 맡다)

☐ **frighten** her (그녀를 두려움에 떨게 하다)
☐ be **frightened** of spiders (거미를 무서워하다)

☐ **move** from London to Chicago (런던에서 시카고로 이사 오다)
☐ **move** into a new house (새 집으로 이사 가다)

☐ **oppose** a plan (계획에 반대하다)
☐ **oppose** the enemy (적과 싸우다)

☐ **introduce** a new product (신제품을 팔기 시작하다)
☐ **introduce** oneself (자기소개를 하다)

☐ **join** a book club (독서클럽에 가입하다)
☐ **join** the island to the mainland ([다리가]그 섬을 본토와 잇고 있다)

☐ **crash** into the sea (바다에 추락하다)
☐ **crash** into a wall (벽에 충돌하다)

Check 3　Sentence

☐ **The conference was rescheduled for April 2.** (그 회의의 일정은 4월 2일로 변경되었다)

☐ **Will you chair tomorrow's meeting?** (내일 회의의 의장을 맡아주시겠어요?)

☐ **The noise frightened him to death.** (그 소리에 그는 굉장히 놀랐다)

☐ **When did you move to Tokyo?** (도쿄로 언제 이사했어요?)

☐ **The local residents oppose the closing of the hospital.** (지역주민들은 그 병원의 폐쇄에 반대하고 있다)

☐ **The first notebook computer was introduced in 1981.** (첫 노트북은 1981년에 발매되었다)

☐ **He and I joined our company in the same year.** (그와 나는 같은 해에 우리 회사에 입사했다)

☐ **Witnesses say the plane crashed immediately after takeoff.** (목격자에 의하면 그 비행기는 이륙 직후에 추락했다)

continued ▼

Check 1   Listen 》

□ 0617
lift
/líft/
Part 1

동 ~을 들어 올리다
명 ❶들어 올리는 것 ❷차에 태우는 것(≒ride) ❸리프트

□ 0618
enter
/éntər/
Part 5, 6

동 ❶(장소)에 들어가다 ✚ 타동사라서 (×)enter into라고는 말하지 않는다 ❷~에 추가되다 ❸(데이터)를 입력하다
명 entrance:❶(~로)입구, 현관(to[of]~) ❷(~로)입학, 입사 (to[into] ˜)
명 entry:❶들어가는 것;참가 ❷(사전의)목차

□ 0619
post
/póust/
❗ 정의주의
Part 1

동 (전단지 등)을(…에) 붙이다(on...)
명 ❶기둥 ❷직책 ❸우편

□ 0620
spoil
/spɔ́il/

동 ❶~을 망치다(≒ruin) ❷(음식이)썩다(≒decay) ❸(아이)를 달래다

□ 0621
add
/ǽd/
Part 4

동 ❶~을(…에) 더하다(to...) ❷~라고 말하다 ③(add to로)~을 늘리다(≒increase)
명 addition:❶추가 ❷추가분 ❸덧셈
형 additional:추가의

□ 0622
saw
/sɔ́ː/
Part 1

동 ~을 톱으로 자르다
명 톱

□ 0623
place
/pléis/
❗ 정의주의
Part 2, 3

동 ❶(주문)을 하다 ❷~을 두다
명 ❶장소(≒location, position) ❷가게 ❸집 ❹지위

□ 0624
express
/iksprés/
Part 2, 3

동 (사상·감정 등)을 표현하다
형 ❶급행의, 고속의 ❷고속편의
명 expression:❶표현 ❷표출 ❸표정
형 expressive:❶표현[표정]이 풍부하다 ❷(be expressive of 로)~을 표현하다, 나타내다

Day 38 》
Quick Review
답은 오른쪽 페이지 아래

□ ~을 취급하다	□ 폭발하다	□ ~을 예정하다	□ ~을 신뢰하다
□ ~을 충족하다	□ ~라는 것을 깨닫다	□ 이어지다	□ ~을 훈련하다
□ 손을 흔들어 인사하다	□ ~을 시장에 내다	□ ~을 대다	□ ~을 묶다
□ ~에 맞다	□ ~을 가결하다	□ 호흡하다	□ ~을 입다

<table>
<tr><th>Check 2   Phrase</th><th>Check 3   Sentence</th></tr>
<tr><td>☐ lift a chair (의자를 들어 올리다)</td><td>☐ The tow truck is lifting the car. (견인차가 차를 들어 올리고 있다)</td></tr>
<tr><td>☐ enter the building through the rear entrance (뒷문으로 빌딩에 들어가다)
☐ enter politics (정계에 들어가다)</td><td>☐ The man illegally entered the US and was arrested. (그 남자는 미국에 불법 입국하여 체포되었다)</td></tr>
<tr><td>☐ post election posters on the wall (벽에 선거포스터를 붙이다)</td><td>☐ The woman is posting a notice on the bulletin board. (그 여자는 게시판에 전단지를 붙이고 있다)</td></tr>
<tr><td>☐ spoil everything (모든 것을 망치다)
☐ spoiled fish (썩은 물고기)</td><td>☐ Bad weather spoiled my travel plans. (악천후가 나의 여행계획을 망쳤다)</td></tr>
<tr><td>☐ add sugar to tea (홍차에 설탕을 더하다)
☐ add to the problem (문제를 크게 하다)</td><td>☐ The company is planning to add 100 employees by the end of this year. (그 회사는 연말까지 종업원을 100명 증원할 예정이다)</td></tr>
<tr><td>☐ saw a log (통나무를 톱으로 자르다)</td><td>☐ The worker is sawing lumber. (작업자는 재목을 톱으로 자르고 있다)</td></tr>
<tr><td>☐ place an order (주문을 하다)
☐ place a vase on the table (테이블 위에 꽃병을 놓다)</td><td>☐ I placed the order for the new sofa a week ago. (나는 1주일 전에 새로운 소파를 주문했다)</td></tr>
<tr><td>☐ express one's views [opinions] (의견을 서술하다)</td><td>☐ His eyes expressed his anger. (그의 눈은 그의 분노를 나타냈다)</td></tr>
</table>

Day 38))
Quick Review
답은 왼쪽 페이지 아래

☐ carry   ☐ burst   ☐ schedule   ☐ trust
☐ meet   ☐ note   ☐ last   ☐ train
☐ wave   ☐ market   ☐ cover   ☐ bind
☐ fit   ☐ pass   ☐ breathe   ☐ wear

Chapter 5 Review

왼쪽 페이지의 (1)~(20) 의 동사의 동의 · 유의어 [숙어](≒), 반의 · 반대어 (⇔) 를 오른쪽 페이지의 A~T 에서 선택하여 괄호 안에 답을 적는다 . 의미를 모를 때는 색인 번호를 참조하고 복습하자 .(답은 오른쪽 아래)

- [ ] **(1)** **own** (0513) ≒ 은? (　　　)
- [ ] **(2)** **maintain** (0515) ≒ 은? (　　　)
- [ ] **(3)** **reserve** (0519) ≒ 은? (　　　)
- [ ] **(4)** **prove** (0535) ≒ 은? (　　　)
- [ ] **(5)** **rise** (0540) ≒ 은? (　　　)
- [ ] **(6)** **include** (0541) ⇔ 은? (　　　)
- [ ] **(7)** **puzzle** (0546) ≒ 은? (　　　)
- [ ] **(8)** **melt** (0547) ⇔ 은? (　　　)
- [ ] **(9)** **pose** (0549) ≒ 은? (　　　)
- [ ] **(10)** **decide** (0565) ≒ 은? (　　　)
- [ ] **(11)** **continue** (0567) ≒ 은? (　　　)
- [ ] **(12)** **reform** (0572) ≒ 은? (　　　)
- [ ] **(13)** **pretend** (0575) ≒ 은? (　　　)
- [ ] **(14)** **run** (0582) ≒ 은? (　　　)
- [ ] **(15)** **borrow** (0588) ⇔ 은? (　　　)
- [ ] **(16)** **meet** (0594) ≒ 은? (　　　)
- [ ] **(17)** **burst** (0597) ≒ 은? (　　　)
- [ ] **(18)** **frighten** (0611) ≒ 은? (　　　)
- [ ] **(19)** **oppose** (0613) ≒ 은? (　　　)
- [ ] **(20)** **join** (0615) ≒ 은? (　　　)

A. exclude

B. object to

C. freeze

D. operate

E. keep

F. explode

G. confuse

H. satisfy

I. possess

J. make believe

K. cause

L. scare

M. demonstrate

N. last

O. lend

P. book

Q. determine

R. take part in

S. increase

T. improve

【해답】 (1) I (2) E (3) P (4) M (5) S (6) A (7) G (8) C (9) K (10) Q
(11) N (12) T (13) J (14) D (15) O (16) H (17) F (18) L (19) B (20) R

CHAPTER 6

형용사 : 필수 80

Chapter 6에서는 TOEIC에서 출제되는 필수 형용사 80을 마스터한다. 그런데 여러분의 학습은 착실하게 진행되고 있는가? '바쁘다' 는 말은 절대 이유가 될 수 없다. 영어에도 이런 표현이 있다. 다음의 TOEIC적 격언을 참고하자.

Day 40 【형용사6】
▶190
Day 41 【형용사7】
▶194
Day 42 【형용사8】
▶198
Day 43 【형용사9】
▶202
Day 44 【형용사10】
▶206
Chapter 6 Review
▶210

TOEIC식 격언

Busiest men find the most time.

바쁜 사람에게는 시간이 있고 게으른 사람에게는 시간이 없다
직역) 바쁜 사람일수록 더 많은 시간을 발견하다.

CHAPTER 1
CHAPTER 2
CHAPTER 3
CHAPTER 4
CHAPTER 5
CHAPTER 6
CHAPTER 7
CHAPTER 8
CHAPTER 9
CHAPTER 10
CHAPTER 11

Check 1　Listen 》

□ 0625
recent
/ríːsnt/
Part 4

형**최근의**, 요즘의
부recently:최근, 요즘

□ 0626
terrible
/térəbl/
Part 2, 3

형❶**극심한** ❷끔찍한(≒awful, dreadful)
부terribly:❶대단히, 몹시 ❷극심하게, 지독하게

□ 0627
unique
/juːníːk/
Part 5, 6

형❶**독특한**;유일무이한 ❷(be unique to로)~에 특유하다(≒ be typical of, be characteristic of, be peculiar to, be proper to)

□ 0628
state-of-the-art
비즈니스문제

형(기기 등이)**최신**(식)**의**, 최신 기술의(≒cutting-edge)

□ 0629
typical
/típikəl/
❗ 발음주의

형❶**전형적인** ❷(be typical of로)~을 대표하는(≒be unique to, be characteristic of, be peculiar to, be proper to);~의 특징을 나타내고 있다
명type:❶형 ❷전형 ❸(집합적으로)활자
부typically:❶일반적으로 ❷전형적으로

□ 0630
various
/véəriəs/
Part 4

형**다양한**, 여러 가지의
동vary:❶(~의 점에서)다르다(in~) ❷변하다 ❸~을 바꾸다
명variety:❶종류 ❷다양성

□ 0631
regular
/régjulər/
Part 4

형❶**통상의**(≒usual);보통의(≒ordinary) ❷규칙적인
명단골손님
부regularly:❶정기적으로, 규칙적으로 ❷언제나
동regulate:❶~을 규제하다 ❷~을 조절하다
명regulation:❶규칙 ❷규제

□ 0632
independent
/ìndipéndənt/
Part 4

형❶**자주적인**, 자립적인 ❷(be independent of로)~에서 독립한(⇔be dependent on:~에 의지한)
명independence:(~에서의)독립(from~)

continued ▼

Check 2　Phrase

□ **recent** political events (최근의 정치정세)
□ in **recent** years (최근 몇 년, 근년) ▶

□ make a **terrible** mistake (끔찍한 잘못을 저지르다)
□ a **terrible** sight (끔찍한 광경) ▶

□ a **unique** talent (유일무이한 재능)
□ a **unique** opportunity (절호의[다시없을]기회) ▶

□ a **state-of-the-art** computer (최신형 컴퓨터)
□ **state-of-the-art** technology (최첨단 기술) ▶

□ a **typical** example (전형적인 예)
□ be **typical** of the region ([동식물 등이]그 지방을 대표하다) ▶

□ **various** people [opinions] (다양한 사람들[의견]) ▶

□ a **regular** customer (단골손님)
□ the **regular** procedure (통상의 수순) ▶

□ **independent** thinking (자주적인 사고)
□ be **independent** of one's parents (부모로부터 독립하다) ▶

Check 3　Sentence

□ According to a **recent** poll, the prime minister has lost support. (최근의 여론조사에서는 국무총리는 지지를 잃었다)

□ I have had a **terrible** headache for about a week. (나는 1주일간 극심한 두통이 계속되고 있다)

□ He has a **unique** style of hand-writing. (그의 필기는 독특한 스타일이다)

□ The factory uses **state-of-the-art** machinery. (그 공장은 최신 기기를 사용하고 있다)

□ Paella is a **typical** Spanish dish. (빠에야는 전형적인 스페인 요리다)

□ **Various** companies participated in the trade fair. (다양한 기업이 그 산업전람회에 참가했다)

□ The office is open during **regular** business hours, 9 a.m. to 5 p.m. Monday through Friday. (그 사무소는 통상의 업무시간은 월요일부터 금요일까지 오전 9시부터 오후 5까지 연다)

□ Keiko is an **independent**, strong-minded woman. (케이코는 자주적인 의지가 강한 여성이다)

continued ▼

Check 1　　Listen 》

□ 0633
possible
/pásəbl/
Part 2, 3

형 ❶**가능한**(⇔impossible) ❷일어날 수 있는, 있을 수 있는(≒ probable, potential)
명 possibility:(~의)가능성(of~)
부 possibly:❶아마 ❷(can을 동반하여)어떻게 해서든

□ 0634
calm
/ká:m/
❗ 발음주의
Part 5, 6

형 ❶**차분한** ❷(바다·날씨 등이)온화한, 바람이 없는(⇔stormy :폭풍의)
동 (calm down로)❶~을 차분히 만들다 ❷차분해지다

□ 0635
obvious
/ábviəs /
❗ 발음주의
Part 7

형 ❶**명확한**, 명백한(≒plain)(⇔obscure:불명료한) ❷뻔한
부 obviously:명확하게;말할 것도 없이, 당연히

□ 0636
vast
/vǽst/
Part 4

형 ❶**광대한**, 매우 넓은 ❷(수·양 등이)방대[막대]한

□ 0637
leading
/lí:diŋ/
비즈니스문제

형 **일류**[1위, 일급]**의**;주요한(≒main)
동 lead:❶~을 통솔하다, 지휘하다 ❷~을 이끌다 ❸(어느 인생)을 보내다 ❹(lead to로)(어떤 결과)에 이르다, 이어지다
명 lead:솔선, 선도

□ 0638
smooth
/smú:ð/
❗ 발음주의

형 ❶**매끄러운** ❷순조로운
동 ~을 매끄럽게 하다, 평평하게 하다
부 smoothly:❶매끄럽게 ❷순조롭게

□ 0639
polite
/pəláit/

형 (~에)**예의바른**, 정중한(to~)(⇔impolite, rude)
부 politely:정중하게;예의바르게

□ 0640
expensive
/ikspénsiv/
Part 2, 3

형 **고가의**, 가격이 비싼(≒costly)(⇔cheap, inexpensive)
명 expense:❶비용, 지출 ❷(~s)경비

Day 39 》
Quick Review
답은 오른쪽 페이지 아래

□ ~의 예정을 변경하다	□ ~에 반대하다	□ ~을 들어 올리다	□ ~을 더하다
□ ~의 의장을 맡다	□ ~을 팔다	□ ~에 들어가다	□ ~을 톱으로 자르다
□ ~을 두렵게 만들다	□ ~에 가입하다	□ ~을 붙이다	□ ~을 하다
□ 이사를 가다	□ 추락하다	□ ~을 망치다	□ ~을 표현하다

Check 2 — Phrase

- ☐ **It is possible to do ~.** (~하는 것은 가능하다)
- ☐ **a possible solution** (가능성이 있는 해결책)

- ☐ **keep [stay, remain] calm** (평정을 유지하다)
- ☐ **a calm sea** (잔잔한 바다)

- ☐ **an obvious mistake** (명백한 잘못)
- ☐ **an obvious lie** (뻔한 거짓말)

- ☐ **a vast expanse of desert** (광활한 사막)
- ☐ **vast sums of money** (거액의 돈)

- ☐ **a leading scientist** (일류 과학자)
- ☐ **the leading candidate** (주요 후보)

- ☐ **smooth skin** (매끄러운 피부)
- ☐ **a smooth flight** (순조로운 여행)

- ☐ **a polite letter** (정중한 편지)
- ☐ **be polite to elders** (연장자에게 예의바르다)

- ☐ **an expensive restaurant** (값이 비싼 레스토랑)

Check 3 — Sentence

- ☐ **Is it possible to buy tickets in advance?** (미리 티켓을 살 수 있습니까?)

- ☐ **She has a calm, quiet temperament.** (그녀는 차분하고 조용한 성격이다)

- ☐ **It is obvious that the company is in financial difficulty.** (그 회사가 재정난에 빠진 것은 분명하다)

- ☐ **Russia covers a vast territory.** (러시아는 광대한 영토를 가지고 있다)

- ☐ **Toyota is the leading manufacturer of hybrid cars.** (도요타는 하이브리드 카의 제1위의 회사다)

- ☐ **Mix together the butter and sugar until it is smooth.** (부드러워질 때까지 버터와 설탕을 섞어주세요)

- ☐ **It's not polite to talk with your mouth full.** (입 안 가득 넣은 채 이야기하는 것은 예의가 아니다)

- ☐ **The car was less expensive than I thought.** (그 차는 생각했던 것보다 비싸지 않았다)

Day 39))
Quick Review
답은 왼쪽 페이지 아래

☐ reschedule	☐ oppose	☐ lift	☐ add
☐ chair	☐ introduce	☐ enter	☐ saw
☐ frighten	☐ join	☐ post	☐ place
☐ move	☐ crash	☐ spoil	☐ express

Day 41　형용사7

Check 1　Listen 》)

☐ 0641
general
/dʒénərəl/

형❶**전반적**[전체]**인**(⇔particular:특정의) ❷세상 일반의, 보통의
부generally:❶일반적으로 ❷통례 ❸일반적으로 말해서
동generalize❶~을 일반[보편]화하다 ❷~을 보급시키다

☐ 0642
assistant
/əsístənt/
비즈니스문제

형**보좌**[보조]**의**, 부~
명조수, 어시스턴트
동assist:~을 돕다
명assistance:원조

☐ 0643
joint
/dʒɔ́int/
비즈니스문제

형**공동**[공유, 공통]**의**(⇔several:각각의)
명❶관절 ❷이음새
동join:❶~에 가입[참가]하다 ❷~을(…에) 이어지다(to...)

☐ 0644
average
/ǽvəridʒ/
Part 5, 6

형**평균의**(≒mean)
명❶평균(치) ❷(on average로)평균해서

☐ 0645
negative
/négətiv/
❶ 정의주의

형❶(결과가)**좋지 않은**, 마이너스의 ❷소극적인 ❸부정적인, 부정의(⇔positive)
명❶(사진의)네가 ❷부정 ❸부정적 측면

☐ 0646
loose
/lúːs/
❶ 발음주의
Part 4

형❶**느슨한**(⇔tight) ❷해방된(≒free)
동(동물 등)을 풀어놓다

☐ 0647
traditional
/trədíʃənl/
Part 5, 6

형**전통적인**
명tradition:❶전통 ❷전설

☐ 0648
whole
/hóul/
Part 5, 6

형(통례 the~)**전체의**, 모든 것의 ➕ all과 다른, 복수명사·고유명사를 직접 수식할 수 없다

continued ▼

□ 듣기 모드　Check 1
□ 확인 모드　Check 1 ▸ 2
□ 완벽 모드　Check 1 ▸ 2 ▸ 3

Check 2　Phrase

□ a **general** introduction (개략소개)

□ a subject of **general** interest (일반 사람들이 관심을 갖는 화제)

□ an **assistant** manager (부지배인)

□ **joint** action (공동행동)
□ a **joint** venture (공동[합병]사업)

□ the **average** rainfall (평균우량)

□ a **negative** impact (악영향)
□ a **negative** attitude (소극적인 태도)

□ a **loose** screw (느슨한 나사)
□ a **loose** dog (풀어놓은 개)

□ **traditional** customs [values] (전통적인 풍습[가치관])

□ the **whole** country (전국)
□ the **whole** thing (전부, 무엇이든)

Check 3　Sentence

□ A **general** election will be held soon. (총선거가 조만간 실시될 것이다)

□ He was promoted to **assistant** director of finance. (그는 재무부장 보좌로 승격했다)

□ My wife and I have a **joint** bank account. (아내와 나는 공동명의의 은행계좌를 가지고 있다)

□ The **average** household income in Japan is about six million yen a year. (일본의 평균 세대 수입은 연간 약 600만 엔이다)

□ A recession is generally marked by two straight quarters of **negative** economic growth. (일반적으로 경기 후퇴는 2사분기 연속 마이너스 경제성장에 의해 나타난다)

□ Your shoelaces are **loose**. (당신의 구두끈은 풀려 있다)

□ The dancers were wearing **traditional** Austrian dress. (댄서들은 오스트리아의 전통의상을 입고 있다)

□ She spent the **whole** day cleaning and doing laundry. (그녀는 하루 종일 청소와 빨래를 했다)

continued ▼

Check 1　　Listen 》

□ 0649
net
/nét/
비즈니스문제

형 (모든 비용을 뺀)**실질의**, 순~(⇔gross:총계[전체]의)
명 ❶망, 네트 ❷(the N~)인터넷

□ 0650
eager
/í:gər/
Part 5, 6

형 ❶**열심인** ❷(be eager for로)~을 간절히 바라는 ❸(be ea-ger to do로)몹시 ~하고 싶어하는
부 eagerly:열망하여;열심히

□ 0651
actual
/ǽktʃuəl/

형 **실제[현실]의**(≒real)
부 actually:❶사실은 ❷실제로

□ 0652
false
/fɔ́:ls/
❗ 발음주의
Part 5, 6

형 ❶**잘못된**, 틀린, 옳지 않은(⇔true) ❷인공[인조]의(≒arti-ficial)

□ 0653
plain
/pléin/
Part 4

형 ❶**분명한**, 명백한(≒obvious) ❷수수한
명 (때때로 ~s)평원, 평야
부 plainly:❶또렷이, 알기 쉽게 ❷솔직하게

□ 0654
tough
/tʌ́f/
❗ 발음주의
Part 2, 3

형 ❶(일 등이)**곤란한**, 고생스러운(≒difficult) ❷(사람이)완고한 ❸단단한(⇔tender)

□ 0655
intelligent
/intélədʒənt/

형 ❶**머리가 좋은**, 지능이 높은(≒intellectual, clever, smart) ❷지력을 가진
명 intelligence:❶지능, 지력, 지성 ❷정보

□ 0656
distant
/dístənt/
Part 5, 6

형 ❶(~에서)**먼**, 떨어진(from~) ❷(태도가)서먹한, 차가운
명 distance:❶(~부터의/…사이의)거리, 간격(from~/be-tween…) ❷먼 곳

Day 40 》
Quick Review
답은 오른쪽 페이지 아래

□ 최근의	□ 전형적인	□ 가능한	□ 일류의
□ 극심한	□ 다양한	□ 차분한	□ 매끄러운
□ 독특한	□ 통상의	□ 명확한	□ 예의바른
□ 최신의	□ 자주적인	□ 광대한	□ 고가의

□ a **net** profit [loss] (순익[순손실])

□ **A** company's **net** worth is its assets minus its liabilities. (회사의 순자산[자기자본]이란 부채를 뺀 자산이다)

□ an **eager** volunteer (열렬한 봉사자)
□ be **eager** for success (성공을 열망하다)

□ More than 100 **eager** shoppers crowded the newly opened store. (100명이 넘는 열성적인 손님이 새롭게 오픈한 가게에 몰려들었다)

□ an **actual** event (현실의 사건)
□ an **actual** person (실존 인물)

□ The costs were estimated at $30 million, but the **actual** amount is unknown. (경비는 3,000만 달러라고 예측했지만 실제 금액은 모르는 일이다)

□ **false** information (잘못된 정보)
□ **false** eyelashes (인공 속눈썹)

□ When he was stopped by the police for speeding, he gave them a **false** name and address. (속도위반으로 경찰이 정지시켰을 때 그는 가명과 거짓 주소를 말했다)

□ in **plain** English (쉬운 영어로)
□ **plain** dressing (수수한 의상)

□ It was **plain** that he didn't agree with the plan. (그가 그 계획에 찬성하지 않는 것은 분명했다)

□ a **tough** decision (어려운 결정)
□ **tough** plastic (단단한 플라스틱)

□ Her boss gave her a **tough** job. (그녀의 상사는 그녀에게 어려운 일을 주었다)

□ a highly **intelligent** child (매우 지능이 높은 아이)
□ an **intelligent** life form (지적 생명체)

□ Helen is a thoughtful, **intelligent** person. (헬렌은 배려심이 있고 머리가 좋다)

□ a **distant** country (먼 나라)
□ a **distant** attitude (차가운 태도)

□ The moon is quite **distant** from the earth. (달은 지구에서 멀리 떨어진 곳에 있다)

Day 40 》)
Quick Review
답은 왼쪽 페이지 아래

□ recent
□ terrible
□ unique
□ state-of-the-art

□ typical
□ various
□ regular
□ independent

□ possible
□ calm
□ obvious
□ vast

□ leading
□ smooth
□ polite
□ expensive

Check 1　　Listen))

□ 0657
private
/práivət/
❗ 발음주의
비즈니스문제

형❶**사유의**; 민간[사영]의 ❷사적인(⇔public)
명privacy: ❶사생활, 프라이버시 ❷비밀

□ 0658
slight
/sláit/
Part 5, 6

형**사소한**, 적은
부slightly: 약간, 조금

□ 0659
familiar
/fəmíljər/
❗ 강세주의
Part 2, 3

형❶(~을) **들은** [본] **적 있는**, 잘 알려진(to~) ❷(be familiar with로)~에 정통한

□ 0660
practical
/præktikəl/

형❶**현실** [실제] **의**(⇔theoretical: 이론적인) ❷실용적인(⇔impractical)
명practice: ❶습관, 관례 ❷연습 ❸실행, 실시
동practice: ❶~을 습관적으로 하다 ❷~을 실행하다
부practically: ❶거의 ❷실제적으로 ❸실질적으로

□ 0661
bare
/béər/
❗ 정의주의
Part 1

형❶**초목이 나지 않은** ❷벌거벗은, 그대로 드러난 ❸있는 그대로의

□ 0662
excellent
/éksələnt/
Part 2, 3

형**멋진**, 매우 훌륭한(≒terrific, tremendous, splendid, superb)

□ 0663
professional
/prəféʃənl/
Part 4

형❶**전문가에 의한** ❷프로의
명❶전문가(≒expert, technician)(⇔amateur) ❷프로선수
명profession: (지적인)직업, 전문직

□ 0664
awful
/ɔ́:fəl/
Part 2, 3

형❶**심한** ❷끔찍한(≒terrible, dreadful)
부awfully: 매우, 몹시

continued ▼

Check 2　Phrase

□ **private property**（사유재산）
□ **one's private life**（사생활）

□ **a slight increase**（약간의 증가）
□ **have a slight headache**（조금 두통이 있다）

□ **a familiar tune**（들은 적 있는 곡）
□ **be familiar with computer technology**（컴퓨터 기술에 정통하다）

□ **practical experience**（실제적인 경험）
□ **practical knowledge**（실용적인 지식）

□ **bare hills**（벌거벗은 언덕）
□ **walk in one's bare feet**（맨발로 걷다）

□ **an excellent meal**（멋진 식사）

□ **professional advice**（전문가의 조언）
□ **turn [go] professional**（프로로 전향하다）

□ **awful weather**（험악한 날씨）
□ **an awful accident**（끔찍한 사고）

Check 3　Sentence

□ **Many private businesses go bankrupt every year.**（많은 민간 기업이 매년 도산한다）

□ **There was a slight improvement in the unemployment figures last year.**（작년은 실업자수에 약간의 개선이 있었다）

□ **Her face looked familiar to me.**（나는 그녀의 얼굴을 본 적이 있는 것 같았다）

□ **He gave me some practical advice on finding a job.**（그는 일자리를 찾기 위해 현실적인 조언을 내게 해주었다）

□ **The ground is almost bare.**（지면에는 거의 초목이 나 있지 않다）

□ **My car is in excellent condition.**（내 차는 매우 상태가 좋다）

□ **I think you should get some professional help.**（당신은 전문가의 도움을 받는 것이 좋다）

□ **The coffee tasted awful.**（그 커피는 끔찍한 맛이 났다）

continued ▼

Check 1　　Listen 》

☐ 0665
electric
/iléktrik/
Part 5, 6

형❶**전기의** ❷전동의 ❸두근두근[안절부절]하게 만들다
형electrical: 전기에 관한, 전기관계의
명electricity: ❶전기 ❷전력

☐ 0666
political
/pəlítikəl/
Part 2, 3

형**정치**(상)**의**
명politics: ❶정치; 정치학 ❷정치문제
명politician: 정치가

☐ 0667
upset
/ʌpsét/
Part 2, 3

형❶(~에)**화난**, 속상한(about[over]~) ❷(특히 위가)안 좋은
동❶~을 동요시키다 ❷~을 완전히 혼란스럽게 하다
명(/ʌ́psèt/)❶예상 외의 패전, 혼란상황 ❷전복, 전도

☐ 0668
necessary
/nésəsèri/
❗ 강세주의
Part 5, 6

형(~을 위해)**필요한**, 없어서는 안 되는(for~)(≒essential, indispensable)
명(통례~ies)필수[필수]품
명necessity: ❶필수품 ❷필요
부necessarily: (부정문에서)반드시 ~않다

☐ 0669
guilty
/gílti/

형❶(~로)**죄의식이 있는**(about~) ❷(~로)유죄의(of~)(⇔innocent)
명guilt: ❶(~에 대한)죄의식, 자책감(for~) ❷유죄

☐ 0670
key
/kíː/
❗ 정의주의
Part 5, 6

형**중요한**, 불가결한
명❶(the~)(해결 등의)실마리, 비결(to~) ❷열쇠

☐ 0671
winding
/wáindiŋ/
Part 1

형(길 등이)**구불거리는**
동wind: ❶굽어 있다 ❷~을 감다 ❸~을 돌리다

☐ 0672
final
/fáinl/
Part 5, 6

형**최후**[**최종**]**의**(≒last)(⇔first)
명❶최종시험 ❷(때때로 the~s)결승전
부finally: ❶마침내, 드디어 ❷마지막에

Day 41 》
Quick Review
답은 오른쪽 페이지 아래

☐ 전반적인	☐ 좋지 않은	☐ 실질의	☐ 분명한
☐ 보좌의	☐ 느슨한	☐ 열심인	☐ 곤란한
☐ 공동의	☐ 전통적인	☐ 실제의	☐ 머리가 좋은
☐ 평균의	☐ 전체의	☐ 잘못된	☐ 먼

Check 2　Phrase

- ☐ an **electric** cable (전기케이블)
- ☐ an **electric** razor (전기면도기)

- ☐ a **political** solution (정치적 해결)
- ☐ **political** enemies (정적)

- ☐ be **upset** about his behavior (그의 태도에 화나다)
- ☐ have an **upset** stomach (위 상태가 나쁘다)

- ☐ be **necessary** for good health (건강에 빠지지 않다)
- ☐ if **necessary** (필요하다면)

- ☐ feel **guilty** about ~ (~에 죄의식을 느끼다, ~로 마음이 꺼림칙하다)
- ☐ plead not **guilty** (무죄를 주장하다)

- ☐ a **key** figure (중요[중심]인물)

- ☐ a **winding** staircase (나선계단)

- ☐ the **final** decision (최종결정)

Check 3　Sentence

- ☐ **Automakers** are trying to develop **electric** cars. (자동차 회사는 전기자동차의 개발에 노력하고 있다)

- ☐ Australia has two main **political** parties — the Liberal Party and the Labor Party. (오스트레일리아에는 두 주요 정당이 있다–자유당과 노동당)

- ☐ What are you **upset** about? (무엇에 화가 났습니까?)

- ☐ She lacks the **necessary** skills for the job. (그녀는 그 일에 필요한 기술이 부족하다)

- ☐ I feel so **guilty** about lying to my colleagues. (동료에게 거짓말을 한 것에 나는 매우 죄책감을 느끼고 있다)

- ☐ Good communication is **key** for business success. (충분한 커뮤니케이션은 비즈니스의 성공에 불가결하다)

- ☐ There is a **winding** path leading up to the house. (집으로 이어지는 구불구불한 오솔길이 있다)

- ☐ The project is in its **final** stage. (그 프로젝트는 최종 단계에 접어들었다)

Day 41))
Quick Review
답은 왼쪽 페이지 아래

☐ general	☐ negative	☐ net	☐ plain
☐ assistant	☐ loose	☐ eager	☐ tough
☐ joint	☐ traditional	☐ actual	☐ intelligent
☐ average	☐ whole	☐ false	☐ distant

Check 1   Listen 》

□ 0673
main
/méin/
Part 4

형**주요한**, 주로, 가장 중요한
명(수도·가스의)본관
부mainly:주로;대부분은

□ 0674
unattended
/ʌnəténdid/
Part 7

형❶**같이 있지 않은** ❷지켜보는 사람이 있는
동attend:❶~에 출석하다 ❷~을 돌보다, 수행하다

□ 0675
large
/láːrdʒ/
❗정의주의
Part 5, 6

형❶(집합명사·수량을 수식하여) **많은**, 다수[다량]의 ❷크다, 넓다(⇔small)
부largely:주로, 대부분은

□ 0676
good
/gúd/
❗정의주의
Part 2, 3

형❶**유효한**, 효력이 있는(≒effective) ❷좋은

□ 0677
out-of-town
Part 4

형**시외**[마을](로부터)**의**

□ 0678
unpublished
/ʌnpʌ́bliʃt/
Part 7

형**미발표의**
동publish:❶~을 출판[발행]하다 ❷~을 발표[공표]하다

□ 0679
major
/méidʒər/
Part 2, 3

형**주요한**;중대한(≒important, significant)(⇔minor)
명❶전공과목 ❷전공학생
동(major in로)~을 전공하다
명majority:(~의)대다수, 과반수(of~)

□ 0680
strict
/stríkt/

형(~에 대하여/…에 관하여) **엄한**, 엄격한(with~/about[on]...)(≒rigid, rigorous)
부strictly:❶엄하게 ❷엄밀하게

continued ▼

□ 듣기 모드　Check 1
□ 확인 모드　Check 1 ▸ 2
□ 완벽 모드　Check 1 ▸ 2 ▸ 3

Check 2　Phrase

□ **a main concern** (주요 관심사)
□ **the main thing** (가장 중요한 것)

□ **an unattended car** (방치 자동차)
□ **leave ~ unattended** (~을 방치해 두다)

□ **a large family** (대가족)
□ **a large house** (큰 집)

□ **be good for one year** ([계약 등이] 1년간 유효하다)

□ **an out-of-town shopping center** (시외의 쇼핑센터)

□ **an unpublished work** (미발표의 작품)

□ **a major cause** (주요 원인)
□ **a major problem** (큰 문제)

□ **a strict teacher** (엄한 선생님)
□ **strict rules** (엄격한 규칙)

Check 3　Sentence

□ **Our main aim is to increase productivity.** (우리의 주요 목표는 생산성을 높이는 것이다)

□ **For security reasons, please do not leave your luggage unattended.** (안전상의 이유에서 수하물 옆에서 떠나지 않도록 부탁드립니다)

□ **A large crowd gathered in the park to watch the ceremony.** (그 행사를 보기 위해 많은 사람들이 공원에 모였다)

□ **This warranty is good for three months from the date of purchase.** (이 보증은 구입일로부터 3개월간 유효하다)

□ **The museum attracts a lot of out-of-town visitors.** (그 박물관은 시외로부터 많은 방문객을 모으고 있다)

□ **The author's unpublished manuscripts were found in his family home.** (그 작가의 미발표 원고가 그의 가족의 집에서 발견되었다)

□ **Sunlight is a major source of vitamin D.** (햇빛은 비타민 D의 주요 요인이다)

□ **Our boss is very strict with us.** (우리의 상사는 우리에 대하여 매우 엄하다)

continued ▼

Check 1　　Listen 🔊

□ 0681
convenient
/kənvíːnjənt/
❗ 정의주의
Part 4

▶ 혱❶(~에 있어)**상황에 좋은**(for[to]~) ❷(~에게)편리한(for[to]~)
▶ 몡convenience:❶편리, 편의 ❷편리한 물건 ▶

□ 0682
latest
/léitist/

▶ 혱(the~)**최신**[최근]**의** ▶

□ 0683
industrial
/indʌ́striəl/
❗ 강세주의
비즈니스문제

▶ 혱**산업**[공업]**의**
몡industry:산업;(산업 각 부문의)~업
혱industrious:근면한 ▶

□ 0684
raw
/rɔ́ː/
Part 4

▶ 혱❶**날것의**, 요리하지 않은(⇔cooked) ❷가공하지 않은, 원료 그대로의 ▶

□ 0685
cruel
/krúːəl/

▶ 혱(~에 대하여)**잔혹**[냉혹]**한**(to~)(≒brutal)
몡cruelty:❶잔혹함, 냉혹함 ❷잔혹한 행위
튀cruelly:❶잔혹하게, 무자비하게 ❷심하게 ▶

□ 0686
ugly
/ʌ́gli/

▶ 혱❶**추한**, 보기 어려운(⇔beautiful) ❷불유쾌한, 싫은(⇔pleasant) ▶

□ 0687
sincere
/sinsfər/

▶ 혱❶**성실**[정직]**한**(≒honest)(⇔insincere) ❷거짓 없는, 마음으로부터의(≒genuine)
튀sincerely:마음으로부터
몡sincerity:솔직함, 성실함 ▶

□ 0688
female
/fíːmeil/

▶ 혱❶**여성의** ➕학술·통계상의 용어 이외에 사용하는 것은 경멸적으로 받아들여지기도 한다 ❷암컷의(⇔male)
몡❶여성 ❷암컷 ▶

Check 2 Phrase	Check 3 Sentence
☐ a convenient time (편리한 시간) ☐ a convenient location (편리한 장소)	☐ Is Wednesday convenient for you? (수요일은 어떠세요?)
☐ the latest fashion (최신 유행)	☐ The latest data shows that China's economy continues to grow. (최신 데이터로는 중국 경제는 성장하고 있다)
☐ industrial waste (산업 폐기물) ☐ industrial products (공업제품)	☐ The US is the largest industrial nation. (미국은 최대의 공업국이다)
☐ raw fish [meat] (날생선[고기]) ☐ raw materials (원료)	☐ Raw vegetables contain more nutrients than cooked ones. (생야채에는 조리된 야채보다도 많은 영양소가 들어 있다)
☐ cruel treatment (잔혹한 취급) ☐ be cruel to animals (동물을 학대하다)	☐ War is always cruel and inhuman. (전쟁은 늘 잔혹하고 비인간적이다)
☐ an ugly dress (볼썽사나운 옷) ☐ ugly language (불유쾌한 말투)	☐ I think the shoes he is wearing are ugly. (그가 신고 있는 신발은 볼썽사납다)
☐ a sincere friend (성실한 친구) ☐ a sincere apology (마음으로부터의 사과)	☐ He is a calm, sincere person. (그는 차분하고, 조용한 사람이다)
☐ the average female life expectancy (여성의 평균수명) ☐ a female lion (암컷 사자)	☐ The number of female employees has been increasing in Japan. (일본에서는 여성 종업원 수가 증가하고 있다)

Day 42))
Quick Review
답은 왼쪽 페이지 아래

☐ private   ☐ bare   ☐ electric   ☐ guilty
☐ slight   ☐ excellent   ☐ political   ☐ key
☐ familiar   ☐ professional   ☐ upset   ☐ winding
☐ practical   ☐ awful   ☐ necessary   ☐ final

Day 44　형용사10

Check 1　Listen 》

□ 0689
atomic
/ətámik/
❶ 강세주의

형**원자력의**;원자의
명atom:원자

□ 0690
military
/mílitèri/

형**군**(대)**의**, 군용의(⇔civil:문민의)
명(the~)(집합적으로)군대

□ 0691
permanent
/pə́:rmənənt/
Part 5, 6

형❶**영구적인**(⇔temporary:일시적인) ❷상설의;(고용이)종신의
명파마

□ 0692
ordinary
/ɔ́:rdənèri/
Part 4

형❶**보통의**, 통상의(≒common) ❷평범한(⇔extraordinary:특별한)

□ 0693
global
/glóubəl/
Part 5, 6

형 ❶**세계적인**(≒worldwide), 지구상의 ❷포괄적인

□ 0694
daily
/déili/
Part 5, 6

형**매일의**, 일상의 ✚ dairy(유업회사)와 혼동하지 않도록 주의
부매일

□ 0695
certain
/sə́:rtn/
❶ 발음주의

형❶**일정**[특정]**의**;어느 종류의 ❷어느 정도의 ❸(be certain of[about]로)~을 확신하다
부 certainly:❶확실히, 반드시 ❷(대답으로서)물론입니다, 말씀하신 대로입니다, 알았습니다
동 ascertain:~을 확인하다

□ 0696
original
/ərídʒənl/
Part 4

형❶**최초의**, 원래의 ❷독창적인 ❸원작의
명(the~)본래의 물건
명origin:❶(~의)기원(of~) ❷출생, 혈통
명originality:독창성[력]
부originally:❶최초는;출생은 ❷독창적으로

continued ▼

오늘로 Chapter 6은 마지막이다! 시간에 여유가 있다면 Chapter 끝에 있는 Review에도 도전해보자. 잊어버린 단어도 꽤 되지 않을까?!

□ 듣기 모드　Check 1
□ 확인 모드　Check 1 ▸ 2
□ 완벽 모드　Check 1 ▸ 2 ▸ 3

Check 2　Phrase

□ an **atomic** submarine（원자력 잠수함, 핵잠수함）
□ **atomic** power（원자력）

□ **military** action [intervention]（군사 행동[개입]）
□ a **military** helicopter（군용 헬리콥터）

□ **permanent** residence status（영주권）
□ **permanent** employment（종신고용）

□ **ordinary** people（일반민）
□ an **ordinary** life（평범한 삶）

□ a **global** problem（세계적 문제）
□ a **global** study（세계연구）

□ a **daily** newspaper（일간신문）
□ **daily** life（일상생활）

□ a **certain** amount of work（일정량의 작업）
□ to a **certain** extent [degree]（어느 정도까지）

□ the **original** budget（당초 예산）
□ an **original** idea（독창적 사고）

Check 3　Sentence

□ **France tested its first atomic bomb in 1960.**（프랑스는 1960년에 첫 원자폭탄을 실험했다）

□ **The US has a number of military bases in Japan.**（미국은 일본에 다수의 군 기지를 두고 있다）

□ **He is looking for a permanent place to stay.**（그는 살만한 영주지를 찾고 있다）

□ **She is no ordinary scientist.**（그녀는 평범한 과학자가 아니다=비범한 과학자다）

□ **Global warming is also known as the greenhouse effect.**（지구온난화는 온실효과로도 알려져 있다）

□ **I'm getting tired of the daily routine at the office.**（나는 사무실에서의 반복된 일상에 싫증이 난다）

□ **The license will be issued if the applicant meets certain conditions.**（지원자가 특정 조건들을 만족시키면 자격증이 발부된다）

□ **He is one of the original members of the company.**（그는 회사의 최초의 회원 중 한 명이다）

continued ▼

Check 1　　Listen))

□ 0697
grave
/gréiv/

형 ❶**중대한**(⇔trivial: 사소한) ❷엄숙한; 심각한(≒seious)
명 묘(≒tomb)
▸ 명 gravity: ❶중력, 인력 ❷중대함

□ 0698
stiff
/stíf/
Part 2, 3

형 ❶(근육 등이)**뭉친**, 뻣뻣한 ❷(종이 등이)뻣뻣한, 잘 구부러지지 않는
▸ 동 stiffen: ❶(태도 등이)굳다 ❷(태도·결의 등)을 굳히다, 단단히 하다

□ 0699
precious
/préʃəs/

형 ❶(~에 있어)**귀중**[중요]**한**(to~)(≒valuable, important)
❷고가의(≒expensive, costly), 희소가치가 높은

□ 0700
smart
/smáːrt/
❗정의주의

형 **영리한**, 현명한(≒intelligent, clever, intellectual)

□ 0701
dull
/dʌ́l/
비즈니스문제

형 ❶(매매 등이)**침체한**, 부진의(⇔active) ❷지루한, 재미없는(≒boring, tedious, tiring, tiresome) ❸무딘(⇔sharp) ❹(색·빛 등이)밝지 않은(⇔bright)

□ 0702
male
/méil/

형 ❶**남성의** ❷수컷의(⇔female)
명 ❶남성 ❷수컷

□ 0703
immediate
/imíːdiət/
❗발음주의
Part 4

형 ❶**즉석**[즉시]**의**(≒instant) ❷긴급의, 절박한(≒urgent, pressing) ❸당면의
▸ 부 immediately: 즉시, 곧장

□ 0704
rude
/rúːd/

형 ❶(~에)**무례**[실례]**한**(to~)(≒impolite)(⇔polite) ❷돌연의(≒sudden)

Day 43))
Quick Review
답은 오른쪽 페이지 아래

□ 주요한　　□ 시외의　　□ 상황에 좋은　　□ 잔혹한
□ 같이 있지 않은　□ 미발표의　□ 최신의　　□ 추한
□ 많은　　　□ 주요한　　□ 산업의　　□ 성실한
□ 유효한　　□ 엄한　　　□ 날것의　　□ 여성의

Check 2 Phrase	**Check 3** Sentence	

☐ a grave mistake (중대한 오류)
☐ look grave (심각한 얼굴을 하다)

▶ ☐ The world is now facing grave environmental problems. (세계는 지금 중대한 환경문제에 직면해 있다)

☐ have a stiff back (등이 뭉치다)
☐ stiff cardboard (단단한 판지)

▶ ☐ Sleeping on a soft mattress can give you a stiff neck. (부드러운 매트리스에서 자면 목 근육이 뭉치기도 한다)

☐ a precious memory (소중한 추억)
☐ precious animals (희소동물)

▶ ☐ My family is very precious to me. (가족은 내게 매우 소중하다)

☐ a smart student (영리한 학생)
☐ a smart move (현명한 방법)

▶ ☐ Mary is one of the smartest kids in the class. (메리는 반에서 가장 머리가 좋은 아이 중 하나다)

☐ a dull economy (침체한 경제)
☐ a dull speech (지루한 연설)

▶ ☐ The stock market has been dull lately. (주식시장은 요즘 침체되어 있다)

☐ male students (남학생)
☐ a male dog (수캐)

▶ ☐ She is on good terms with her male co-workers. (그녀는 남자 동료들과 친하다)

☐ an immediate response (즉답)
☐ immediate danger (절박한 위험)

▶ ☐ The stockholders have demanded the CEO's immediate resignation. (주주들은 CEO의 즉각적인 사임을 요구하고 있다)

☐ a rude attitude (무례한 태도)
☐ a rude shock (갑작스러운 충격)

▶ ☐ It is rude to stare at people. (사람을 물끄러미 보는 것은 실례다)

Day 43))
Quick Review
답은 왼쪽 페이지 아래

☐ main
☐ unattended
☐ large
☐ good
☐ out-of-town
☐ unpublished
☐ major
☐ strict
☐ convenient
☐ latest
☐ industrial
☐ raw
☐ cruel
☐ ugly
☐ sincere
☐ female

Chapter 6 Review

왼쪽 페이지의 (1)~(20) 의 형용사의 동의 · 유의어 (≒), 반의 · 반대어
(⇔) 를 오른쪽 페이지의 A~T 에서 선택하여 괄호 안에 답을 적는다 . 의미를
모를 때는 색인 번호를 참조하고 복습하자 .(답은 오른쪽 아래)

- [ ] (1) **regular** (0631) ≒ 은 ? (　　　)
- [ ] (2) **obvious** (0635) ⇔ 은 ? (　　　)
- [ ] (3) **polite** (0639) ⇔ 은 ? (　　　)
- [ ] (4) **expensive** (0640) ≒ 은 ? (　　　)
- [ ] (5) **net** (0649) ⇔ 은 ? (　　　)
- [ ] (6) **false** (0652) ⇔ 은 ? (　　　)
- [ ] (7) **tough** (0654) ≒ 은 ? (　　　)
- [ ] (8) **intelligent** (0655) ≒ 은 ? (　　　)
- [ ] (9) **practical** (0660) ⇔ 은 ? (　　　)
- [ ] (10) **excellent** (0662) ≒ 은 ? (　　　)
- [ ] (11) **awful** (0664) ≒ 은 ? (　　　)
- [ ] (12) **necessary** (0668) ≒ 은 ? (　　　)
- [ ] (13) **good** (0676) ≒ 은 ? (　　　)
- [ ] (14) **strict** (0680) ≒ 은 ? (　　　)
- [ ] (15) **ugly** (0686) ⇔ 은 ? (　　　)
- [ ] (16) **military** (0690) ⇔ 은 ? (　　　)
- [ ] (17) **ordinary** (0692) ≒ 은 ? (　　　)
- [ ] (18) **global** (0693) ≒ 은 ? (　　　)
- [ ] (19) **grave** (0697) ⇔ 은 ? (　　　)
- [ ] (20) **immediate** (0703) ≒ 은 ? (　　　)

A. trivial

B. difficult

C. rigid

D. terrible

E. rude

F. common

G. clever

H. beautiful

I. usual

J. indispensable

K. theoretical

L. costly

M. worldwide

N. terrific

O. true

P. civil

Q. obscure

R. effective

S. instant

T. gross

CHAPTER 1　CHAPTER 2　CHAPTER 3　CHAPTER 4　CHAPTER 5　CHAPTER 6　CHAPTER 7　CHAPTER 8　CHAPTER 9　CHAPTER 10　CHAPTER 11

【해답】 (1) I　(2) Q　(3) E　(4) L　(5) T　(6) O　(7) B　(8) G　(9) K　(10) N
(11) D　(12) J　(13) R　(14) C　(15) H　(16) P　(17) F　(18) M　(19) A　(20) S

CHAPTER
7

부사 : 필수 32

Chapter 7에서는 TOEIC에서
출제되는 필수 부사 32를 확인
한다. 이 Chapter가 끝나면 '단
어편' 은 끝난다. 여기까지 꾸
준히 공부해온 자신에 상을 주
는 것도 좋지 않을까?

Day 45 【부사1】
▶ 214
Day 46 【부사2】
▶ 218
Chapter 7 Review
▶ 222

TOEIC식 격언

First come, first served.

선착순.
직역) 먼저 오면 먼저 대접받는다.

Check 1　Listen))

□ 0705
moreover
/mɔːróuvər/
Part 5, 6

㈜게다가 (≒furthermore, besides)

□ 0706
surely
/ʃúərli/

㈜확실히, 분명히 (≒certainly)
㈎sure: ❶(be sure of로)~을 확신하는 ❷(be sure to do로)틀림없이 ~하는, ~하는 것은 확실한

□ 0707
seldom
/séldəm/
Part 2, 3

㈜좀처럼 ~하지 않는 (≒rarely, hardly ever, scarcely ever)(⇔often)

□ 0708
lately
/léitli/
Part 5, 6

㈜최근, 요즘 (≒recently, of late)
㈎late: ❶(~에)늦은, 지각한(for[to]~) ❷(보통[예정]보다)늦은, 늦춰진

□ 0709
particularly
/pərtíkjələrli/
Part 5, 6

㈜특히 (≒especially, in particular)
㈎particular: ❶특별[각별]한 ❷특정의 ❸(be particular about로)~에 대해서 취향이 까다로운, 신경질적인

□ 0710
highly
/háili/
❗ 정의주의
Part 5, 6

㈜❶매우, 몹시 ❷고도로 ❸높게

□ 0711
gradually
/grǽdʒuəli/

㈜서서히, 차츰
㈎gradual: ❶조금씩의, 점진적인 ❷(경사가)완만한

□ 0712
slightly
/sláitli/
Part 4

㈜약간, 조금 (≒a little)
㈎slight: 경미한, 약간의

---

continued
▼

Check 2　Phrase & Sentence

☐ **She is honest. Moreover she is kind.** (그녀는 정직하다. 게다가 그녀는 친절하다)

☐ **slowly but surely** (느리기는 하지만 확실히)

☐ **Our boss seldom praises us.** (우리 상사는 우리를 좀처럼 칭찬하지 않는다)

☐ **Have you seen any interesting movies lately?** (최근 어떤 재미있는 영화를 봤습니까?)

☐ **He likes sports, particularly baseball.** (그는 스포츠를 좋아하고, 특히 야구를 좋아한다)

☐ **think [speak] highly of ~** (~를 높게 평가하다)
☐ **highly-educated people** (고학력의 사람들)

☐ **Gradually, the sky darkened and the air grew cold.** (차츰 하늘은 어두워지고, 공기가 차가워졌다)

☐ **It's gotten slightly warmer.** (조금 따뜻해졌다)

Check 3　Sentence

☐ **The report is badly written, and moreover inaccurate.** (그 보고서는 엉망으로 쓰여 있고, 게다가 부정확하다)

☐ **Surely, he will help us.** (그는 틀림없이 우리를 도와줄 것이다)

☐ **I seldom eat breakfast at home on workdays.** (나는 일이 있는 날에는 좀처럼 집에서 아침밥을 먹지 않는다)

☐ **I think he has been overworking lately.** (그는 최근 과로하고 있다고 생각한다)

☐ **I didn't particularly want to eat, but I had to.** (나는 특별히 식욕은 없지만, 먹지 않으면 안 된다)

☐ **Gasoline is highly flammable.** (휘발유는 매우 인화성이 높다)

☐ **The economy is gradually recovering.** (경제는 서서히 회복하고 있다)

☐ **The company's profits declined slightly due to rising costs and decreased sales.** (비용 상승과 매상 감소로 인하여 그 회사 수익은 조금 저하되었다)

continued ▼

Check 1　　Listen 》

□ 0713
afterward
/ǽftərwərd/

부 나중에;그 뒤(≒later)(⇔beforehand)

□ 0714
exactly
/igzǽktli/
Part 5, 6

부 ❶정확하게, 엄밀하게(≒precisely) ❷(동의를 표해)그렇습니다
형 exact:❶정확한 ❷정밀[엄밀]한

□ 0715
downtown
/dáuntáun/
Part 2, 3

부 번화가로[에서], 도심으로[에서]
형 번화가의, 도심의

□ 0716
immediately
/imí:diətli/
Part 5, 6

부 곧, 즉시(≒right now, right away, at once)
형 immediate:❶즉석[즉시]의 ❷긴급한, 절박한 ❸당면의

□ 0717
possibly
/pásəbli/

부 ❶어쩌면 ❷(can을 동반하여)어떻게든
형 possible:❶가능한 ❷일어날 수 있는, 있을 수 있는
명 possibility:(~의)가능성(fo~)

□ 0718
properly
/prápərli/
Part 7

부 적절히, 틀림없이
형 proper:❶적절한;(~에)적합한, 어울리는(for~) ❷(~에)고유의(to~)
명 property:❶(집합적으로)재산;부동산 ❷(때때로 ~ies)특성

□ 0719
rapidly
/rǽpidli/
Part 5, 6

부 급속히, 빠르게(≒quickly, fast)
형 rapid:❶급한, 빠른 ❷신속한

□ 0720
finally
/fáinəli/
Part 4

부 ❶마침내, 드디어(≒at last, in the end) ❷(이야기 등의)최종적으로(≒lastly)
형 final:최후[최종]의
명 final:❶최종시험 ❷(때때로 ~s)결승전

| Day 44 》
Quick Review
답은 오른쪽 페이지 아래 | □ 원자력의
□ 군의
□ 영구적인
□ 보통의 | □ 세계적인
□ 매일의
□ 일정의
□ 최초의 | □ 중대한
□ 뭉친
□ 귀중한
□ 영리한 | □ 침체한
□ 남성의
□ 즉석의
□ 무례한 |

Check 2 — Phrase & Sentence

□ **five days [months] afterward** (5일[개월] 뒤에)

□ **exactly three hours** (딱 3시간)
□ **remember exactly what happened** (무엇이 일어났는지 정확히 기억하고 있다)

□ **go downtown** (번화가[도심]으로 가다)

□ **immediately after his arrival** (그의 도착 후 즉시)

□ **Could [Can] you possibly do ~?** (어떻게든 ~해주지 않겠어요?)

□ **work properly** ([기계 등이]정확하게 작동하다)

□ **a rapidly increasing population** (급증하는 인구)

□ **After months of searching, I finally found an interesting job.** (몇 개월간 찾은 뒤, 나는 드디어 흥미로운 일을 발견했다)

Check 3 — Sentence

□ **The meeting lasted two hours and afterward we had lunch together.** (그 회의는 2시간 동안 이어지고, 그 후에 우리는 함께 점심을 먹었다)

□ **The flight took off exactly on time.** (그 비행기는 정각에 이륙했다)

□ **He works downtown, but lives in the suburbs.** (그는 도시에서 일하고 있는데, 교외에 살고 있다)

□ **Please report any suspicious persons or activity immediately to the police.** (수상한 사람이나 수상한 행동을 보면 즉시 경찰에 신고해주세요)

□ **The project will take three years to finish, possibly longer.** (그 프로젝트는 마치는 데 3년이나, 어쩌면 그 이상 길어질 것이다)

□ **Make sure that all windows are properly closed and locked.** (모든 창이 잘 닫히고 잠겨 있는지 확인해주세요)

□ **The Indian economy has been growing rapidly.** (인도 경제는 급속히 성장하고 있다)

□ **Finally, I'd like to thank everyone for listening.** (마지막으로, 경청해주신 여러분에게 감사합니다)

Day 44
Quick Review
답은 왼쪽 페이지 아래

□ atomic
□ military
□ permanent
□ ordinary
□ global
□ daily
□ certain
□ original
□ grave
□ stiff
□ precious
□ smart
□ dull
□ male
□ immediate
□ rude

Day 46　부사2

Check 1　Listen 》

□ 0721
fortunately
/fɔ́ːrtʃənətli/

〔부〕**다행히도**, 운 좋게(⇔unfortunately)
〔형〕fortunate: 행운의
〔명〕fortune: ❶재산, 큰돈; 부 ❶운

□ 0722
merely
/míərli/
Part 5, 6

〔부〕**단순히**, 그저(≒only, just)
〔형〕mere: 단순한, 약간의, 그저~에 지나지 않다

□ 0723
recently
/ríːsntli/
Part 4

〔부〕**최근**, 요즘(≒lately, of late)
〔형〕recent: 최근의, 요즘의

□ 0724
especially
/ispéʃəli/
Part 2, 3

〔부〕**특별히**, 특히(≒particularly, in particular)

□ 0725
rarely
/réərli/

〔부〕**좀처럼** [뜸하게 밖에] **~하지 않다**(≒seldom, hardly every, scrcely ever)
〔형〕rare: ❶드물게, 드문 ❷(고기가)살짝 구워진

□ 0726
completely
/kəmplíːtli/
Part 5, 6

〔부〕**완전히**, 완벽하게(≒absolutely, totally, fully)
〔동〕complete: ~을 완성시키다
〔형〕complete: ❶완전한 ❷전부의

□ 0727
otherwise
/ʌ́ðərwàiz/
Part 5, 6

〔부〕❶**그렇지 않으면** ❷그 외의 점에서는

□ 0728
instead
/instéd/
Part 5, 6

〔부〕❶**그 대신에** ❷(instead of로)~의 대신에, ~가 아니라

continued
▼

□ 듣기 모드　Check 1
□ 확인 모드　Check 1 ▶ 2
□ 완벽 모드　Check 1 ▶ 2 ▶ 3

Check 2　Phrase & Sentence

□ **Fortunately, the game ended before it started to rain.**(다행이도 비가 내리기 전에 시합은 끝났다)

□ **merely because ~**(지 ~라는 이유로)

□ **until very [quite] recently**(극히 최근까지)

□ **Please drive carefully, especially in the rain and snow.** (특히 비나 눈 속에서는 운전에 주의해주세요)

□ **We rarely contact each other anymore.**(우리는 지금은 좀처럼 서로 연락하지 않는다)

□ **Computers have completely changed the way we do business.**(컴퓨터는 비즈니스 방식을 완전히 바꿔놓았다)

□ **We'd better leave now; otherwise we won't get good seats.** (우리는 지금 당장 나가는 것이 좋다. 그렇지 않으면 좋은 자리를 잡을 수 없을 것이다)

□ **If you can't attend the meeting, I could go instead.**(당신이 회사에 출석할 수 없다면 내가 대신 가겠습니다)

Check 3　Sentence

□ **Fortunately, he wasn't injured in the accident.**(다행히 그는 그 사고로 부상당하지 않았다)

□ **I want more from my job than merely a salary.**(나는 단순한 급료 이상의 것을 일에서 추구한다)

□ **Recently, oil prices exceeded $140 per barrel.**(최근 원유가는 1배럴 140달러를 넘었다)

□ **I love rock music, especially from the 80's.**(나는 록음악을 매우 좋아하고 특히 80년대 음악을 좋아한다)

□ **He rarely drinks alcohol.**(그는 거의 술을 마시지 않는다)

□ **I don't completely agree with him.**(나는 그와 완전히 의견이 일치하지 않는 것이 아니다)

□ **The car needs a new battery, but otherwise it's in good condition.**(그 차에는 새로운 배터리가 필요하지만 그 외의 점에서는 좋은 상태다)

□ **Could I have orange juice instead of beer?**(맥주가 아닌 오렌지주스를 마셔도 될까요?)

continued
▼

Check 1　　Listen 》

□ 0729
certainly
/sə́:rtnli/
Part 5, 6

뷔❶**확실히**, 반드시(≒surely) ❷(대답으로)물론입니다, 말씀하신 대로입니다, 알았습니다
혱certain:❶일정[특정]의;어떤 종류의 ❷어느 정도의 ❸(be certain of[about]로)~을 확신하고 있다
동ascertain:~을 확인하다

□ 0730
sincerely
/sinsíərli/
Part 5, 6

뷔**마음으로부터**
혱sincere:❶성실[정직]한 ❷거짓이 없는, 진심으로의
몡sincerity:솔직함, 성실함

□ 0731
besides
/bisáidz/

뷔**더욱이**, 게다가(≒moreover, furthermore)
전~에 더하여, ~의 외에(≒in addition to)

□ 0732
probably
/prábəbli/
Part 2, 3

뷔**아마**, 필시
혱probable:있을 것 같은, 일어날 것 같은, 먼저 확실한
몡probability:(~의)확률, 공산(of~)

□ 0733
roughly
/rʌ́fli/
❗ 정의주의
Part 7

뷔❶**대략**, 개략으로(≒about, approximately) ❷난폭하게(⇔gently, carefully)
혱rough:❶대략적인, 대개의 ❷까슬까슬한 ❸거친

□ 0734
extremely
/ikstrí:mli/
Part 5, 6

뷔**매우**(≒very, exceedingly);극도[극단]으로
혱extreme:극도의, 극단의
몡extreme:극도, 극단

□ 0735
hardly
/há:rdli/
Part 5, 6

뷔**거의 ~하지 않다**[없다](≒scarcely)

□ 0736
actually
/ǽktʃuəli/
Part 2, 3

뷔❶**실은** ❷실제로, 정말로(≒really, in fact)
혱actual:실제[현실]의

Day 45 》
Quick Review
답은 오른쪽 페이지 아래

□ 게다가
□ 확실히
□ 좀처럼 ~하지 않다
□ 최근

□ 특히
□ 매우
□ 서서히
□ 약간

□ 나중에
□ 정확하게
□ 번화가로
□ 곧

□ 어쩌면
□ 적절히
□ 급속히
□ 마침내

□ His proposal is certainly worthy of consideration. (그의 제안은 확실히 검토할 만하다)

□ {Could I talk to you now?} {Certainly.} ("지금 이야기할 수 있습니까?", "물론 좋습니다.")

□ Sincerely (yours) = Yours sincerely (편지의 마지막 인사말)

□ I sincerely hope you'll get well soon. (당신이 곧 건강해질 것을 마음으로부터 바랍니다)

□ and besides, ~ (그리고 또~)

□ He is young, and besides, he is talented. (그는 젊고 게다가 재능이 있다)

□ He will probably come. (아마 그는 올 것이다)

□ The bridge construction will probably be delayed until October. (그 다리의 건설은 적어도 10월까지 연기될 것이다)

□ roughly speaking (대략적으로 말해서)
□ roughly five hours (거의 5시간)

□ He earns roughly $80,000 a year. (그의 연수는 대략 8만 달러다)

□ be extremely hot (매우 덥다)
□ be extremely tired (극도로 피로하다)

□ The problem is extremely difficult to solve. (그 문제는 푸는 것이 매우 어렵다)

□ He has hardly any money. (그는 돈을 거의 가지고 있지 않다)

□ I was so nervous I could hardly speak during the interview. (나는 매우 긴장하고 있었기 때문에 면접을 보는 동안 거의 이야기할 수 없었다)

□ She may look 30, but she's actually 40. (그녀는 서른으로 보일지 모르지만, 실제로는 마흔이다)

□ The movie is based on events that actually happened. (그 영화는 실제로 일어난 사건에 근거하고 있다)

□ moreover	□ particularly	□ afterward	□ possibly
□ surely	□ highly	□ exactly	□ properly
□ seldom	□ gradually	□ downtown	□ rapidly
□ lately	□ slightly	□ immediately	□ finally

Chapter 7 Review

왼쪽 페이지의 (1)~(17) 의 부사의 동의 · 유의어 [숙어](≒), 반의 · 반대어 (⇔) 를 오른쪽 페이지의 A~Q 에서 선택하여 괄호 안에 답을 적는다 . 의미를 모를 때는 색인 번호를 참조하고 복습하자 .(답은 오른쪽 아래)

- [ ] **(1) moreover** (0705) ≒ 은? (　　　)
- [ ] **(2) seldom** (0707) ≒ 은? (　　　)
- [ ] **(3) lately** (0708) ≒ 은? (　　　)
- [ ] **(4) particularly** (0709) ≒ 은? (　　　)
- [ ] **(5) slightly** (0712) ≒ 은? (　　　)
- [ ] **(6) afterward** (0713) ⇔ 은? (　　　)
- [ ] **(7) exactly** (0714) ≒ 은? (　　　)
- [ ] **(8) immediately** (0716) ≒ 은? (　　　)
- [ ] **(9) rapidly** (0719) ≒ 은? (　　　)
- [ ] **(10) finally** (0720) ≒ 은? (　　　)
- [ ] **(11) fortunately** (0721) ⇔ 은? (　　　)
- [ ] **(12) merely** (0722) ≒ 은? (　　　)
- [ ] **(13) completely** (0726) ≒ 은? (　　　)
- [ ] **(14) roughly** (0733) ≒ 은? (　　　)
- [ ] **(15) extremely** (0734) ≒ 은? (　　　)
- [ ] **(16) hardly** (0735) ≒ 은? (　　　)
- [ ] **(17) actually** (0736) ≒ 은? (　　　)

A. absolutely

B. recently

C. at last

D. a little

E. only

F. beforehand

G. furthermore

H. unfortunately

I. right now

J. especially

K. rarely

L. approximately

M. quickly

N. precisely

O. scarcely

P. really

Q. very

CHAPTER 8

동사구

Chapter 8부터는 〈숙어편〉이 시작된다. 이 Chapter에서는 동사표현 240을 살펴본다. 이 책에서도 가장 많은 분량이다. 그야말로 가장 힘든 고비를 맞이한다. 여기를 극복하면 목표 지점은 한층 가까워진다!

TOEIC식 격언

Day 47 【동사구1】「동사+부사 [전치사]」형1
▶ 226
Day 48 【동사구2】「동사+부사 [전치사]」형2
▶ 230
Day 49 【동사구3】「동사+부사 [전치사]」형3
▶ 234
Day 50 【동사구4】「동사+부사 [전치사]」형4
▶ 238
Day 51 【동사구5】「동사+A+전치사+B」형1
▶ 242
Day 52 【동사구6】「동사+A+전치사+B」형2
▶ 246
Day 53 【동사구7】「동사+A+전치사+B」형3
▶ 250
Day 54 【동사구8】「동사+to do[doing]」형
▶ 254
Day 55 【동사구9】「동사+A+to do[from doing]」형
▶ 258
Day 56 【동사구10】「be동사+형용사+전치사」형1
▶ 262
Day 57 【동사구11】「be동사+형용사+전치사」형2
▶ 266
Day 58 【동사구12】「be동사+형용사+전치사」형3
▶ 270
Day 59 【동사구13】「be동사+형용사+to do」형
▶ 274
Day 60 【동사구14】그 외1
▶ 278
Day 61 【동사구15】그 외2
▶ 282
Chapter 8 Review
▶ 286

Check 1 　　Listen 》)

☐ 0737
rely on [upon]
Part 5, 6

▶

~에 의존하다(≒depend on, count on);~을 신뢰하다(≒ trust)
명reliance:❶(~에)의존(on[in]~) ❷(~에 대한)신용, 신뢰 (on[in]~)　▶

☐ 0738
suffer from
Part 4

▶

❶~을 괴로워하다 ❷(질병)을 앓다　▶

☐ 0739
dispose of
Part 2, 3

▶

~을 처분[처리]하다(≒get rid of, do away with)
명disposal:처분, 처리
형disposable:1회용의　▶

☐ 0740
participate in
Part 2, 3

▶

~에 참가하다(≒take part in, join)
명participation:(~에)참가(in~)
명participant:(~의)참가자(in~)　▶

☐ 0741
interfere with
Part 7

▶

~을 방해하다 ➕ interfere in은 '~에 참견하다, 간섭하다'
명interference:(~을)방해, 장애, 간섭(with[in]~)　▶

☐ 0742
search for
Part 5, 6

▶

~을 찾다(≒look for)
명search:(~의)탐색, 조사(for[of]~)　▶

☐ 0743
depend on [upon]
Part 5, 6

▶

❶~에 의지하다(≒rely on, count on) ❷~에 의해 정해지다
명dependence:❶(~에)의지(on[upon]~) ❷(~에의)신뢰, 신용(on[upon]~)　▶

☐ 0744
occur to
Part 5, 6

▶

(생각 등이)~의 마음에 (불현듯) 떠오르다 ➕ '(생각 등)을 떠올리다'는 come up with, hit on[upon]
동occur:(사건 등이)일어나다, 발생하다
명occurrence:❶사건, 사고 ❷(사건 등의)발생　▶

continued
▼

Check 2　Phrase

□ **rely on** the radio for information（라디오 정보에 의지하다）

□ **suffer from** poverty（빈곤에 힘들어하다）
□ **suffer from** asthma（천식을 앓다）

□ **dispose of** old clothes（낡은 옷을 처분하다）

□ **participate in** the Olympic Games（올림픽에 참가하다）

□ **interfere with** his work（그의 일을 방해하다）

□ **search for** a missing girl（행방불명된 소녀를 찾다）

□ financially **depend on** one's parents（금전적인 면에서 부모에 의지하다）
□ **depend on** the weather（[행사의 개최 등이]날씨에 달리다）

□ It **occurs to** me to do ～.（～할 것을 떠올리다）

Check 3　Sentence

□ Japan **relies** heavily **on** Middle Eastern oil.（일본은 중동의 석유에 크게 의존하고 있다）

□ The US has been **suffering from** a trade deficit.（미국은 무역적자에 괴로워하고 있다）

□ Companies must properly **dispose of** industrial waste.（기업은 산업폐기물을 적절히 처분하지 않으면 안 된다）

□ More than 200 people will **participate in** the conference.（200명을 넘는 사람이 그 회의에 참가할 예정이다）

□ High gas prices **interfere with** economic activities.（높은 휘발유 가격이 경제활동의 장애가 되고 있다）

□ Police are still **searching for** the murderer.（경찰은 지금도 그 살인범을 찾고 있다）

□ Many European countries **depend on** Russia for oil and natural gas.（많은 유럽 국가들은 석유와 천연가스를 러시아에 의지하고 있다）

□ A good idea **occurred to** her.（그녀의 마음에 묘안이 떠올랐다）

Check 1　　Listen 》

□ 0745
amount to
비즈니스문제

총계 ~에 다다르다[오르다], 합계 ~가 되다(≒total, add up to)
명amount: ❶양, 액 ❷(the~)통계, 총수

□ 0746
reply to
Part 5, 6

~에 대답하다, 회답[응답]하다
명reply:(~로의/…로부터의)대답, 응답(to~/from…)

□ 0747
deal with
Part 4

❶(문제 등)을 처리하다, ~에 대처하다(≒process, handle, cope with, attend to) ❷~을 취급하다, 논하다 ➕ deal in는 '~을 매매하다'
명deal:(상품 등의)거래, 계약(on~)

□ 0748
complain about [of]
Part 5, 6

~에 대해서 불만[고충, 불평]을 말하다
명complaint:(~에 대한/…라는)불만, 고충(about~/thatwjf…)

□ 0749
pick up
Part 2, 3

❶~을 차로 맞으러 가다, 차에 태우다 ❷~을 집어오다

□ 0750
carry out
Part 5, 6

~을 실행[수행]하다(≒perform, execute)

□ 0751
call for
Part 4

❶~을 요구하다(≒demand);~을 필요로 하다(≒require)
❷(날씨)를 예보하다

□ 0752
total up
비즈니스문제

~을 합계[통계]하다(≒sum up, add up)
명total:총계, 총액
형total:❶총계의, 전체의 ❷완전한

Day 46 》 Quick Review
답은 오른쪽 페이지 아래

□ 다행히도
□ 단순히
□ 최근
□ 특별히

□ 좀처럼 ~ 하지 않다
□ 완전히
□ 그렇지 않으면
□ 그 대신에

□ 확실히
□ 마음으로부터
□ 더욱이
□ 아마

□ 대략
□ 매우
□ 거의 ~하지 않다
□ 실은

Check 2 Phrase	**Check 3** Sentence

Check 2   Phrase

☐ **amount to** $500([청구액 등이]총액 500달러에 이르다)

☐ **reply to** his e-mail(그의 전자메일에 회신하다)

☐ **deal with** a food crisis(식량위기에 대처하다)
☐ **deal with** Western art history([책 등이]서양미술사를 다루고 있다)

☐ **complain about** the noise(그 소음에 대하여 고충을 말하다)

☐ **pick** him **up** at the hotel(호텔까지 그를 차로 맞으러 가다)
☐ **pick up** a leaflet at the post office(우체국에서 전단지를 가져오다)

☐ **carry out** a survey(조사를 실시하다)
☐ **carry out** an order(명령을 수행하다)

☐ **call for** help(도움을 청하다)
☐ **call for** rain([일기예보가]비를 예상하다)

☐ **total up** the costs(경비를 합계하다)

Check 3   Sentence

☐ **Australia's greenhouse gas emissions amounted to 534 million tons in 2004.**(오스트레일리아의 온실효과 가스의 배출량은 2004년은 총계 5억 3400만 톤에 이르렀다)

☐ **Many people replied to our want ad in the newspaper.**(많은 사람이 우리 신문의 구인광고에 응모해왔다)

☐ **The government has to deal with the problem of unemployment.**(정부는 실업문제에 대처하지 않으면 안 된다)

☐ **Many people complain about the new healthcare system.**(많은 사람이 새로운 의료제도에 불만을 말하고 있다)

☐ **I'll pick you up at the airport at 3 p.m.**(오후 3시에 공항으로 당신을 맞으러 차로 가겠습니다)

☐ **The prime minister promised to carry out political reforms.**(수상은 정치개혁을 실행하겠다고 약속했다)

☐ **The opposition parties have called for the immediate resignation of the foreign minister.**(야당은 외무장관의 즉각적인 사임을 요구하고 있다)

☐ **I totaled up my medical bills last year.**(나는 과거의 의료비를 합계했다)

Day 46 》
Quick Review
답은 왼쪽 페이지 아래

☐ fortunately   ☐ rarely   ☐ certainly   ☐ roughly
☐ merely   ☐ completely   ☐ sincerely   ☐ extremely
☐ recently   ☐ otherwise   ☐ besides   ☐ hardly
☐ especially   ☐ instead   ☐ probably   ☐ actually

Day 48

동사구2
「동사＋부사 [전치사]」형2

☐ 0753
apply to

(규칙 등이)**~에 적용되다**, 해당하다 ➕ apply for는 '~을 신청하다'
▶ 명application:❶(~에)신청(서)(for~) ❷(~로)이용, 적용(to~)
명applicant:(~의)지원자, 응모자(for~)

☐ 0754
look forward to
Part 5, 6

❶**~을 즐겁게 기다리다**(≒anticipate) ❷~을 고대하다

☐ 0755
calm down
Part 2, 3

❶**~을 차분하게 하다** ❷차분해지다
형calm:❶차분한 ❷(바다·기후 등이)온화한, 바람이 없는

☐ 0756
hand in

~을(…에) **제출하다**(to...)(≒submit, turn in)

☐ 0757
take off
Part 2, 3

❶**이륙하다**(⇔land) ❷(의복 등)을 벗다(⇔put on) ❸(어느 기간·날)을 휴가로 잡다

☐ 0758
go over
Part 2, 3

~을 면밀하게 조사하다[생각하다]

☐ 0759
refer to
Part 5, 6

❶**~을 참조하다** ❷~에 언급하다(≒mention, cite)
명reference:❶(~로)언급(to~) ❷참조 ❸(이력서 등의) 추천장

☐ 0760
call on [upon]
Part 4

❶(사람)**을 잠시 방문하다**(≒visit) ➕ call at는 '(장소)에 들르다' ❷~에(…을) 부탁하다, 요구하다(for...)(≒ask)

---

continued ▼

□ 듣기 모드　Check 1
□ 확인 모드　Check 1 ▸ 2
□ 완벽 모드　Check 1 ▸ 2 ▸ 3

Check 2　Phrase

□ **only apply to club members**
([처우, 조치 등이]회원에게만 적용되다)

□ **look forward to Christmas**
(크리스마스를 즐겁게 기다리다)

□ **calm a child down**(아이를 달래다)

□ **hand in one's resignation**(사표를 제출하다)

□ **take off on time**(정해진 시각대로 이룩하다)
□ **take off one's shoes**(구두를 벗다)

□ **go over the problem**(그 문제를 잘 생각하다)

□ **refer to an index**(색인을 참조하다)
□ **refer to the Bible**(성서에 언급하다)

□ **call on her on my way home**
(귀가하는 도중에 그녀를 방문하다)
□ **call on friends for help**(친구들에게 도움을 청하다)

Check 3　Sentence

□ **The new anti-smoking law applies to all public places.**(새로운 금연법은 모든 공공장소에 적용된다)

□ **We're looking forward to seeing you again.**(또한 당신과 만나는 것을 고대하고 있다)

□ **I tried to calm him down, but it didn't work.**(나는 그를 차분하게 만들려 했지만 잘 되지 않았다)

□ **I haven't handed in my essay yet.**(나는 아직 소논문을 제출하지 않았다)

□ **The plane took off two hours late.**(그 비행기는 2시간 늦게 이룩했다)

□ **I went over my report word by word.**(나는 내 보고서를 한 자 한 자 면밀하게 조사했다)

□ **Please refer to the table below.**(아래 표를 참조하세요)

□ **I called on him at his office.**(나는 그의 사무실에 들렀다)

continued ▼

Check 1　　Listen 》

□ 0761
point at [to]
Part 1

~을 지시하다, 가리키다 ➕ point out은 '~을 지적하다'

□ 0762
stare at [into]
Part 1

~을 물끄러미 바라보다(≒gaze at[into])
명stare:응시, 물끄러미 보는 것

□ 0763
graduate from

~을 졸업하다
명graduate:❶(~의)졸업생(of~) ❷대학원생
명graduation:졸업;졸업식

□ 0764
reflect on [upon]

~을 숙고[사고]하다(≒consider)
명reflection:❶(~에 대한)생각, 의견(on~) ❷(거울 등에)비춘
그림자(in~) ❸반사

□ 0765
work on
Part 1

~에 힘을 쏟다　➕ 목적어에 따라 '~을 고치다', '~을 수리하
다', '~을 조절하다' 등 다양한 의미가 된다.

□ 0766
put off
Part 4

~을(…까지) 연기하다(till[untill]...)(≒postpone, delay)

□ 0767
check in
Part 1

탑승[숙박]수속을 하다, 체크인하다

□ 0768
break down
Part 2, 3

고장 나다
명breakdown:❶(기계・자동차 등의)고장 ❷(심신의)쇠약

Day 47 》
Quick Review
답은 오른쪽 페이지 아래

□ ~에 의존하다	□ ~을 방해하다	□ 총계 ~에 다다르다	□ ~을 차로 맞으러 가다
□ ~을 괴로워하다	□ ~을 찾다	□ ~에 대답하다	□ ~을 실행하다
□ ~을 처분하다	□ ~에 의지하다	□ ~를 처리하다	□ ~을 요구하다
□ ~에 참기히디	□ ~의 마음에 떠오르다	□ ~에 대해서 불만을 밀하다	□ ~을 합계하나

Check 2 Phrase		Check 3 Sentence
□ point at a student(학생을 지목하다)	▸	□ The woman is pointing at something.(그 여자는 뭔가를 가리키고 있다)
□ stare at each other(서로를 물끄러미 바라보다)	▸	□ The man is staring at the car.(그 남자는 차를 물끄러미 바라보다)
□ graduate from college [high school](대학[고교]를 졸업하다)	▸	□ He graduated from Kyoto University in 1992.(그는 교토대학을 1992년에 졸업했다)
□ reflect on the problem(그 문제를 잘 생각하다)	▸	□ We must reflect on what to do next.(우리들은 다음에 무엇을 해야 할지 잘 생각하지 않으면 안 된다)
□ work on one's thesis(논문을 쓰다) □ work on a patient(환자를 치료하다)	▸	□ The man is working on the car.(그 남자는 차를 수리하고 있다)
□ put off the meeting until next week(회의를 다음 주까지 연기하다) □ put off making a decision(결정을 보류하다)	▸	□ We decided to put off voting on the proposal until next month.(그 제안에 대해서 투표하는 것을 다음 달까지 보류할 것을 우리는 결정했다)
□ check in at the front desk(프런트에서 숙박수속을 하다)	▸	□ They are checking in at the counter.(그들은 카운터에서 탑승수속을 하고 있다)
□ a broken-down truck(고장 난 트럭)	▸	□ My car broke down on the way home.(귀가하는 도중에 내 차가 고장났다)

Day 47 Quick Review
답은 왼쪽 페이지 아래

□ rely on	□ interfere with	□ amount to	□ pick up	
□ suffer from	□ search for	□ reply to	□ carry out	
□ dispose of	□ depend on	□ deal with	□ call for	
□ participate in	□ occur to	□ complain about	□ total up	

Day 49 동사구3
「동사＋부사 [전치사]」형3

☐ 0769
make up for
Part 5, 6

(손실 등)을 **메우다**[만회하다](≒ compensate for)

☐ 0770
stand by

❶(사람)을 **지지**[지원]**하다**(≒ support) ➕ stand for는 '(생각·주장 등)을 지지하다' ❷(결정 등)을 고수하다

☐ 0771
take over
Part 2, 3

❶(직무 등)을 (…에서) **인수하다**(from...) ❷(회사 등)을 가로채다
명 takeover:(지배·관리권 등의)탈취 ;(회사의)착취

☐ 0772
do away with

❶~을 **폐지하다**(≒ abolish) ❷~을 처분하다(≒ dispose of, get rid of)

☐ 0773
reach for
Part 1

~을 잡으려 손을 뻗다

☐ 0774
figure out
Part 5, 6

❶~을 **생각해내다**, 해결하다 ❷~을 이해하다(≒ understand, make out)
명 figure:❶수학 ❷모습 ❸인물 ❹그림

☐ 0775
care for
Part 5, 6

❶(통례 부정·의문문에서)~**가 좋다**(≒ like) ❷~를 보살피다(≒ take care of, look after) ➕ care about는 '~에 관심이 있다;~을 걱정하다'
명 care:❶보살핌, 간병 ❷주의, 경계

☐ 0776
deal in
비즈니스문제

(사람·가게가)~**을 매매하다**, 취급하다 ➕ deal with는 '(문제 등)을 처리하다'
명 deal:(상품 등의)거래, 계약(on~)

---

continued
▼

☐ 듣기 모드　Check 1
☐ 확인 모드　Check 1 ▶ 2
☐ 완벽 모드　Check 1 ▶ 2 ▶ 3

Check 2　Phrase

☐ **make up for lost time**(잃어버린 시간을 메우다, 늦어진 것을 만회하다)

☐ **stand by the governor**(지사를 지지하다)
☐ **stand by one's principle**(신념을 고수하다)

☐ **take over the position from him**(그 자리를 그에게 인계받다)
☐ **take over the company**(그 회사를 매수하다)

☐ **do away with old rules**(낡은 규칙을 폐지하다)
☐ **do away with an old sofa**(낡은 소파를 처분하다)

☐ **reach for the phone**(전화를 받으러 손을 뻗다)

☐ **figure out a solution**(해결책을 생각해내다)
☐ **figure out what he is saying**(그가 말한 것을 이해하다)

☐ **not care for him**(그를 좋아하지 않는다)
☐ **care for one's elderly mother**(나이 먹은 어머니를 보살피다)

☐ **deal in used books**(헌책을 팔다)

Check 3　Sentence

☐ **This year's good harvest made up for last year's bad one.**(올해 농작은 작년의 흉작을 만회했다)

☐ **She stood by him during his illness.**(그가 아픈 동안에 그녀는 그를 지지했다)

☐ **He is reluctant to take over the family business.**(그는 가업을 이어받는 것을 내켜하지 않는다)

☐ **Do you think the government should do away with the death penalty?**(정부는 사형을 폐지해야 한다고 생각합니까?)

☐ **The woman is reaching for the book.**(그 여자는 책을 집으려고 손을 뻗고 있다)

☐ **She figured out a way of accomplishing the task in a better way.**(그녀는 좀 더 좋은 방법으로 그 임무를 완료시킬 방법을 생각해냈다)

☐ **Would you care for something to drink?**(뭔가 마실 것을 드릴까요?)

☐ **The store deals in a variety of sports items.**(그 가게는 여러 가지 스포츠용품을 취급하고 있다)

continued ▼

Check 1　　Listen 》

□ 0777
agree with
Part 5, 6

❶(의견·계획 등)**에 찬성**[동의]**하다** ❷(사람)과 의견이 일치하다(⇔disagree with) ➕ agree on[about]는 '~의 점에서 의견이 일치한다'
몡agreement:❶(~와의/…에 관한)협정, 계약(with~/on…) ❷(~와의)합의(with~)

□ 0778
lead to
Part 4

(어느 결과)**에 이르다**, 이어진다
몡lead:솔선, 선도
혱leading:일류[1위, 1급]의, 주요한

□ 0779
stand for

❶**~을 의미하다**, 나타나다(≒represent, mean) ❷(생각·주의 등)을 지지하다(≒support) ➕ stand by는 '(사람)을 지지하다'

□ 0780
put on
Part 1

(옷 등)**을 몸에 입다**(⇔take off) ➕ wear는 '~을 입고 있다'라는 상태를 나타낸다

□ 0781
gaze at [into]
Part 1

~을 물끄러미 보다, 응시하다(≒stare at[into])
몡gaze:응시, 주시

□ 0782
burst into

돌연[갑자기] **~하고 싶어지다**

□ 0783
prepare for
Part 4

~에 대비하다, ~에 대비하여 준비하다

□ 0784
result from
Part 5, 6

~에 기인[유래]**하다** ➕ result in은 '~라는 결과가 되다'
몡result:❶(~의)결과(of~) ❷(~s)성과

Day 48 》
Quick Review
답은 오른쪽 페이지 아래

□ ~에 적용되다	□ 이륙하다	□ ~을 지시하다	□ ~에 힘을 쏟다
□ ~을 즐겁게 기다리다	□ ~을 면밀하게 조사하다	□ ~을 물끄러미 바라보다	□ ~을 연기하다
□ ~을 차분하게 하다	□ ~을 참조하다	□ ~을 졸업하다	□ 탑승수속을 하다
□ ~을 제출하다	□ ~을 잠시 방문하다	□ ~을 숙고하다	□ 고장 나다

<table>
<tr><td>

Check 2   Phrase

</td><td>

Check 3   Sentence

</td></tr>
</table>

□ agree with his opinion(그의 의견에 찬성하다)
□ agree with her(그녀와 의견이 일치하다)

□ I don't agree with the plan to build a new factory. (나는 새로운 공장을 건설하는 계획에 찬성하지 않는다)

□ lead to flooding([큰 비 등이]홍수로 이어지다)

□ The information led to the arrest of the kidnapper. (그 정보가 유괴범의 체포로 이어졌다)

□ stand for United Nations([UN은]국제연합을 의미한다)
□ stand for freedom of speech (언론의 자유를 지지하다)

□ CEO stands for Chief Executive Officer. (CEO는 최고 경영책임자를 의미한다)

□ put on one's coat [shoes, glasses](코트를 입다[신발을 신다, 안경을 쓰다])

□ The man is putting on his jacket. (남성은 윗도리를 입고 있다)

□ gaze at the stars(별을 응시하다)

□ They are gazing at the landscape. (그들은 경치를 물끄러미 바라보고 있다)

□ burst into laughter [tears](돌연 웃기[울기] 시작하다)

□ The audience burst into applause at the end of the movie. (고객은 그 영화의 마지막에 일제히 박수를 쳤다)

□ prepare for the worst(최악의 사태에 대비하다)

□ I haven't finished preparing for tomorrow's presentation yet. (나는 아직 내일 있을 프레젠테이션 준비를 끝내지 않았다)

□ result from a lack of sleep ([질병 등이]수면부족에 기인한다)

□ The fire resulted from arson. (그 화재는 방화에 의한 것이었다)

<table>
<tr><td>

Day 48))
Quick Review
답은 왼쪽 페이지 아래

</td><td>

□ apply to
□ look forward to
□ calm down
□ hand in

</td><td>

□ take off
□ go over
□ refer to
□ call on

</td><td>

□ point at
□ stare at
□ graduate from
□ reflect on

</td><td>

□ work on
□ put off
□ check in
□ break down

</td></tr>
</table>

Day 50

동사구4
「동사＋부사 [전치사]」형4

Check 1　Listen 》

☐ 0785
come up with
Part 5, 6
▶

(생각 등)**을 떠올리다**, 생각해내다(≒ hit on[upon]) ➕ '(생각 등이)~의 마음에 (불현듯) 떠오르다'는 occur to
▶

☐ 0786
line up
Part 1
▶

일렬로 나열하다
▶

☐ 0787
put away
Part 1
▶

~을 정리하다, 정돈하다(≒ clear)
▶

☐ 0788
turn in
Part 7
▶

~을 (…에) 제출하다(to...)(≒ submit, hand in)
▶

☐ 0789
run out of
Part 2, 3
▶

~을 다 사용하다, ~가 없어지다
▶

☐ 0790
sell off
비즈니스문제
▶

~을 (싸게) 팔아치우다
▶

☐ 0791
focus on
Part 4
▶

~에 주의를 집중시키다(≒ concentrate on)
명 focus: ❶집중 ❷(흥미・주목 등의)중심, 초점
▶

☐ 0792
bend over
Part 1
▶

웅크리다 ➕ '웅크리다'뿐 아니라 '몸을 젖히는' 경우에도 사용할 수 있다
▶

continued ▼

☐ 듣기 모드　Check 1
☐ 확인 모드　Check 1 ▸ 2
☐ 완벽 모드　Check 1 ▸ 2 ▸ 3

Check 2　Phrase	Check 3　Sentence
☐ **come up with** a good idea(묘안을 떠올리다)	☐ **We haven't come up with a solution to the problem yet.**(우리들은 그 문제의 해결책을 아직 생각하지 못하다)
☐ **line up** for the bus(버스에 타기 위해 줄을 서다)	☐ **They are lining up in front of the store.**(그들은 가게 앞에서 일렬로 서 있다)
☐ **put away** the dishes(접시를 정리하다)	☐ **The boy is putting away his toys.**(남자아이는 장난감을 치우고 있다)
☐ **turn in** an assignment to a teacher(숙제를 선생님에게 제출하다)	☐ **She turned in her resignation to her boss.**(그녀는 사표를 상사에게 제출했다)
☐ **run out of** money(돈을 다 써버리다)	☐ **We're running out of time to complete the project.**(그 프로젝트를 완료하기 위한 시간이 없어지고 있다)
☐ **sell off** the house(집을 싸게 팔아치우다)	☐ **The company sold off its mobile business.**(그 회사는 휴대전화 사업을 매각했다)
☐ **focus on** one's study(공부에 집중하다)	☐ **We need to focus on marketing strategy.**(우리들은 판매 전략에 집중할 필요가 있다)
☐ **bend over and touch one's toes**(웅크리고 발끝을 만지다) ➕ 서서 몸을 앞으로 구부린 자세	☐ **The man is bending over to pick something up.**(그 남자는 무엇인가를 잡으려고 웅크리고 있다)

continued ▼

Check 1   Listen 》

□ 0793
take down
Part 1

(건물 등)을 해체하다, 헐다

□ 0794
succeed in

~에 성공하다(⇔fall in) ➕ succeed to는 '~을 계승[상속]하다;~의 후임이 되다'
몡success:성공

□ 0795
go through
Part 5, 6

(괴로움 등)을 경험[체험]하다(≒experience)

□ 0796
set aside
Part 5, 6

(돈·시간 등)을(…을 위해) 확보해두다(for…)(≒put asaide, save, reserve)

□ 0797
put up with

~을 인내하다, ~을 견디다(≒stand, bear, tolerate, endure)

□ 0798
sign up for
Part 7

(서명하여)~에 신청하다;~을 참가하다
몡sign:❶조짐 ❷표식

□ 0799
agree on [about]

~의 점에서 의견이 일치하다(⇔disagree on[about])
➕ agree with는 '(의견·계획 등)에 찬성(동의)하다;(사람)와 의견이 일치한다'

□ 0800
set up
Part 2, 3

~을 설립[창립]하다(≒establish, found)

Day 49 》
Quick Review
답은 오른쪽 페이지 아래

□ ~을 메우다
□ ~을 지지하다
□ ~을 인수하다
□ ~을 폐지하다

□ ~을 잡으려 손을 뻗다
□ ~을 생각해내다
□ ~가 좋다
□ ~매매하다

□ ~에 찬성하다
□ ~에 이르다
□ ~을 의미하다
□ ~을 몸에 입다

□ ~을 물끄러미 보다
□ 돌연 ~하고 싶어지다
□ ~에 대비하다
□ ~ 에 기인하다

Check 2　Phrase

☐ **take down** the old house (헌 집을 해체하다)

☐ **succeed in** persuading him (그를 설득하는 데 성공하다)

☐ **go through** a lot of difficulties (많은 역경을 경험하다)

☐ **set aside** money for future expenses (장래의 지출을 위하여 돈을 확보해두다)

☐ **put up with** the summer heat (여름 더위를 인내하다)

☐ **sign up for** dance lessons (댄스 레슨을 신청하다)

☐ **agree on** the terms of the contract (계약조건의 점에서 의견이 일치한다)

☐ **set up** a new company (새로운 회사를 설립하다)

Check 3　Sentence

☐ The workers are **taking down** the building. (작업자들은 건물을 해체하고 있다)

☐ She **succeeded in** finding a suitable job for her. (그녀는 자신에게 맞는 일을 발견하는 것에 성공했다)

☐ The company has **gone through** various ups and downs. (그 회사는 여러 가지 인생의 기복을 경험했다)

☐ I've **set aside** some time for you on Wednesday. (당신을 위해 나는 수요일에 시간을 확보해둔다)

☐ I can't **put up with** his attitude any longer. (그의 태도에도 이제 견딜 수 없다)

☐ Over 50 people have **signed up for** the yoga class. (50명 넘는 사람들이 그 요가교실에 신청하고 있다)

☐ My father and I don't **agree on** anything. (아빠와 나는 모든 점에서 의견이 일치하지 않는다)

☐ He plans to **set up** his own business. (그는 스스로 사업을 일으킬 것을 계획하고 있다)

Day 49 🔊
Quick Review
답은 왼쪽 페이지 아래

☐ make up for　☐ reach for　☐ agree with　☐ gaze at
☐ stand by　☐ figure out　☐ lead to　☐ burst into
☐ take over　☐ care for　☐ stand for　☐ prepare for
☐ do away with　☐ deal in　☐ put on　☐ result from

Day 51

동사구5
「동사＋A＋전치사＋B」형1

□ 0801
remind A of [about] B
Part 4

A에게 B를 연상시키다, 깨우치다

□ 0802
accuse A of B
Part 2, 3

❶A를 B의 이유로 기소[고발]하다 ❷A를 B의 이유로 비난하다(≒blame A for B, criticize A for B)
명accusation:❶고소, 기소 ❷비난

□ 0803
inform A of [about] B
Part 4

A에게 B에 대해서 알리다, 통지하다(≒notify A of B)
명information:(~에 관한)정보(about[on])~

□ 0804
search A for B

A(장소)를 B를 찾아서 수색[탐색]하다
명search:(~의)수색;조사(for[of]~)

□ 0805
provide A with B
Part 4

A에게 B를 제공[공급]하다(≒supply A with B, furnish A with B) ➕ provide A with B=provide B for A
명provision:공급, 제공
접provided:만일 ~라면, ~라는 조건으로

□ 0806
attach A to B
Part 5, 6

A를 B에 첨가하다, 붙이다(⇔detach A from B;A를 B에서 벗겨내다)
명attachment:❶첨부파일 ❷(~에의)애착, 애정(to[for]~) ❸부속품

□ 0807
expose A to B

❶A를 B(위험 등)에 노출시키다 ❷A를 B에 접촉하다
명exposure:(위험 등에)노출되는 것(to~)

□ 0808
attribute A to B
Part 7

A를 B의 결과라고 생각하다, A가 B에 기인한다고 생각한다(≒ascribe A to B)

continued ▼

□ 듣기 모드　Check 1
□ 확인 모드　Check 1▶2
□ 완벽 모드　Check 1▶2▶3

Check 2　Phrase

□ **remind** her **of** the party(그녀에게 그 파티[가 있다는 것]을 상기시키다)

□ **accuse** him **of** murder(살인으로 그를 기소하다)
□ **accuse** her **of** lying(거짓말 한 것으로 그녀를 비난하다)

□ **inform** him **of** the news(그에게 그 뉴스에 대하여 알리다)

□ **search** the woods **for** the missing girl(행방불명 소녀를 찾으려고 숲을 탐색하다)

□ **provide** homes **with** electricity(각 가정에 전기를 공급하다)

□ **attach** a file **to** an e-mail(파일을 전자메일에 첨부하다)

□ **expose** oneself **to** danger(위험에 노출되다)
□ **expose** students **to** classical music(학생에게 클래식음악을 들려주다)

□ **attribute** success or failure **to** ability rather than **to** effort(성공 또는 실패의 원인을 노력이 아니라 능력에 있다고 생각한다)

Check 3　Sentence

□ **Please be reminded of** the faculty meeting at 5 p.m.(직원회의가 오후 5시에 있다는 것을 잊지 마세요)

□ **Five politicians were accused of** corruption.(5명의 정치가가 뇌물수수로 고발당했다)

□ **Please keep us informed of** any change of address.(주소에 변경이 있는 경우에는 우리에게 알려주세요)

□ **I searched** my pockets **for** my house key.(나는 집 열쇠를 찾으려고 주머니를 살폈다)

□ **The NGO provided** the victims of the earthquake **with** food and blankets.(그 NGO는 지진 피해자에게 식량과 모포를 제공했다)

□ **I attached** the relevant information **to** the report.(나는 그 보고서에 관련정보를 첨부했다)

□ **The workers at the nuclear power plant were exposed to** high levels of radioactivity.(그 원자력발전소의 작업자들은 고농도의 방사능에 노출되었다)

□ **Global warming is attributed to** the emission of greenhouse gases.(지구온난화는 온실효과가스의 방출에 기인한다고 생각할 수 있다)

continued ▼

Check 1　　Listen))

☐ 0809
substitute A for B
Part 7

▶ **A를 B 대신에 이용하다**;A에게 B 대신을 시키다 ➕ replace
A with B는 'A를 B와 대체하다'
명 substitute:❶대리인 ❷대리품
형 substitute:대리[대용]의
명 substitution:❶대리, 대용 ❷대리인, 대용품

☐ 0810
apologize to A for B
Part 5, 6

▶ **A에게 B의 일로 사과하다**, 사죄하다
명 apology:(～에 대한)사죄, 사과(for～)

☐ 0811
rob A of B

▶ **A에서 B**(돈·물건)**를 빼앗다**, 강탈하다(steel B form A)
➕ deprive A of B는 'A한테서 B(권리·지위 등)를 빼앗다'
명 robber:강도, 도둑
명 robbery:강도(사건)

☐ 0812
apply A to B

▶ **A를 B에 이용**[응용, 적용]**하다**(≒use A for B)
명 application:❶(～로)신청(서)(for～) ❷(～로)이용, 적용
(to～)
명 applicant:(～로)지원자, 응모자(for～)

☐ 0813
admit A to [into] B
Part 5, 6

▶ **A에게 B로의 입장**[입회, 입학]**을 인정하다**
명 admission:❶입장료 ❷입장[입학, 입사]허가 ❸(죄 등의)자
백(of～)

☐ 0814
regard A as B
Part 2, 3

▶ **A를 B로 간주하다**, 생각하다(≒see A as B, view A as B,
think of A as B, look on A as B)
명 regard:❶(～에 대한)존경(for～) ❷(～에 대한)배려(for～)
전 regarding:～에 관해, ～에 대하여

☐ 0815
adapt A to B
Part 5, 6

▶ **A를 B에 적합**[적응, 순응]**하게 하다**(≒adjust A to B)
명 adaptation:(～에)적합, 적응(to～)
형 adaptable:(～에)적합[적응, 순응]할 수 있는(to～)

☐ 0816
appoint A as B
비즈니스문제

▶ **A를 B**(의 직위)**에 임명**[지명]**하다**
명 appointment:❶(면회의)약속, (의사 등의)예약 ❷임명

Day 50))
Quick Review
답은 오른쪽 페이지 아래

☐ ～을 떠올리다
☐ 일렬로 나열하다
☐ ～을 정리하다
☐ ～을 체출하다

☐ ～을 다 사용하다
☐ ～을 팔아 치우다
☐ ～에 주의를 집중하다
☐ 웅크리다

☐ ～을 해체하다
☐ ～에 성공하다
☐ ～을 경험하다
☐ ～을 확보해두다

☐ ～을 인내하다
☐ ～에 신청하다
☐ ～의 점에서 의견이 일치하다
☐ ～을 설립하다

□ **substitute** margarine **for** butter (마가린을 버터 대신에 사용하다)

□ **apologize to** her **for** being late (늦은 것을 그녀에게 사과하다)

□ **rob** him **of** his money (그에게 돈을 빼앗기다)

□ **apply** new technology **to** the production process (새로운 기술을 제조공정에 응용하다)

□ **admit** him **to** the club (그에게 그 클럽의 입회를 인정하다)
□ be **admitted to** (the) hospital (입원하다)

□ **regard** him **as** a genius (그를 천재로 생각하다)

□ **adapt** the company **to** changes in the economy (회사를 경제의 변화에 적응시키다)
□ **adapt** oneself **to** ~ (~에 순응하다)

□ **appoint** him **as** sales manager (그를 영업부장에 임명하다)

□ **You can substitute pork for beef in this recipe.** (그 조리법에는 돼지고기를 소고기 대신에 사용할 수 있다)

□ **You should apologize to your daughter for reading her e-mails.** (당신은 딸의 전자메일을 읽은 것에 대해 그녀에게 사과하는 것이 좋다)

□ **They robbed the company of $5 million.** (그녀는 그 회사에서 500만 달러를 훔쳤다)

□ **She applied the money to the payment of debts.** (그녀는 그 돈을 부채 지불에 사용했다)

□ **Greece was admitted to the European Union in 1981.** (그리스는 1981년에 유럽연합의 회원국이 되었다)

□ **Paris is regarded as the fashion capital of the world.** (파리는 세계 패션의 중심지로 간주된다)

□ **It would take a while to adapt my life to the new environment.** (새로운 환경에 나의 생활을 적응시키기 위해서는 잠시 시간이 걸릴 것이다)

□ **She was appointed as the US representative to the United Nations.** (그녀는 유엔의 미국대표로 임명되었다)

Day 50
Quick Review
답은 왼쪽 페이지 아래

□ come up with	□ run out of	□ take down	□ put up with
□ line up	□ sell off	□ succeed in	□ sign up for
□ put away	□ focus on	□ go through	□ agree on
□ turn in	□ bend over	□ set aside	□ set up

Day 52

동사구6
「동사＋A＋전치사＋B」형2

Check 1　　Listen 》

□ 0817
convert A **into** [to] B
Part 7

A를 B로 바꾸다(≒change A into[to] B)

□ 0818
congratulate A **on** B
Part 5, 6

A의 B를 축하하다, A에게 B로 축하의 말을 하다
명congratulation:❶(~s)축하의 말 ❷(Congratulations로)축하합니다

□ 0819
connect A **to** B
Part 2, 3

❶(전화로)A를 B에 연결하다 ➕이 의미에서는 to 대신에 with를 이용하기도 한다(≒put A through to B) ❷A를 B에 접속하다(≒link A to B, join A to B)
명connection:❶(~과의/…와의 사이의)관계, 연결(with~/between...) ❷접속

□ 0820
separate A **from** B
Part 5, 6

❶A를 B에서 분리하다 ❷A를 B에서 구별하다
명separation:❶분리 ❷이혼;(부부의)별거
부separately:개별적으로

□ 0821
direct A **to** B
Part 2, 3

❶A에게 B로 가는 길을 가르쳐주다 ❷A(주의 등)를 B에게 하다
형direct:❶곧은 ❷직접적인
명direction:❶(~s)길 안내 ❷사용법 ❸방향
명director:❶(회사의)이사, 중역 ❷(영화 등의)감독

□ 0822
compare A **to** [with] B
Part 5, 6

❶A를 B에 비교하다 ❷A를 B에 비유하다
명comparison:(~과의)비교(with~)
형comparable:❶(~와)유사[동종]의(with[to]~) ❷(~와)비교할 만한, 동등의(with[to]~)

□ 0823
introduce A **to** B
Part 5, 6

❶A를 B에게 소개하다 ❷A(상품 등)를 B(시장 등)에 판매하다
명introduction:❶(~에)도입(into[to]~) ❷(~에)소개(to~)

□ 0824
distinguish A **from** B

A를 B와 구별하다
형distinguished:(~로)유명한(for~);훌륭한;두각을 드러낸
형distinct:(~와)다른(from~)
명distinction:(~의 사이의)구별, 차별(between~)

continued
▼

☐ 듣기 모드　Check 1
☐ 확인 모드　Check 1 ▶ 2
☐ 완벽 모드　Check 1 ▶ 2 ▶ 3

Check 2　Phrase	Check 3　Sentence
☐ **convert** the building **into** a museum(그 빌딩을 박물관으로 바꾼다)	☐ We **converted** the small bedroom **into** a second bathroom. (우리는 작은 침실을 두 번째 욕실로 바꿨다)
☐ **congratulate** her **on** her wedding(그녀의 결혼식을 축하한다)	☐ I **congratulated** him **on** his win. (나는 그의 승리를 축하했다)
☐ **connect** the call **to** extension 134(그 전화를 내선 134로 연결하다) ☐ **connect** the hose **to** the faucet(호스를 수도꼭지에 연결하다)	☐ Could you **connect** me **to** Mr. Takahashi, please? ([전화를]다카하시 씨와 연결해주시겠습니까?)
☐ **separate** the egg whites **from** the yolks (흰자를 노른자와 분리하다) ☐ **separate** the good **from** the bad(선악을 구별하다)	☐ He is **separated from** his wife. (그는 아내와 별거 중이다)
☐ **direct** him **to** the station(그에게 역으로 가는 길을 가르쳐주다) ☐ **direct** one's attention **to** ～(～에게 주의를 주다)	☐ Could you **direct** me **to** the marketing department? (마케팅부로 가는 방법을 가르쳐 주시겠습니까?)
☐ **compare** her work **to** his(그녀의 작품을 그의 작품과 비교하다) ☐ **compare** life **to** a journey(인생을 여행에 비유하다)	☐ I don't like to be **compared to** others. (나는 타인과 비교되는 것을 좋아하지 않는다)
☐ **introduce** him **to** my parents (그를 나의 양친에게 소개하다) ☐ **introduce** products **to** the market(제품을 시장에 팔다)	☐ Have you two been **introduced to** each other? (서로 자기소개를 마쳤습니까?)
☐ **distinguish** fantasy **from** reality(공상을 현실과 구별하다)	☐ The sisters are so alike it's difficult to **distinguish** one **from** the other. (그 자매는 매우 닮아서 구분하는 것이 어렵다)

continued ▼

Check 1　　　Listen 》

□ 0825
owe A to B

❶**A는 B 덕분이다**, A에 대하여 B의 은혜를 입다 ❷A(돈)을 B에게 빌리다

□ 0826
appeal to A for B

A에 B(도움 등)를 요구하다
圀appeal:❶(~을 요구하는)호소, 탄원(for~) ❷(~에 대한)매력(for~) ❸(~에)상소(to~)

□ 0827
contribute A to [toward] B
Part 2, 3

A를 B에 기부하다, 주다, 기증하다(≒donate A to B)
圀contribution:❶(~로의)공헌, 기여(to[toward]~) ❷(~로의)기부(금)(to[toward]~)

□ 0828
relate A to [with] B
Part 5, 6

A를 B와 연관짓다(≒connect A with B)
圀relation/relationship:(~의 사이의/…과의)관계, 관련(between~/with…)
혱related:(be related to로)~와 관계가 있다

□ 0829
blame A for B

A를 B로 비난하다, 책망하다(≒accuse A of B, criticize A for B)(⇔praise A for B;A를 B로 칭찬하다) ➕ blame A for B=blame B on A
圀blame:(~에 대한)비난(for~)

□ 0830
deprive A of B

A에서 B(권리·지위 등)를 빼앗다, 채택하다 ➕ rob A of B는 'A에서 B(돈·물건)을 빼앗다'

□ 0831
exchange A for B
Part 2, 3

❶**A를 B와 교환하다** ❷A를 B로 바꾸다
圀exchange:❶교환 ❷환전

□ 0832
present A to B
Part 5, 6

❶**A를 B에 제출하다** ❷A를 B에 증정하다 ➕present A to B=present B with A
혱present:❶(~에)출석한(at[in]~) ❷현재의
圀present:선물
圀presentation:❶발표, 설명;제출 ❷증정

Day 51 》
Quick Review
답은 오른쪽 페이지 아래

□ A에게B를 연상시키다　□ A에게 B를 제공하다　□ A를 B 대신에 이용하다　□ A에게 B로의 입장을 인정하다
□ A를B의 이유로 기소하다　□ A에게 B에 첨가하다　□ A에게 B의 일로 사과하다　□ A를 B로 간주하다
□ A에게 B에 대하여 알리다　□ A를 B에 노출시키다　□ A에게 B를 빼앗다　□ A를 B에 적합하게 하다
□ A를 B를 찾아서 수색하다　□ A를 B의 결과라고 생각하다　□ A를 B에 이용하다　□ A 를 B 로 간주하다

☐ **owe** her success **to** him(그녀의 성공은 그 덕분이다)
☐ **owe** $5,000 **to** the bank(5,000 달러를 그 은행에 대출받다)

☐ **appeal to** him **for** help(그에게 도움을 요청하다)

☐ **contribute** $40,000 **to** the project(4만 달러를 그 프로젝트에 기부한다)

☐ **relate** disease **to** poverty(병을 빈곤과 연관짓다)

☐ **blame** him **for** being lazy(그를 태만하다고 비난하다)

☐ **deprive** him **of** his rights [freedom](그에게서 권리[자유]를 빼앗다)

☐ **exchange** the shirt **for** a larger size(셔츠를 큰 사이즈로 교환하다)
☐ **exchange** dollars **for** yen(달러를 엔으로 환전하다)

☐ **present** the report **to** the board(보고서를 위원회에 제출하다)
☐ **present** a gift **to** her(그녀에게 선물을 증정하다)

☐ He **owes** the completion of the book **to** his wife.(그가 그 책을 다 읽은 것은 그의 아내 덕분이다)

☐ The police are **appealing to** the public **for** information about the traffic accident.(경찰은 그 교통사고에 관한 정보를 사람들에게 구하고 있다)

☐ Many volunteers **contributed** countless hours **to** the event.(많은 봉사자가 그 이벤트에 셀 수 없을 정도의 시간을 할애했다)

☐ Some scientists **relate** specific weather events **to** global warming.(특정 기후를 지구온난화와 연관짓는 과학자도 있다)

☐ No one can **blame** her **for** losing the game.(누구나 그 시합에 진 것으로 그녀를 비난할 수 없다)

☐ Years of drought **deprived** the area **of** water.(몇 년간 이어진 가뭄으로 그 지역에는 물이 없어졌다)

☐ She **exchanged** the dress **for** a smaller one.(그녀는 옷을 작은 것으로 교환했다)

☐ He **presented** his passport **to** an immigration officer.(그는 여권을 입국심사관에게 제출했다)

Day 51))
Quick Review
답은 왼쪽 페이지 아래

☐ remind A of B
☐ accuse A of B
☐ inform A of B
☐ search A for B
☐ provide A with B
☐ attach A to B
☐ expose A to B
☐ attribute A to B
☐ substitute A for B
☐ apologize to A for B
☐ rob A of B
☐ apply A to B
☐ admit A to B
☐ regard A as B
☐ adapt A to B
☐ appoint A as B

Day 53 동사구7
「동사＋A＋전치사＋B」형3

□ 0833
recognize A as B
A를 B라고 인정하다
명recognition:❶(～라는)인식, 평가(that절～) ❷승인, 인가

□ 0834
praise A for B
A를 B로 칭찬하다(≒commend A for B)(⇔accuse A of B, blame A for B, criticize A for B)
명praise:(～에 대한)칭찬(for～)

□ 0835
range from A to B
Part 5, 6
(범위 등이)A에서 B로 미치다, 올라타다
명range:❶범위, 폭 ❷사정(거리)

□ 0836
describe A as B
Part 5, 6
A를 B라고 말하다[평하다]
명description:묘사, 설명, 기술

□ 0837
translate A into B
A를 B로 번역하다 ➕ '～을 통역하다'는 interpret
명translation:번역

□ 0838
refer to A as B
Part 5, 6
A를 B라 부르다, 말하다
명reference:❶(～에)언급(to～) ❷참조 ❸(이력서 등의)추천장

□ 0839
warn A of [about] B
Part 4
A에 B(위험 등)를 경고[주의]하다
명warning:(～의/…에 대한)경고, 경보(of～/against…)

□ 0840
admire A for B
A를 B의 점에서 칭찬하다
명admiration:(～에 대한)감탄;칭찬(의 기분)(for～)

continued ▼

☐ 듣기 모드　Check 1
☐ 확인 모드　Check 1 ▸ 2
☐ 완벽 모드　Check 1 ▸ 2 ▸ 3

Check 2　Phrase

☐ **recognize** him **as** the best violinist (그를 최고의 바이올린 연주자라 인정한다)

☐ **praise** her **for** her hard work (그녀가 근면하다는 것을 칭찬한다)

☐ people whose ages **range from** 15 **to** 34 (15세부터 34세에 걸친 연령의 사람들)

☐ **describe** her **as** shy (그녀를 내성적이라고 말한다)

☐ **translate** French **into** English (프랑스어를 영어로 번역하다)

☐ **refer to** Paris **as** {the city of light} (파리를 '빛의 고장'이라 말한다)

☐ **warn** drivers **of** danger (운전사에게 위험을 경고하다)

☐ **admire** him **for** his courage (그의 용기를 칭찬하다)

Check 3　Sentence

☐ **Taiwan** is not **recognized as** an independent country by China. (대만은 중국의 독립국가로 인정받지 못한다)

☐ **Everyone** praises him **for** his honesty. (누구나 그가 정직하다는 것을 칭찬한다)

☐ **Our** computer prices **range from** $1,000 **to** $5,000. (당사의 컴퓨터의 가격은 1,000달러부터 5,000달러의 범위다)

☐ **His** colleagues **describe** him **as** fun and outgoing. (그의 동료는 그를 즐겁고 사교적이라고 평가하고 있다)

☐ **Many** of his novels are **translated into** English. (그의 소설 대부분은 영어로 번역되고 있다)

☐ **Spain** is officially **referred to as** {the Kingdom of Spain.} (스페인은 정식으로는 스페인 왕국이라 불리고 있다)

☐ **The** doctor **warned** me **of** the risks of obesity. (그 의사는 내게 비만의 위험성에 대하여 경고했다)

☐ **Everyone** admires her **for** her beauty and talent. (누구나 그녀의 아름다움과 재능을 칭찬한다)

continued ▼

Check 1　Listen 》

□ 0841
save A for B

A(돈 등)를 B를 위해 확보해두다(≒ set aside A for B, put aside A for B, reserve A for B)

□ 0842
devote A to B

A(시간 등)를 B(일·목적 등)에 바치다, 충당하다(≒ dedicate A to B)
몡 devotion:(~에)헌신, 전념(to~)
혱 devoted:(be devoted to로)~에 헌신[전념]하다

□ 0843
protect A from [against] B

Part 4

A를 B(위험 등)에서 지키다, 막다(≒ defend A against[from] B, guard A against[from] B)
몡 protection:❶(~에서)보호(from[against]~) ❷(~로부터)보호물(from[against]~)

□ 0844
treat A to B

Part 2, 3

A에게 B를 한턱내다, 대접하다
몡 treatment:❶(~의)치료(for[of]~) ❷(~의)대우, 취급(of~)

□ 0845
supply A with B

A에게 B를 공급[제공]하다(≒ provide A with B, furnish A with B) ➕ supply A with B=supply B to A
몡 supply:❶(통례 ~ies)비품;필수품;재고 ❷공급 ❸공급물
몡 supplier:공급[납품]업자

□ 0846
assure A of B

Part 2, 3

A에게 B를 보증하다
몡 assurance:❶보증 ❷자신

□ 0847
tune A to B

Part 4

A(라디오 등)를 B(특정국)에 맞추다
몡 tune:❶곡, 멜로디 ❷조화

□ 0848
suspect A of B

A에게 B(범죄 등)의 용의[혐의]를 두다
몡 suspect:용의자
몡 suspicion:(~에 대한)의혹(about[against, for]~)

<table>
<tr><td>

Check 2   Phrase

□ **save** dinner **for** him (그를 위해 저녁 식사를 확보해두다)

□ **devote** one's life **to** helping the poor (가난한 사람들을 돕는 일에 인생을 바치다)

□ **protect** skin **from** the sun (피부를 태양으로부터 지키다)

□ **treat** him **to** a drink (음료를 대접하다)
□ **treat** oneself **to** ~ (~을 즐기다)

□ **supply** him **with** the information he requests (그가 요청한 정보를 그에게 제공한다)

□ **assure** consumers **of** quality and safety (소비자에게 품질과 안전성을 보증하다)

□ **tune** the TV **to** channel 3 (텔레비전을 3채널에 맞추다)

□ **suspect** him **of** fraud (그에게 사기의 혐의를 두다)

</td><td>

Check 3   Sentence

□ I'm **saving** money **for** a new car. (나는 새로운 차를 위해 돈을 모으고 있다)

□ He wants to **devote** more time **to** his family. (그는 보다 많은 시간을 가정에 바치길 원한다)

□ The law is meant to **protect** consumers **from** unsafe products. (그 법률은 위험한 제품으로부터 소비자를 지키기 위해 있다)

□ Let me **treat** you **to** dinner tonight. (오늘밤은 당신에게 저녁식사를 대접하고 싶어요)

□ Employees were **supplied with** uniforms. (종업원들은 제복을 지급받았다)

□ They **assured** me **of** their support. (그들은 나에게 지원을 보장했다)

□ Stay **tuned to** this station for more news. (채널은 그대로 고정하고 뉴스를 계속 들어주세요)

□ The official is **suspected of** embezzling public money. (그 임원은 공금을 횡령했다는 의혹을 두고 있다)

</td></tr>
</table>

Day 52 🔊
Quick Review
답은 왼쪽 페이지 아래

□ convert A into B
□ congratulate A on B
□ connect A to B
□ separate A from B

□ direct A to B
□ compare A to B
□ introduce A to B
□ distinguish A from B

□ owe A to B
□ appeal to A for B
□ contribute A to B
□ relate A to B

□ blame A for B
□ deprive A of B
□ exchange A for B
□ present A to B

Day 54 동사구8
「동사＋to do [doing]」형

☐ 0849
prepare to do
Part 4

~할 준비를 하다 ➕ 이 의미에서는 (×)prepare doing라고는 말하지 않는다
[형]prepared:(be prepared to do로)~하는 각오[준비]할 수 있는
[명]preparation:(~의)준비(for[of]~)

☐ 0850
manage to do
Part 5, 6

어떻게든 ~한다, 잘[성공적으로]~하다 ➕ 이 의미에서는 (×)manage doing이라고는 말하지 않는다
[명]management:❶(집합저그로)경영진, 경영자측 ❷관리, 경영
[명]manager:❶지배인, 관리인 ❷감독

☐ 0851
afford to do
Part 2, 3

(can을 동반하여)**~할 여유가 있다** ➕ 이 의미에서는 (×)af-ford doing이라 말하지 않는다
[형]affordable:(가치 등이)저렴한;구입하기 쉬운

☐ 0852
fail to do
Part 4

(하려고 해서)**~할 수 없다**, ~하여 손해보다 ➕ 이 의미에서는 (×)fail doing이라고 말하지 않는다
[명]failure:❶(~에서)실패(in[of]~) ❷(~)하지는[할 수 없는] 것(to do)

☐ 0853
prefer to do
Part 2, 3

~하는 것이(…하는 것보다) **좋다**, (…하기보다)오히려 ~하고 싶은(rather than[to] do) ➕ prefer to do=prefer doing
[명]preference:❶(~에 대한)선호(for~) ❷우선

☐ 0854
continue to do
Part 4

계속 ~하다 ➕ continue to do=continue doing
[명]continuity:연속성
[형]continual:(특별히 싫은 것이)연속되는
[형]continuous:끊임없는

☐ 0855
aim to do
Part 5, 6

~하는 것을 목표로 하다;~하자고 노력하다 ➕ 이 의미에서는 (×)aim doing이라고 말하지 않는다
[명]aim:❶(~의)목표;목적(of~) ❷겨냥

☐ 0856
intend to do
Part 5, 6

~할 작정이다(≒be going to do, plan to do, propose to do) ➕ intend to do=intend doing
[명]intent:(~하는)의도, 의지(to do)
[명]intention:(~하는)의도, 작정(of doing[to do])

continued ▼

Check 2　Phrase

□ **prepare to take the entrance exam**(입시를 치를 준비를 하다)

□ **manage to solve the problem**(그 문제를 어떻게든 해결하다)

□ **afford to buy a new house**(새로운 집을 살 여유가 있다)

□ **fail to arrive on time**(시간대로 도착할 수 없다)
□ **never fail to do ~**(반드시 ~하다)

□ **prefer to read rather than (to) watch television**(텔레비전을 보는 것보다 책을 읽는 것이 좋다)

□ **continue to work until midnight**(밤 12시까지 계속 일하다)

□ **aim to reduce the deficit**(적자를 줄이는 것을 목표로 하다)

□ **intend to study economics in London for three years**(3년간 런던에서 경제학을 공부할 작정이다)

Check 3　Sentence

□ **He is preparing to retire in a year.** (그는 1년 안에 퇴직할 준비를 하고 있다)

□ **I managed to finish the report in time.**(나는 어떻게든 늦지 않게 보고서를 작성하였다)

□ **We can't afford to waste time.**(내게는 시간을 낭비할 여유는 없다)

□ **He failed to pass the entrance exam.**(그는 입시에 합격할 수 없었다)

□ **I would prefer to discuss this issue with you.**(이 문제에 대해서 당신과 이야기하고 싶습니다만)

□ **Heavy rain is expected to continue to hit the Kyushu region throughout Saturday.**(토요일 내내 호우가 규슈 지방에 내릴 것으로 예상된다)

□ **I'm aiming to lose five kilograms by the end of the year.**(나는 연말까지 5킬로그램 감량을 목표로 한다)

□ **She intends to go to New Zealand next year.**(그녀는 내년에 뉴질랜드에 갈 예정이다)

continued
▼

Check 1　　Listen 》

□ 0857
struggle to do
Part 5, 6

~하려고 노력[분투]하다 ➕ 이 의미에서는 (×)struggle doing이라는 말하지 않는다
▶ 몡struggle:고투, 노력　▶

□ 0858
agree to do
Part 5, 6

❶~하는 것으로 의견이 일치하다 ❷~하는 것을 승인하다
➕ 이들 의미에서는 (×)agree doing이라 말하지 않는다
몡agreement:❶(~과의/…에 관한)협정, 계약(with~/on…)
❷(~과의)합의(with~)　▶

□ 0859
decide to do
Part 5, 6

~하자고 결심하다, ~하기로 하다 ➕ 이 의미에서는 (×)decide doing이라 말하지 않는다
몡decision:❶(~에 관한)결정(about[on]~) ❷(~하려고 하는)
결심(to do) ❸판결　▶

□ 0860
appear to do

~하는 것처럼 보이다, ~인 것 같다(≒seem to do) ➕ 이 의미에서는 (×)appear doing이라 말하지 않는다

□ 0861
avoid doing
Part 5, 6

~할 것을 피하다, ~하려고 하다 ➕이 의미에서는 (×)avoid to do라고는 말하지 않는다
몡avoidance:피하는 것, 회피　▶

□ 0862
hate doing

~하는 것을 싫어하다 ➕hate doing=hate to do
몡hatred:(~에 대한)미움, 증오(of[for, toward]~)

□ 0863
deny doing
Part 5, 6

~하지 않았다[않는다]고 말하다 ➕이 의미에서는 (×)deny to do라고는 말하지 않는다
몡denial:❶부정 ❷거부　▶

□ 0864
suggest doing
Part 5, 6

~하자고 제안하다(≒propose doing) ➕ 이 의미에서는 (×)suggest to do라고는 말하지 않는다
몡suggestion:(~라고 하는)제안(that절~)　▶

Day 53 》
Quick Review
답은 오른쪽 페이지 아래

□ A를 B라고 인정하다　□ A를 B로 번역하다　□ A를 B를 위해 확보해두다　□ A에게 B를 공급하다
□ A를 B로 칭찬하다　□ A를 B라 부르다　□ A를 B에 바치다　□ A에게 B를 보충하다
□ A에서 B로 미치다　□ A에 B를 경고하다　□ A를 B에서 지키다　□ A를 B에 맞추다
□ A를 B라고 말하다　□ A를 B의 점에서 칭찬하다　□ A에게 B를 한턱내다　□ A에게 B의용의를두다

Check 2　Phrase

□ **struggle to keep from crying** (울지 않도록 노력하다)

□ **agree to collaborate** (협력하는 것에 의견이 일치하다)
□ **agree to attend the conference** (회의에 출석할 것을 승낙하다)

□ **decide to be a politician** (정치가가 되자고 결심한다)

□ **appear to hesitate** (주저하는 듯이 보인다)

□ **avoid making mistakes** (실수하지 않도록 하다)

□ **hate going to the doctor** (의사에게 가는 것을 싫어한다)

□ **deny ever seeing him** (그와 만난 적이 한 번도 없다고 말한다)

□ **suggest going on a picnic** (소풍을 가자고 제안하다)

Check 3　Sentence

□ **Many companies are struggling to cope with the rising prices of crude oil.** (대부분의 회사는 치솟는 원유가에 대처하기 위해 노력하고 있다)

□ **Both sides agreed to keep their agreement confidential.** (양자는 협정을 비밀에 부치는 데 의견이 일치했다)

□ **He decided to leave the company.** (그는 그 회사를 그만두기로 결심했다)

□ **She appears to be in her late 20's.** (그녀는 20대 후반처럼 보인다)

□ **The company tried to avoid laying off its employees.** (그 회사는 종업원의 해고를 피하기 위해 노력했다)

□ **I hate getting up early.** (나는 일찍 일어나는 것이 싫다)

□ **He has denied taking the bribe from the contractor.** (그는 그 건설업자로부터 뇌물 받은 것을 부정하고 있다)

□ **My financial adviser suggested investing in the stock market.** (나의 투자 자문가는 주식시장에 투자할 것을 제안했다)

Day 53))
Quick Review
답은 왼쪽 페이지 아래

□ recognize A as B　□ translate A into B　□ save A for B　□ supply A with B
□ praise A for B　□ refer to A as B　□ devote A to B　□ assure A of B
□ range from A to B　□ warn A of B　□ protect A from B　□ tune A to B
□ describe A as B　□ admire A for B　□ treat A to B　□ suspect A of B

Day 55 동사구9
「동사 + A + to do [from doing]」형

☐ 0865
permit A to do

A에게 ~하는 것을 허락하다(≒allow A to do)
명permission:(~해도 좋다는)허가, 승인(to do)

☐ 0866
encourage A to do
Part 5, 6

A에게 ~하도록 격려하다(⇔discourage A from doing:A에게 ~하는 것을 그만두도록 하다)

☐ 0867
invite A to do
Part 5, 6

A에게 ~하도록 권하다, 의뢰하다
명invitation:❶(~에)초대(장)(to do~) ❷(~할 것을)권유(to do)

☐ 0868
instruct A to do

A에게 ~하도록 지시[명령, 지도]하다(≒tell A to do, direct A to do)
명instruction:❶(~s)사용설명서 ❷(통례~s)(~하라는)지시, 명령(to do) ❸교육

☐ 0869
persuade A to do
Part 5, 6

A를 설득하여 ~시키다(≒convince A to do, urge A to do, talk A into doing)
명persuasion:❶설득(력) ❷(~라는)확신(that절~)

☐ 0870
urge A to do
Part 7

A에게 ~하도록 재촉[설득]하다, 강하게 권하다(≒persuade A to do, convince A to do, talk A into doing)
명urge:(~하고 싶다는)충동(to do)
형urgent:긴급의, 긴급을 요하는

☐ 0871
warn A to do
Part 5, 6

A에게 ~하도록 경고[주의]하다
명warning:(~의/…에 대한)경고, 경보(of~/against...)

☐ 0872
allow A to do
Part 5, 6

A에게 ~하는 것을 허락하다(≒permit A to do)
명allowance:❶수당, 지급액;용돈 ❷할당량

continued ▼

☐ 듣기 모드　Check 1
☐ 확인 모드　Check 1 ▸ 2
☐ 완벽 모드　Check 1 ▸ 2 ▸ 3

Check 2　Phrase

☐ **permit** him **to** enter the room
(그에게 그 방에 들어가는 것을 허락하다)

☐ **encourage** her **to** try again
(그녀에게 다시 한 번 도전하도록 격려하다)

☐ **invite** him **to** attend the meeting(그에게 회의에 출석하도록 의뢰하다)

☐ **instruct** them **to** patrol the building(그 빌딩을 순찰하도록 그들에게 지시하다)

☐ **persuade** him **to** resign(그를 설득하여 사임시키다)

☐ **urge** her **to** find a job(그녀에게 일을 찾도록 설득하다)

☐ **warn** motorists **to** drive slowly(운전사들에게 천천히 운전하도록 주의하다)

☐ **allow** her **to** go to the party
(그녀에게 그 파티에 가는 것을 허락하다)

Check 3　Sentence

☐ **Those who are under 20 are not permitted to drink alcohol by law in Japan.** (20세 미만의 사람은 일본에서는 법률로 음주가 허락되지 않는다)

☐ **The teacher encourages students to read all kinds of books.** (그 선생님은 학생들에게 모든 종류의 책을 읽도록 권하고 있다)

☐ **His family invited me to stay with them for a couple of days.** (그의 가족은 그들과 함께 며칠간 머물 것을 내게 권했다)

☐ **Tourists are instructed not to take pictures in the gallery.** (여행객은 그 미술관 내에서는 사진을 찍지 말도록 지시받고 있다)

☐ **I tried to persuade her to come with me, but she refused.** (나는 그녀에게 함께 오도록 설득해봤지만, 그녀는 거절했다)

☐ **The Dalai Lama urged Tibetans to refrain from violence.** (달라이 라마는 티베트 사람에게 폭력행위를 삼가도록 강하게 촉구했다)

☐ **Visitors to the zoo are warned not to feed the animals.** (그 동물원을 찾은 사람들에게 동물들에게 먹이를 주지 말도록 경고하고 있다)

☐ **Passengers are not allowed to bring liquids or gels on board.** (승객들은 액체나 젤 같은 물질을 기내로 가지고 들어가는 것이 허가되지 않는다)

continued ▾

Check 1   Listen 》

□ 0873
convince A to do
Part 2, 3

A에게 ~하도록 설득하다(≒persuade A to do, urge A to do, talk A into doing)
[명]conviction: ❶(~라는)확신(that절[of]~) ❷유죄판결

□ 0874
enable A to do
Part 5, 6

A에게 ~할 수 있도록 하다, A에게 ~하는 것을 가능케 하다

□ 0875
request A to do
Part 5, 6

A에게 ~하도록 요청[간청]하다(≒ask A to do)
[명]request:(~의)요청, 의뢰(for~)

□ 0876
force A to do
Part 5, 6

A에게 ~할 것을 강제하다, 강요하다(≒compel A to do)
➕force A to do=force A into doing
[명]force: ❶군대 ❷군사력 ❸힘

□ 0877
ban A from doing
Part 5, 6

A가 ~하는 것을 금지하다(≒prohibit A from doing, forbid A to do)
[명]ban:(법에 의한)(~의)금지(on~)

□ 0878
discourage A from doing
Part 5, 6

A에게 ~하는 것을 그만두게 하다, 단념하다(≒deter A from doing)(⇔encourage A to do)

□ 0879
prohibit A from doing

❶A가 ~하는 것을 금지하다(≒ban A from doing, forbid A to do) ❷A가 ~하는 것을 방해하다(≒stop A form doing, keep a from doing, prevent A from doing)
[명]prohibition:(~의)금지(against[on, of]~)

□ 0880
prevent A from doing
Part 5, 6

A가 ~하는 것을 방해하다(≒stop A from doing, keep A from doing, prohibit A from doing)
[명]prevention: ❶예방, 방지 ❷(~의)예방[방지]책(against~)
[형]preventive:예방의

Day 54 》
Quick Review
답은 오른쪽 페이지 아래

□ ~할 준비를 하다
□ 어떻게든 ~하다
□ ~할 여유가 있다
□ ~할 수 없다

□ ~하는 것이 좋다
□ 계속 ~하다
□ ~하는 것을 목표로 하다
□ ~할 작정이다

□ ~하려고 노력하다
□ ~하는 것으로 의견이 일치하다
□ ~하고자 결심하다
□ ~하는 것처럼 보이다

□ ~할 것을 피하다
□ ~하는 것을 싫어하다
□ ~하지 않는다고 말하다
□ ~ 하자고 제안하다

- [ ] **convince** him **to** change his mind(그에게 생각을 바꾸도록 설득하다)

- [ ] **enable** people **to** work from home([기술의 진보 등이]사람들을 재택 근무할 수 있게 했다)

- [ ] **request** guests **to** wear formal clothes(손님에게 정장을 하도록 요청하다)

- [ ] **force** a suspect **to** confess(용의자에게 자백을 강요하다)

- [ ] **ban** people **from** owning handguns(사람들이 권총을 소지하는 것을 금지하다)

- [ ] **discourage** her **from** going there(그녀에게 그곳에 가지 않도록 하다)

- [ ] **prohibit** children **from** swimming in the river(아이가 그 하천에서 수영하는 것을 금지하다)

- [ ] **prevent** demonstrators **from** entering the building(데모 참가자들이 빌딩 안으로 들어가는 것을 저지하다)

- [ ] He tried to **convince** her **to** marry him.(그는 그녀에게 그와 결혼하도록 설득해봤다)

- [ ] Our goal is to **enable** employees **to** maximize their contribution to the company.(우리의 목표는 종업원들이 회사에 최대한으로 공헌하게 하는 것이다)

- [ ] You are kindly **requested** not **to** smoke.(담배는 삼가주세요)

- [ ] She was **forced to** marry him against her will.(그녀는 자신의 뜻과 상관없이 그와 결혼하지 않으면 안 되었다)

- [ ] He was **banned from** driving for six months.(그는 자동차 운전을 6개월간 금지당했다)

- [ ] I **discouraged** him **from** buying a new car.(나는 그가 신차를 사려는 것을 단념시켰다)

- [ ] Drivers are **prohibited from** using their mobile phones while driving.(운전자들은 운전 중에 휴대전화를 사용하는 것이 금지되었다)

- [ ] A traffic jam **prevented** me **from** attending an important business meeting.(교통 정체로 인해 나는 중요한 미팅에 참석할 수 없었다)

Day 54))
Quick Review
답은 왼쪽 페이지 아래

- [ ] prepare to do
- [ ] manage to do
- [ ] afford to do
- [ ] fail to do
- [ ] prefer to do
- [ ] continue to do
- [ ] aim to do
- [ ] intend to do
- [ ] struggle to do
- [ ] agree to do
- [ ] decide to do
- [ ] appear to do
- [ ] avoid doing
- [ ] hate doing
- [ ] deny doing
- [ ] suggest doing

Check 1　　Listen 》

□ 0881
be impressed by [with]
Part 5, 6

~에 감동[감탄]하다
명 impression: ❶인상 ❷(~라는)사고, 느낌(that절~)
형 impressive: 인사적인

□ 0882
be subject to
Part 5, 6

❶~에 좌우되다;~을 받기 쉽다 ❷~에 복종하다
명 subject: ❶주제;화제;테마 ❷학과, 과목

□ 0883
be capable of
Part 5, 6

~의 능력[재능]이 있다
명 capability:(~할 수 있는)능력, 재능(of doing[to do])

□ 0884
be involved in [with]
Part 5, 6

❶~에 참가하다 ❷~라고 관계하다
동 involve:~을 (사고 등에) 휘말리다(in...)
명 involvement:(~과의)연관, (~에)참가, 관여(in[with]~)

□ 0885
be indifferent to
Part 5, 6

~에 무관심하다
명 indifference:(~에 대한)무관심 (to[toward]~)

□ 0886
be suitable for
Part 5, 6

~에 적합하다, 어울리다(≒be appropriate for, be fit for, be proper for)
동 suit: ❶(의상 등이)~에 어울리다 ❷(기후 등이)~에 적합하다
명 suit: ❶슈트 ❷소송

□ 0887
be inferior to
Part 5, 6

❶~보다 열등하다 ❷보다 하급이다(⇔be superior to)

□ 0888
be responsible for
Part 2, 3

~에 책임이 있다
명 responsibility:(~에 대한/...하는)책임, 의무(for~/to do)

continued
▼

☐ 듣기 모드　Check 1
☐ 확인 모드　Check 1 ▸ 2
☐ 완벽 모드　Check 1 ▸ 2 ▸ 3

Check 2　Phrase

☐ **be impressed by** her knowledge(그녀의 지식에 감탄하다)
☐ **be favorably impressed by** ～(～에 좋은 인상을 받다)

☐ **be subject to** weather conditions([행사 등이]날씨에 좌우되다)
☐ **be subject to** the law(법률의 지배 아래에 있다)

☐ **be capable of** communicating in English(영어로 의사소통할 능력이 있다)

☐ **be involved in** volunteer activities(봉사활동에 참가하고 있다)
☐ **get [become] involved in** a controversy(논쟁에 휘말리다)

☐ **be indifferent to** fashion(유행에 관심이 없다)

☐ qualifications **suitable for** the job(그 일에 적합한 자격)

☐ feel **inferior to** others(타인에게 열등감을 가지다)
☐ **be inferior** in rank **to** ～(～보다 계급이 아래에 있다)

☐ **be responsible for** the education of children(아이의 교육에 책임이 있다)

Check 3　Sentence

☐ I was deeply **impressed by** the movie.(나는 그 영화에 깊은 감명을 받았다)

☐ Prices are **subject to** change without notice.(가격은 예고 없이 변경되기도 합니다) ➕ 제품광고 등의 표현

☐ The Airbus A380 is **capable of** carrying more than 800 passengers.(에어버스 A380은 800명 이상의 승객을 태울 수 있다)

☐ The employees are **involved in** a labor dispute with the management and may go on strike.(종업원들은 경영진과의 노동분쟁에 참가하여 파업할지도 모른다)

☐ They seemed **indifferent to** my presence.(그들은 내가 있는 것에 관심이 없는 것 같았다)

☐ This movie is not **suitable for** children.(이 영화는 어린이에게 적합하지 않다)

☐ This product is **inferior** in quality **to** the one I bought.(이 제품은 내가 산 것보다 품질이 못하다)

☐ The government is **responsible for** social welfare.(정부는 사회복지에 책임이 있다)

CHAPTER 1
CHAPTER 2
CHAPTER 3
CHAPTER 4
CHAPTER 5
CHAPTER 6
CHAPTER 7
CHAPTER 8
CHAPTER 9
CHAPTER 10
CHAPTER 11

continued ▼

Check 1   Listen 》

□ 0889
be superior to
Part 5, 6

~보다 우수하다, 낫다(⇔be inferior to)

□ 0890
be bound for
Part 4

(열차 등이)~행이다 ;~로 가려고 한다

□ 0891
be surrounded by
Part 1

~에 둘러싸이다
图surround:~을 에워싸다, 둘러싸다
图surrounding:(~s)(주위의)환경
图surrounding:주위[주변]의

□ 0892
be equal to
Part 5, 6

~와 같다 ;~에 필적하다
图equal:~와 같다
图equality:같은 것, 평등
图equalize:~을(…와) 같게 하다(with[to]...)

□ 0893
be absorbed in
Part 4

~에 열중하다, 몰두하다 ➕be absorbed into는 '~에 합병[흡수]되다'
图absorb:~을 흡수하다

□ 0894
be content with

~에 만족하다(≒be satisfied with)

□ 0895
be anxious about
Part 2, 3

~을 걱정하다
图anxiety:❶(~에 대한)걱정, 우려(about[over]~) ❷걱정거리
❸(~하고 싶다는)갈망(to do)

□ 0896
be dependent on
Part 5, 6

❶~에 의존하다(⇔be independent of) ❷에 의해 결정되다, ~나름이다
图dependent:부양가족
图dependence:(~로)의존(상태)(on[upon]~)

Day 55 》
Quick Review
답은 오른쪽 페이지 아래

□ A에게 ~하는 것을 허락하다 □ A를 설득하여 ~시키다 □ A에게 ~하도록 설득하다 □ A가 ~하는 것을 금지하다
□ A에게 ~하도록 격려하다 □ A에게 ~하도록 재촉하다 □ A에게 ~할 수 있도록 하다 □ A에게 ~하는 것을 그만두게 하다
□ A에게 ~하도록 권하다 □ A에게 ~하도록 경고하다 □ A에게 ~하도록 요청하다 □ A가 ~하는 것을 금지하다
□ A에게 ~하도록 지시하다 □ A에게 ~하는 것을 허락하다 □ A에게 ~할 것을 강제하다 □ A 가 ~ 하는 것을 방해하다

<table>
<tr><th>Check 2   Phrase</th><th>Check 3   Sentence</th></tr>
<tr><td>☐ be **superior** in number **to** ~
(~보다 수적으로 낫다)</td><td>☐ This car is far **superior** in performance **to** other cars. (이 차는 다른 차보다 성능이 훨씬 뛰어나다)</td></tr>
<tr><td>☐ a plane **bound for** Moscow
(모스크바행 비행기)</td><td>☐ This train is **bound for** Osaka. (이 열차는 오사카행이다)</td></tr>
<tr><td>☐ be **surrounded by** high walls
(높은 벽에 둘러싸여 있다)</td><td>☐ The man is **surrounded by** children. (남성은 아이들에 둘러싸여 있다)</td></tr>
<tr><td>☐ be **equal** in size **to** ~ (~와 크기가 같다)</td><td>☐ One meter is **equal to** 3.28 feet. (1미터는 3.28피트와 같다)</td></tr>
<tr><td>☐ be **absorbed in** a video game
(텔레비전 게임에 몰두하다)</td><td>☐ She seemed **absorbed in** deep thought. (그녀는 깊이 생각하고 있는 것 같았다)</td></tr>
<tr><td>☐ be **content with** one's current salary (현재의 급료에 만족하다)</td><td>☐ He is **content with** his job, his home, and his family. (그는 자신의 일, 집, 그리고 가정에 만족하고 있다)</td></tr>
<tr><td>☐ be **anxious about** one's future (장래를 걱정하다)</td><td>☐ Most children feel **anxious about** their first day at school. (대부분의 아이는 학교에서의 첫 날을 불안하게 느낀다)</td></tr>
<tr><td>☐ be **dependent on** one's parents (부모에게 의지하고 있다)
☐ be **dependent on** one's efforts ([성공 등이]노력하기 나름이다)</td><td>☐ Japan is heavily **dependent on** imported energy sources. (일본은 수입 에너지원에 크게 의존하고 있다)</td></tr>
</table>

Day 55))
Quick Review
답은 왼쪽 페이지 아래

☐ permit A to do	☐ persuade A to do	☐ convince A to do	☐ ban A from doing
☐ encourage A to do	☐ urge A to do	☐ enable A to do	☐ discourage A from doing
☐ invite A to do	☐ warn A to do	☐ request A to do	☐ prohibit A from doing
☐ instruct A to do	☐ allow A to do	☐ force A to do	☐ prevent A from doing

Day 57 · 동사구11 「be동사＋형용사＋전치사」형2

□ 0897
be accustomed to
Part 5, 6

~로 일관하다 (≒ be used to)

□ 0898
be used to
Part 5, 6

~에 익숙하다 (≒ be accustomed to)

□ 0899
be independent of

~로부터 독립하다 (⇔ be dependent on)
명 independence: (~로부터) 독립 (from~)

□ 0900
be ashamed of [about]

~을 부끄러워하다
명 shame: ❶유감스러운[애석한] 일 ❷부끄러움, 수치심

□ 0901
be sensitive to
Part 5, 6

~에 민감하다; ~에 (자주) 주의가 미치다
명 sense: ❶감각 ❷의미 ❸분별, 판단력
형 sensible: 현명한, 분별 있는

□ 0902
be puzzled about
[at]

~로 곤란하다, 당혹[곤혹]스러워하다 (≒ be confused about)
명 puzzle: ❶퍼즐 ❷어려운 문제

□ 0903
be conscious of

~을 의식[자각]하다; ~을 알아차리다 (≒ be aware of)(⇔ be unconsicous of)

□ 0904
be filled with
Part 1

~로 가득하다, 가득 채워져 있다

continued ▼

Check 2　Phrase

☐ **be accustomed to getting up early** (일찍 일어나는 데 익숙해져 있다)

☐ **be used to spicy food** (매운 요리에 익숙해져 있다)
☐ **get [become] used to** ~ (~에 익숙하다)

☐ **a commission independent of the government** (정부에서 독립한 위원회)

☐ **be ashamed of one's behavior** (자신의 행동거지를 부끄럽게 생각한다)
☐ **be ashamed of oneself** (자신을 부끄럽게 생각하다)

☐ **be sensitive to cold** (추위에 민감하다)
☐ **be sensitive to others' feelings** (타인의 기분을 잘 이해하다)

☐ **be puzzled about his attitude** (그의 태도에 당혹하다)

☐ **be conscious of her presence** (그녀가 있다는 것을 의식하다; 그녀가 있는 것을 알아차리다)

☐ **be filled with water** (물로 가득 채우다)

Check 3　Sentence

☐ **Children quickly become accustomed to a new environment.** (아이는 곧 새로운 환경에 익숙해진다)

☐ **He is used to speaking in public.** (그는 사람들 앞에서 이야기하는 데 익숙하다)

☐ **Mariko is financially independent of her parents.** (마리코는 금전적으로 부모로부터 독립해 있다)

☐ **I have done nothing to be ashamed of.** (나는 부끄러운 일은 아무것도 하지 않았다)

☐ **Doctors have to be sensitive to their patients' needs.** (의사는 환자의 요구에 민감하지 않으면 안 된다)

☐ **He was puzzled about what to say.** (그는 무슨 말을 해야 할지 난감해했다)

☐ **He isn't conscious of his own faults.** (그는 자신의 결점을 자각하지 못하고 있다)

☐ **The shelves are filled with books.** (책장에는 책이 가득 꽂혀 있다)

continued ▼

Check 1　　Listen 》

□ 0905
be absent from ▶

~을 결석[결근]하다(⇔be present at[in])
명absence:❶결석, 결근, 부재 ❷(~이)없는 것, 결여(fo~)

□ 0906
be free of [from] ▶

~을 면하다
동free:~을 해방하다, 자유롭게 하다

□ 0907
be certain of [about] ▶

~을 확신하다(≒be sure of[about], be confident of[about])
(⇔be uncertain of[about])
부certainly:❶확실히, 틀림없이 ❷(대답으로서)물론 말씀대로 알겠습니다
동ascertain:~을 확인시키다

□ 0908
be familiar with
Part 2, 3 ▶

~에 정통하다　➕ be familiar to는 '~에 잘 알려져 있다'

□ 0909
be aware of
Part 2, 3 ▶

~을 깨닫다, ~을 알다(≒be conscious of)
명awareness:(~의)인식, 자각(of~)

□ 0910
be credited with [for]
Part 5, 6 ▶

~의 공적이 있다고 생각되다
명credit:❶신용대출, 크레디트 ❷신용, 신뢰

□ 0911
be engaged in
Part 5, 6 ▶

~에 종사[몰두]하다　➕ be engaged to는 '~와 약혼하다'
명engagement:❶(~과의)약혼(to~) ❷(~와의)(면회 등의)약속(with~)

□ 0912
be seated on
Part 1 ▶

~에 앉아 있다

Day 56 》
Quick Review
답은 오른쪽 페이지 아래

□ ~에 감동하다
□ ~에 좌우되다
□ ~의 능력이 있다
□ ~에 참가하다

□ ~에 무관심하다
□ ~에 적합하다
□ ~보다 열등하다
□ ~에 책임이 있다

□ ~보다 우수하다
□ ~행이다
□ ~에 둘러싸이다
□ ~와 같다

□ ~에 열중하다
□ ~에 만족하다
□ ~을 걱정하다
□ ~에 의존하다

Check 2 Phrase

☐ **be absent from class**(수업에 결석하다)

☐ **be free of obligations**(의무를 면하다)
☐ **be free of debt**(빚이 없다)

☐ **be certain of victory**(승리를 확신하다)

☐ **be familiar with computers**(컴퓨터에 정통하다)

☐ **be aware of the harmful effects of overworking**(과로의 악영향을 알다)

☐ **be credited with the discovery of insulin**(인슐린 발견의 공적을 인정하고 있다)

☐ **be engaged in the project**(프로젝트에 몰두하다)

☐ **be seated on a chair**(의자에 앉아 있다)

Check 3 Sentence

☐ **Jack has been absent from work for four days.**(잭은 4일간 회사를 쉬고 있다)

☐ **No one is free of prejudice.**(편견이 없는 사람은 없다)

☐ **He is certain of being elected mayor.**(그는 시장에 선발될 것을 확신하고 있다)

☐ **She is familiar with French literature.**(그녀는 프랑스 문학에 정통하다)

☐ **People should be aware of the dangers of drinking and driving.**(사람들은 음주운전의 위험성을 깨달아야 했다)

☐ **He is credited with making the business a success.**(그는 그 사업을 성공시킨 공헌을 인정받았다)

☐ **Students in the US are more often engaged in volunteer activities than those in Japan.**(미국 학생은 일본 학생보다 봉사활동에 참가하는 경우가 많다)

☐ **The girl is seated on a bench.**(그 소녀는 벤치에 앉아 있다)

Day 56))
Quick Review
답은 왼쪽 페이지 아래

☐ be impressed by
☐ be subject to
☐ be capable of
☐ be involved in

☐ be indifferent to
☐ be suitable for
☐ be inferior to
☐ be responsible for

☐ be superior to
☐ be bound for
☐ be surrounded by
☐ be equal to

☐ be absorbed in
☐ be content with
☐ be anxious about
☐ be dependent on

Day 58 동사구12 「be동사＋형용사＋전치사」형3

Check 1　　Listen 》

☐ 0913
be **headed for** [toward]
Part 5, 6

～로 향하다

☐ 0914
be **based on**
Part 4

～에 근거하다
명base:❶토대 ❷기초
형basic:기초의, 기본적인
명basic:(～s)기초, 기본원리

☐ 0915
be **satisfied with**
Part 5, 6

～에 만족하다(≒be content with)(⇔be dissatisfied with)
명satisfaction: 만족, 충족
형satisfactory:(～에 대해서) 만족한; 납득이 가는(to[for]～)

☐ 0916
be **nervous about**

～에 대해 걱정하다

☐ 0917
be **pleased with**
Part 5, 6

～에 기뻐하다, 만족하다
명pleasure:기쁨, 즐거움; 즐거운 일
형pleasant:❶즐거운, 유쾌한 ❷애교 있는 ❸(기후가) 쾌적해 기분 좋은

☐ 0918
be **fit for**

～에 적합하다(≒be appropriate for, be suitable for, be proper for)

☐ 0919
be **confused about**

～에 곤혹[당혹]스러워 하다(≒be puzzled about[at])
명confusion:❶(～에 대한)혼란(about[over, as to]～) ❷(～과 의/…사이의)혼동(with～/between...)

☐ 0920
be **sure of** [about]

～을 확신하다, ～에 자신이 있다(≒be certain of[about], be confident of[about])(⇔be unsure of[about])
부surely:확실히, 틀림없이, 확실하게

continued
▼

□ 듣기 모드　Check 1
□ 확인 모드　Check 1 ▶ 2
□ 완벽 모드　Check 1 ▶ 2 ▶ 3

Check 2　Phrase

□ **be** **headed for** **the Gulf of Mexico**([허리케인이]멕시코 만으로 향하고 있다)

□ **discrimination** **based on** **race**（인종에 근거한 차별）

□ **be** **satisfied with** **one's new job**（새로운 일에 만족하고 있다）

□ **be** **nervous about** **the result**（결과를 걱정하다）

□ **be** **pleased with** **the news**（그 뉴스에 기뻐하다）

□ **an environment** **fit for** **children**（아이에게 적합한 환경）

□ **be** **confused about** **the issue**（그 문제에 당혹스러워하다）

□ **be** **sure of** **one's success**（성공을 확신하다）

Check 3　Sentence

□ **The US economy may be** **headed for** **a recession.**（미국 경제는 불황을 향하고 있는 것일지도 모른다）

□ **The movie is** **based on** **a real event.**（그 영화는 실제로 있었던 사건에 근거하고 있다）

□ **We were** **satisfied with** **the service at the hotel.**（우리는 그 호텔의 서비스에 만족했다）

□ **He was** **nervous about** **driving again after the accident.**（그는 사고 후, 자동차를 운전하는 것을 걱정했다）

□ **We are** **pleased with** **the work he has done so far.**（우리들은 지금까지의 그의 일에 만족하고 있다）

□ **I don't think she is** **fit for** **the job.**（그녀는 그 일에 적합하지 않다고 나는 생각한다）

□ **If you're** **confused about** **anything, don't hesitate to call me.**（어떤 곤란한 일이 있으면 주저하지 말고 제게 전화해주세요）

□ **I'm not** **sure of** **my ability.**（나는 내 능력에 자신이 없다）

CHAPTER 1
CHAPTER 2
CHAPTER 3
CHAPTER 4
CHAPTER 5
CHAPTER 6
CHAPTER 7
CHAPTER 8
CHAPTER 9
CHAPTER 10
CHAPTER 11

continued ▼

Check 1　　Listen 》)

□ 0921
be flooded with
Part 1

~로 넘쳐나다
명flood:홍수

□ 0922
be disappointed with [at, about]
Part 5, 6

~에 실망하다
명disappointment:실망
형disappointing:실망시킬, 기대를 벗어난

□ 0923
be related to
Part 5, 6

~와 관계[관련]가 있다
명relation/relationship:(~사이의/…과)의 관계, 관련(be-tween~/with…)

□ 0924
be modeled on
Part 2, 3

~을 모델[본보기]로 삼다
명model:❶모형 ❷모델 ❸견본, 규범

---

272 ▶ 273

□ 0925
be proper to

~에 고유[특유]한 것이다(≒be unique to, be characteristic of, be peculiar to, be typical of)
명property:❶(집합적으로)재산;부동산 ❷(때때로~ies)특성
부properly:적절히

□ 0926
be opposed to

~에 반대하다
명opposition:❶반대 ❷(집합적으로)대전팀
형opposite:❶반대측의 ❷정반대의

□ 0927
be confident of [about]
Part 5, 6

~을 확신하다(≒be certain of[about], be sure of[about])
명confidence:❶(~에 대한)신용, 신뢰(in~) ❷(~로의)자신(in~)
형confidential:비밀의;(편지가)친전의

□ 0928
be eager for

~을 갈망[열망]하다
부eagerly:열망하여;열심히

Day 57 》)
Quick Review
답은 오른쪽 페이지 아래

□ ~로 일관하다	□ ~에 민감하다	□ ~을 결석하다	□ ~을 깨닫다
□ ~에 익숙하다	□ ~로 곤란하다	□ ~을 면하다	□ ~의 공적이 있다고 생각되다
□ ~로부터 독립하다	□ ~을 의식하다	□ ~을 확신하다	□ ~에 종사하다
□ ~을 부끄러워하다	□ ~로 가득하다	□ ~에 정통하다	□ ~ 에 앉아 있다

- ☐ **be flooded with cars** ([도로가] 차로 넘쳐나다)
- ☐ **be disappointed with his conduct** (그의 행동에 실망하다)
- ☐ **documents related to the contract** (그 계약에 관련하는 서류)
- ☐ **a novel modeled on Roman myths** (로마신화를 근거로 한 소설)
- ☐ **animals proper to Australia** (오스트레일리아 고유의 동물)
- ☐ **be opposed to the plan** (그 계획에 반대하다)
- ☐ **be confident of the company's future** (회사의 미래에 자신을 가지다)
- ☐ **be eager for peace** (평화를 갈망하다)

- ☐ **The store is flooded with people.** (가게는 사람들로 넘쳐나다)
- ☐ **The stockholders were disappointed with the company's performance.** (주주들은 그 회사의 업적에 실망했다)
- ☐ **Stress is closely related to poor sleep.** (스트레스는 수면부족과 밀접한 관계가 있다)
- ☐ **The stadium is modeled on a bird's nest.** (그 경기장은 새의 둥지를 모델로 만들어졌다)
- ☐ **Language is proper to human beings.** (언어는 인간에 특유한 것이다)
- ☐ **Most people are opposed to raising tax.** (대부분의 사람은 증세에 반대하고 있다)
- ☐ **He was confident of victory.** (그는 승리를 확신했다)
- ☐ **She is eager for promotion.** (그녀는 승진하고 싶어한다)

☐ be accustomed to	☐ be sensitive to	☐ be absent from	☐ be aware of
☐ be used to	☐ be puzzled about	☐ be free of	☐ be credited with
☐ be independent of	☐ be conscious of	☐ be certain of	☐ be engaged in
☐ be ashamed of	☐ be filled with	☐ be familiar with	☐ be seated on

Day 59

동사구13
「be동사＋형용사＋to do」형

□ 0929
be **supposed** to do
Part 5, 6

~하기로 되어 있다

□ 0930
be **likely** to do
Part 5, 6

~인 것 같다(⇔be unlikely to do)

□ 0931
be **bound** to do

❶틀림없이 ~하다(≒be sure to do, be certain to do) ❷~하는 의미가 있다

□ 0932
be **ashamed** to do

~하는 것이 부끄럽다, 부끄러워서 ~하고 싶지 않다

□ 0933
be **rumored** to do

~한다는 소문이 나돌고 있다
명rumor:(~에 대한)소문(about[of]~)

□ 0934
be **sure** to do
Part 2, 3

틀림없이 ~하다, ~하는 것은 확실하다(≒be certain to do, be bound to do)
부surely:확실히, 틀림없이, 확실하게

□ 0935
be **qualified** to do
Part 5, 6

~할 자격[면허]이 있다
명qualification:❶(~하는)자격(to do) ❷(~의)적성, 자질 (for~)

□ 0936
be **able** to do
Part 5, 6

~할 수 있다, ~하는 능력이 있다(⇔be unable to do)

continued ▼

□ 듣기 모드　Check 1
□ 확인 모드　Check 1 ▸ 2
□ 완벽 모드　Check 1 ▸ 2 ▸ 3

Check 2　　Phrase

□ be **supposed to** check out of the hotel by 10 a.m. (오전 10시까지 호텔을 체크아웃하기로 되어 있다)

□ be **likely to** rain ([it을 주어로 하여]비가 내릴 것 같다)

□ be **bound to** succeed [fail] (틀림없이 성공[실패]하다)
□ be **bound to** tell the truth (진실을 이야기할 의무가 있다)

□ be **ashamed to** speak in public (사람들 앞에서 이야기하는 것이 부끄럽다)

□ be **rumored to** be moving to London (런던으로 이사 간다는 소문이 나돌고 있다)

□ be **sure to** rain ([it을 주어로 하여] 틀림없이 비가 내린다)
□ be **sure to** win (이기는 것은 확실하다)

□ be **qualified to** drive a commercial motor vehicle (상업용 차를 운전할 면허를 가지고 있다)

□ be **able to** speak Chinese (중국어를 말할 수 있다)

Check 3　　Sentence

□ The employees are **supposed to** be at work by 9 a.m. (종업원은 오전 9시까지 직장에 도착하기로 되어 있다)

□ The plane is **likely to** arrive on time. (그 비행기는 정각에 도착할 것 같다)

□ The overall economy is **bound to** weaken in the second quarter. (경제 전체는 2사분기에 약해질 것이 분명하다)

□ She was **ashamed to** admit her mistake. (그녀는 잘못을 인정하는 것이 부끄러웠다)

□ The company is **rumored to** be on the verge of bankruptcy. (그 회사는 도산 직전이라는 소문이 나돌고 있다)

□ Be **sure to** read the directions carefully. (반드시 사용법을 주의 깊게 읽어주세요)

□ She is **qualified to** teach music. (그녀는 음악을 가르칠 자격이 있다)

□ He will be **able to** attend the next meeting. (그는 다음 회의에 출석할 수 있을 것이다)

continued ▼

Check 1　　Listen 🔊

□ 0937
be **prepared to** do
Part 4

~할 각오[용의]가 되어 있다(≒be ready to do, be willing to do)
명preparation:(~의)용의, 준비(for[of]~)

□ 0938
be **ready to** do
Part 4

❶~할 준비가 되어 있다(≒be prepared to do) ❷기꺼이[나서서] ~하다(≒be willing to do)

□ 0939
be **scheduled to** do
Part 2, 3

~할 예정이다
명schedule:예정, 계획

□ 0940
be **delighted to** do

~하고 기뻐하다
명delight:크게 기뻐함, 환희

□ 0941
be **willing to** do
Part 5, 6

기쁘게 ~하다, ~하는 것을 싫어하지 않다, ~할 용의가 있다(≒be prepared to do, be ready to do)
부willingly:나서서, 기쁘게

□ 0942
be **anxious to** do

~하고 싶어하다(≒be eager to do)
명anxiety:❶(~에 대한)걱정, 우려(about,[over]~) ❷걱정거리 ❸(~하고 싶다는)갈망(to do)

□ 0943
be **eager to** do
Part 5, 6

몹시 ~하고 싶어하다(≒be anxious to do)
부eagerly:열망하여;열심히

□ 0944
be **free to** do
Part 4

자유롭게 ~할 수 있다

Day 58 🔊
Quick Review
답은 오른쪽 페이지 아래

□ ~로 향하다
□ ~에 근거하다
□ ~에 만족하다
□ ~에 대해 걱정하다
□ ~에 기뻐하다
□ ~에 적합하다
□ ~에 곤혹스러워하다
□ ~을 확신하다
□ ~로 넘쳐나다
□ ~에 실망하다
□ ~와 관계가 있다
□ ~을 모델로 삼다
□ ~에 고유한 것이다
□ ~에 반대하다
□ ~을 확신하다
□ ~을 갈망하다

Check 2 Phrase	**Check 3** Sentence

☐ **be prepared to do one's best** (전력을 다할 각오가 되어 있다)

☐ **I'm not prepared to accept the job offer.** (나는 그 일의 제안을 받아들일 각오가 되어 있다)

☐ **be ready to leave** (출발할 준비가 되어 있다)
☐ **be ready to cooperate** (기꺼이 협력하다)

☐ **Are you ready to order?** (주문은 결정하셨습니까?)

☐ **be scheduled to arrive at 2 p.m.** (오후 2시에 도착할 예정이다)

☐ **I'm scheduled to see him next week.** (나는 다음 주 그와 만날 예정이다)

☐ **be delighted to hear the news** (그 뉴스를 듣고 기뻐하다)

☐ **I'm delighted to see you.** (만나서 기쁘게 생각합니다)

☐ **be willing to work at night** (밤에 일하는 것을 싫어하지 않다)
☐ **be perfectly willing to do ~** (~하는 것을 전혀 싫어하지 않다)

☐ **He is always willing to help us.** (그는 언제나 기분 좋게 우리를 도와준다)

☐ **be anxious to go home** (집에 가고 싶어 하다)

☐ **She is anxious to get a job.** (그녀는 취직하고 싶어한다)

☐ **be eager to meet him** (몹시 그를 만나고 싶어 하다)

☐ **David is a student who is eager to learn.** (데이비드는 열심히 공부하는 학생이다)

☐ **be free to express one's opinion** (자유롭게 의견을 표현할 수 있다)

☐ **If you have any questions, please feel free to ask.** (질문이 있다면 주저하지 말고 해주세요)

Day 58 》)
Quick Review
답은 왼쪽 페이지 아래

☐ be headed for
☐ be based on
☐ be satisfied with
☐ be nervous about

☐ be pleased with
☐ be fit for
☐ be confused about
☐ be sure of

☐ be flooded with
☐ be disappointed with
☐ be related to
☐ be modeled on

☐ be proper to
☐ be opposed to
☐ be confident of
☐ be eager for

Check 1　　Listen 》

□ 0945
take advantage of
Part 5, 6

❶(기회 등)**을 이용하다** ❷(사람의 약점 등)의 허점을 이용하다
몡advantage:(~보다/…라는)유리한 점, 이점(over~/of...)

□ 0946
take A for granted
Part 5, 6

A를 당연한 것으로 생각하다 ➕ A에 들어가는 요소가 긴 경우는 take for granted A의 어순을 취하기도 한다

□ 0947
play a role in

~에서 역할을 다하다
몡role:❶역할, 임무 ❷(극 등의)역

□ 0948
pay attention to

~에 주의를 기울이다
몡attention:❶(~에)주의(to~) ❷(~에)배려(to~)

□ 0949
take place
Part 2, 3

행해지다, 개최되다 ➕ '예정되었던 행사가 행해지다, 일어나다'를 표현한다. happen, occur는 '우연히 일어나다, 발생하다'

□ 0950
commit oneself to

~을 약속하다, 맹세하다

□ 0951
give A a ride [lift]
Part 2, 3

A를 차에 태워주다
몡ride/lift:(자동차 등에)태우는 것

□ 0952
make sense
Part 2, 3

(표현 등이)**의미가 통하다**, 이해할 수 있다;도리에 맞다
몡sense:❶(~하는)분별, 판단력(to do) ❷의미

continued ▼

□ 듣기 모드　Check 1
□ 확인 모드　Check 1 ▶ 2
□ 완벽 모드　Check 1 ▶ 2 ▶ 3

Check 2　Phrase

□ **take advantage of every opportunity**(모든 기회를 이용하다)
□ **take advantage of her weakness**(그녀의 약점을 이용하다)

□ **take peace for granted**(평화를 당연한 것으로 생각하다)
□ **take it for granted that ~**(~라는 것을 당연한 것으로 간주하다)

□ **play a key [major] role in ~**(~에서 중요한 역할을 다하다)

□ **pay attention to driving**(운전에 주의를 기울이다)

□ **take place annually [every four years]**(1년에 1번[4년에 1번] 개최된다)

□ **commit oneself to helping her**(그녀를 돕겠다고 약속하다)

□ **give him a ride to the airport**(공항까지 그를 차에 태워주다)

□ **It doesn't make any sense.**(의미를 후련히 알지 못하다 = 말도 안돼)

Check 3　Sentence

□ **Take advantage of this special sale.**(이 특별세일을 놓치지 마라) ➕세일 전단지의 문구

□ **Most people take water for granted.**(대부분의 사람은 물이 있는 것을 당연하다고 생각한다)

□ **Japan has played an active role in achieving world peace.**(일본은 세계 평화의 달성에 적극적인 역할을 맡아왔다)

□ **He paid no attention to my advice.**(그는 나의 조언에 전혀 주의를 기울이지 않았다)

□ **The concert will take place on March 22, from 6 to 9 p.m.**(그 콘서트는 3월 22일 오후 6시부터 9시까지 행해질 예정이다)

□ **They have committed themselves to marriage.**(그들은 결혼을 약속했다)

□ **Can you give me a ride home?**(집까지 차를 태워주시겠어요?)

□ **What he said didn't make sense to me.**(그가 말한 것을 나는 이해할 수 없었다)

continued ▼

Check 1　　Listen 》

□ 0953
run [take] **the risk of**
Part 7

~의 위험을 무릅쓰다
명risk:(~의)위험, 우려(of~)

□ 0954
take A into account
　　　　　　[consideration]
Part 5, 6

A를 고려하다　➕ A에 넣는 요소가 긴 경우는 take into account A, take account of A의 어순을 취하기도 한다
명account/consideration:고려

□ 0955
help oneself to
Part 4

(음식물)을 스스로 집어먹다[마시다]

□ 0956
cross one's legs
Part 1

다리를 꼬다　➕ '팔짱을 끼다'는 cross one's arms. '다리[팔]을 꼬고 있다'는 상태를 나타내는 경우는 have one's legs[arms] crossed라는 형태를 이용하는 것이 많다
명leg:다리

□ 0957
do business
Part 2, 3

(~와) 거래하다(with~)
명business:❶상거래, 상매 ❷사업;사무

□ 0958
take a nap
Part 1

앉아서 졸다, 낮잠을 자다
명nap:선잠;낮잠

□ 0959
make a difference

❶(~에 있어) 중요하다(to~), 차이가 발생하다 ❷(~에)차이를 내다, (~을)구별하다(in~)
명difference:(~의 사이의/…에 있어)차이, 상이(between~/in...)

□ 0960
give birth to

❶(아이)를 낳다(≒bear) ❷~을 낳다, 일으키다
명birth:❶출생, 탄생 ❷(사물의)발생

Day 59 》
Quick Review
답은 오른쪽 페이지 아래

□ ~하기로 되어 있다
□ ~인 것 같다
□ 틀림없이 ~하다
□ ~하는 것이 부끄럽다

□ ~한다는 소문이 나돌고 있다
□ 틀림없이 ~하다
□ ~할 자격이 있다
□ ~할 수 있다

□ ~할 각오가 되어 있다
□ ~할 준비가 되어 있다
□ ~할 예정이다
□ ~하고 기뻐하다

□ 기쁘게 ~하다
□ ~하고 싶어하다
□ 몹시 ~하고 싶어한다
□ 자유롭게 ~ 할 수 있다

Check 2　Phrase

□ **run the risk of losing money**
(돈을 잃을 위험을 무릅쓰다)

□ **take all possibilities into account**(모든 가능성을 고려하다)
□ **take it into account that** ~(~이라는 것을 고려하다)

□ **help oneself to the wine**(와인을 스스로 들어 마시다)

□ **sit with one's legs crossed**
(다리를 꼬고 앉다)

□ **do business with foreign companies**(외국기업과 거래하다)

□ **take a nap for a while**(잠깐 앉아서 졸다)

□ **make no difference**(중요하지 않다, 아무래도 좋다, 차이가 없다)
□ **make a difference in one's success**(성공을 좌우하다)

□ **give birth to a baby girl**(여자 아기를 낳다)
□ **give birth to an idea**(아이디어를 떠올리다)

Check 3　Sentence

□ **The company runs the risk of violating the law.** (그 회사는 법률을 위반할 위험을 무릅쓰고 있다)

□ **Politicians should take public opinion into account.** (정치가는 여론을 고려해야만 한다)

□ **Please help yourself to whatever you want.** (뭐든 마음껏 드세요)

□ **The man has his legs crossed.** (그 남자는 다리를 꼬고 있다)

□ **We do a lot of business with Chinese companies.** (우리는 중국 기업과 많은 거래를 하고 있다)

□ **The man is taking a nap on a park bench.** (그 남자는 공원 벤치에서 앉아 졸고 있다)

□ **The attitudes of the employees make a big difference to customer satisfaction.** (종업원의 태도는 고객만족에 큰 차이를 낳는다)

□ **She gave birth to a 2.7 kilogram baby boy this morning.** (그녀는 오늘 아침 2.7킬로그램의 남자 아기를 낳았다)

Day 59))
Quick Review
답은 왼쪽 페이지 아래

□ be supposed to do
□ be likely to do
□ be bound to do
□ be ashamed to do
□ be rumored to do
□ be sure to do
□ be qualified to do
□ be able to do
□ be prepared to do
□ be ready to do
□ be scheduled to do
□ be delighted to do
□ be willing to do
□ be anxious to do
□ be eager to do
□ be free to do

Check 1　　　Listen 》

□ 0961
bring A to an end
▶

A를 끝내다, 끝마치다　➕ come to an end는 '끝나다'

□ 0962
keep track of
Part 5, 6
▶

~의 경과를 쫓다, ~을 잃지 않도록 하다(⇔lose trac of)
명track: ❶(사람 등이 다닌)흔적 ❷작은 길

□ 0963
take [have] a look at
Part 2, 3
▶

~을 (흘끔) 보다

□ 0964
get lost
Part 2, 3
▶

길을 헤매다, 미아가 되다

□ 0965
take part in
▶

~에 참가하다(≒join, participate in)
명part: 참가, 관여

□ 0966
get rid of
Part 7
▶

~을 치우다, 제거하다(≒dispose of, do away with)

□ 0967
keep [stay] in touch
with
Part 2, 3
▶

~와 연락하다(⇔lose touch with: ~과 접촉이 없어지다)
명touch: 접촉

□ 0968
come to an end
▶

끝나다, 끝마치다　➕ bring A to an end는 'A를 끝내다'

continued
▼

□ 듣기 모드　Check 1
□ 확인 모드　Check 1 ▶ 2
□ 완벽 모드　Check 1 ▶ 2 ▶ 3

Check 2　Phrase	Check 3　Sentence
□ **bring** the fight **to an end**(싸움을 끝내다)	□ **The collapse of the Soviet Union brought the Cold War to an end.** (소련의 붕괴가 냉전을 종결시켰다)
□ **keep track of** the conversation(대화의 흐름을 쫓다)	□ **He has so many different jobs that he finds it difficult to keep track of what he is doing.** (그는 매우 많은 일을 끌어안고 있어서 자신이 하는 일의 경과를 쫓는 것이 어렵다고 느낀다)
□ **take a** good [careful] **look at** ~(~을 잘[주의 깊게] 보다)	□ **Please take a look at the handouts for the results of the project.** (프로젝트의 결과에 관한 배포자료를 봐주세요)
□ **get lost** in a mall(쇼핑센터에서 미아가 되다)	□ **I got lost driving in the city.**(나는 시내를 운전하다 길을 잃었다)
□ **take part in** club activities(클럽활동에 참가하다) □ **take** an active **part in** ~(~에 적극적으로 참가하다)	□ **More than 500 people took part in the demonstration.**(500명 이상의 사람들이 그 데모에 참가했다)
□ **get rid of** the weeds in the garden(정원의 잡초를 제거하다)	□ **I got rid of a lot of stuff when I moved.** (나는 이사 했을 때에 많은 물건을 처분했다)
□ **keep in touch with** friends(친구들과 연락을 취하다)	□ **Do you still keep in touch with Nick?** (아직 닉과 연락을 취하고 있어요?)
□ **come to a** happy **end**(해피엔드가 되다)	□ **World War I came to an end in 1918.** (제1차 세계대전은 1918년에 종결되었다)

continued ▼

Check 1 　　　Listen 》

□ 0969
give rise to
▶

~을 초래하다, ~의 원인이 되다(≒cause)
몡rise:출현, 발생
▶

□ 0970
take the place of
▶

~을 대신하다(≒replace, substitute for)
몡place:임무, 역할
▶

□ 0971
come true
▶

(꿈 등이) 실현하다, 진짜가 되다
혱true:진실의
▶

□ 0972
have nothing to do with
▶

~와 관계[관련, 거래]가 없다　➕ have little to do with는 '~와 거의 관계가 없다', have something to do with는 '~와 관계가 있다'
▶

□ 0973
have A in common
▶

A를 (~와) 공유하다(with~)
▶

□ 0974
take care of
▶

❶~을 돌보다, 보살피다(≒look after, care for) ❷~에 주의를 기울이다
몡care:❶보살핌 ❷주의
▶

□ 0975
keep [bear] A in mind
Part 2, 3
▶

A를 기억해두다, 기억하다, 마음에 담아두다(≒remember)
몡mind:마음
▶

□ 0976
give [lend] A a hand
Part 2, 3
▶

A를 도와주다, A를 돕다
▶

Day 60 》
Quick Review
답은 오른쪽 페이지 아래

□ ~을 이용하다
□ A를 당연한 것으로 생각하다
□ ~에서 역할을 다하다
□ ~에 주의를 기울이다
□ 행해지다
□ ~을 약속하다
□ A를 차에 태워주다
□ 의미가 통하다
□ ~의 위험을 무릅쓰다
□ A를 고려하다
□ ~을 스스로 집어먹다
□ 다리를 꼬다
□ 거래하다
□ 앉아서 졸다
□ 중요하다
□ ~를 낳다

Check 2 Phrase	Check 3 Sentence
☐ **give rise to** much controversy(큰 논란을 일으키다)	☐ The Industrial Revolution **gave rise to** serious environmental problems. (산업혁명은 심각한 환경문제를 일으켰다)
☐ **take the place of** her(그녀를 대신하다)	☐ E-mail has **taken the place of** letters and faxes. (전자메일은 편지나 팩스를 대신했다)
☐ like a dream **come true**(꿈이 이루어진 듯)	☐ We can make our dreams **come true**. (우리는 꿈을 실현시킬 수 있다)
☐ **have nothing to do with** the matter(그 건과는 관계가 없다)	☐ Some of the lecturer's comments **had nothing to do with** the topic. (강연자가 한 몇 개의 말은 논제와는 관계가 없는 것이었다)
☐ **have** nothing [little, something] **in common**(공통점이 없다[거의 없다, 조금 있다])	☐ Mike and his twin brother **have** a lot **in common**. (마이크와 그의 쌍둥이 형은 공통점이 많다)
☐ **take care of** patients(환자들을 돌보다) ☐ **Take care of** yourself. (건강에 주의하세요)	☐ She had to quit her job to **take care of** her child. (그녀는 아이를 돌보기 위해 일을 그만두어야 했다)
☐ **keep in mind** what he said (그가 말한 것을 기억해두다)	☐ Please **keep in mind** that the deadline for submissions is the last day of the semester. (제출기한일은 이번 학기의 마지막 날이라는 것을 기억해주세요)
☐ **give** her **a hand**(그녀를 도와주다)	☐ Could you **give** me **a hand** with the bags? (가방 드는 것을 도와주시겠어요?)

Chapter 8 Review

왼쪽 페이지의 (1)~(20) 의 숙어의 동의숙어 · 유의숙어 (또는 동의어 · 유의어)(≒),
반의숙어 · 반대숙어 (⇔) 를 오른쪽 페이지의 A~T 에서 선택하여 괄호 안에 답을
적는다 . 의미를 모를 때는 색인 번호를 참조하고 복습하자 .(답은 오른쪽 아래)

- □ (1) **dispose of** (0739) ≒ 은? (　　　)
- □ (2) **hand in** (0756) ≒ 은? (　　　)
- □ (3) **put off** (0766) ≒ 은? (　　　)
- □ (4) **make up for** (0769) ≒ 은? (　　　)
- □ (5) **put on** (0780) ⇔ 은? (　　　)
- □ (6) **come up with** (0785) ≒ 은? (　　　)
- □ (7) **go through** (0795) ≒ 은? (　　　)
- □ (8) **provide A with B** (0805) ≒ 은? (　　　)
- □ (9) **attach A to B** (0806) ⇔ 은? (　　　)
- □ (10) **contribute A to B** (0827) ≒ 은? (　　　)
- □ (11) **blame A for B** (0829) ≒ 은? (　　　)
- □ (12) **intend to do** (0856) ≒ 은? (　　　)
- □ (13) **encourage A to do** (0866) ⇔ 은? (　　　)
- □ (14) **urge A to do** (0870) ≒ 은? (　　　)
- □ (15) **be suitable for** (0886) ≒ 은? (　　　)
- □ (16) **be absent from** (0905) ⇔ 은? (　　　)
- □ (17) **be satisfied with** (0915) ≒ 은? (　　　)
- □ (18) **be ready to do** (0938) ≒ 은? (　　　)
- □ (19) **take the place of** (0970) ≒ 은? (　　　)
- □ (20) **keep A in mind** (0975) ≒ 은? (　　　)

A. be content with

B. compensate for

C. persuade A to do

D. detach A from B

E. be present at

F. submit

G. donate A to B

H. hit on

I. remember

J. supply A with B

K. postpone

L. plan to do

M. experience

N. be appropriate for

O. get rid of

P. be prepared to do

Q. accuse A of B

R. discourage A from doing

S. take off

T. replace

【해답】 (1) O (2) F (3) K (4) B (5) S (6) H (7) M (8) J (9) D (10) G
(11) Q (12) L (13) R (14) C (15) N (16) E (17) A (18) P (19) T (20) I

CHAPTER 9

형용사구 · 부사구

Chapter 9에서는 한두 마디로 하나의 형용사 · 부사의 기능을 하는 숙어를 체크한다. 한 덩어리로 암기하는 것이 포인트다. 이 책도 앞으로 9일. 목표지점을 향해 마지막 전력질주를 해 보자.

Day 62 【형용사구 · 부사구1】
▶290
Day 63 【형용사구 · 부사구2】
▶294
Day 64 【형용사구 · 부사구3】
▶298
Day 65 【형용사구 · 부사구4】
▶302
Chapter 9 Review
▶306

TOEIC식 격언

Practice makes perfect.
자꾸 연습하면 잘하게 된다.
직역) 연습만이 완벽을 만든다.

Day 62   형용사구 · 부사구1

□ 0977
in a row
Part 1

❶(가로)**일렬로** ❷연속하여
몡row:(가로로 늘어선)줄

□ 0978
in advance
Part 5, 6

미리, 사전에(≒beforehand)
몡advance:전진

□ 0979
in brief [short]
Part 2, 3

간략히
몡brief/short:간결

□ 0980
in due course
Part 4

이윽고, 머지않아(≒in time);일이 순조로우면
혱due:당연한
몡course:(시간의)경과

□ 0981
in effect
Part 5, 6

❶**사실상**;실제로는(≒in fact, in practice) ❷(법률 등이)유효한(≒effective)
몡effect:❶결과 ❷효과

□ 0982
in particular
Part 5, 6

특히(≒particularly, especially)
몡particular:(개개의)항목

□ 0983
in progress
Part 5, 6

진행 중에, 계속되는 가운데(≒under way)
몡progress:진행

□ 0984
in general
Part 5, 6

❶**일반적으로**, 개략적으로(≒generally) ❷(명사 뒤에서)일반의(≒at large)
혱general:일반의, 보통의

continued ▾

□ 듣기 모드　Check 1
□ 확인 모드　Check 1 ▸ 2
□ 완벽 모드　Check 1 ▸ 2 ▸ 3

Check 2　Phrase & Sentence

□ **sit in a row** (가로로 일렬로 앉다)
□ **three years in a row** (3년 연속으로)

□ **payment in advance** (선불)
□ **three months in advance** (3개월 전에)

□ **speak in brief** (간략히 말하다)

□ **in due course of time** (때가 오면, 마침내)

□ **In effect, the government has raised taxes for the poor.** (사실상, 정부는 빈곤자에 대하여 증세했다)

□ **Are you looking for anything in particular?** (뭔가 특별히 찾으시는게 있습니까?)

□ **the project in progress** (진행 중인 프로젝트)

□ **people in general** (일반 사람들, 일반대중)

Check 3　Sentence

□ **They are standing in a row.** (그들은 나란히 한 줄로 늘어서 있다)

□ **If you can't attend, please let me know in advance.** (출석할 수 없는 경우는 미리 알려주세요)

□ **In brief, the project was a failure.** (간략히 말하면, 그 프로젝트는 실패였다)

□ **You will receive the approval in due course.** (당신은 조만간 승인을 받을 것이다)

□ **The law will be in effect next year.** (그 법률은 내년에 시행될 예정이다)

□ **There was nothing in particular I wanted to do.** (하고 싶은 일이 특별히 아무것도 없었다)

□ **When I arrived, the meeting was already in progress.** (내가 도착했을 때, 회의는 이미 진행 중이었다)

□ **In general, women live longer than men.** (일반적으로 여성은 남성보다 수명이 길다)

continued
▼

Check 1　　Listen 》

□ 0985
in line
Part 1

일렬로(≒in a row)
똉line:줄　➕세로·가로로 늘어선 줄을 포함하여 나타낸다. row 는 '(가로로 늘어선)줄'

□ 0986
in public
Part 5, 6

사람들 앞에서(≒publicly)(⇔in private:비밀로)
똉public:일반인

□ 0987
in the past

과거에　➕'현재는'은 at (the) present, '미래는'은 in the future
똉past:과거

□ 0988
in fact [reality, truth]

사실은, 실제는(≒in effect, in practice)
똉fact/reality/truth;사실

□ 0989
in other words

바꿔 말하면, 즉(≒that is to say)

□ 0990
in a sense [way]

어떤 의미[점]에서는(≒in a manner of speaking)
똉sense:의미
똉way:점, 개소

□ 0991
in practice

실제로는(≒in effect, in fact)(⇔in theory:이론상은)
똉practice:실제

□ 0992
in time

❶(~에)때에 맞춰, 늦지 않게(for~)　➕on time는 '시간대로'
❷조만간에, 언젠가는(≒in due course)

Day 61 》
Quick Review
답은 오른쪽 페이지 아래

□ A를 끝내다
□ ~의 경과를 쫓다
□ ~을 보다
□ 길을 헤매다

□ ~에 참가하다
□ ~을 치우다
□ ~와 연락하다
□ 끝나다

□ ~을 초래하다
□ ~을 대신하다
□ 실현하다
□ ~와 관계가 없다

□ A를 공유하다
□ ~을 돌보다
□ A를 기억해두다
□ A를 도와주다

<table>
<tr><td>

Check 2   Phrase & Sentence

□ **stand** *in line* (한 줄로 나란히 서다)

□ **sing [kiss]** *in public* (사람들 앞에서 노래[키스]하다)

□ **books I read** *in the past* (과거에 읽은 책)

□ **I thought he was Chinese, but** *in fact* **he is Korean.** (그는 중국인이라고 생각했는데, 사실은 한국인이다)

□ **He's always thinking about himself.** *In other words*, **he's egocentric.** (그는 언제나 자신만 생각한다. 바꿔 말하면, 그는 자기중심적이다)

□ *In a sense*, **it can be said that** ~. (어떤 의미에서는 ~라고 말할 수 있다)

□ **It is easy to say, but** *in practice* **difficult to do.** (말하기는 쉽지만, 실제로 하는 것은 어렵다)

□ **I arrived at the airport** *in time* **for my flight.** (나는 시간에 늦지 않게 공항에 도착했다)

</td><td>

Check 3   Sentence

□ **People are waiting** *in line* **in front of the store.** (사람들은 가게 앞에서 일렬로 나란히 기다리고 있다)

□ **She isn't good at speaking** *in public*. (그녀는 사람들 앞에서 이야기하는 것을 잘하지 못한다)

□ **The man has committed the same offense** *in the past*. (그 남성은 과거에 같은 범죄를 범한 일이 있다)

□ *In fact*, **it's cheaper to fly there than to drive.** (실제로는 그곳에 가기 위해서는 차보다 비행기가 싸다)

□ **The company has a large unsustainable debt.** *In other words*, **it is on the brink of bankruptcy.** (그 회사는 지탱하기 어려울 정도의 거액의 부채를 짊어지고 있다. 바꿔 말하면, 도산직전이다)

□ *In a sense*, **what she says is true.** (어떤 의미에서는 그녀의 말이 옳다)

□ **The plan is good in theory, but it won't work** *in practice*. (그 계획은 이론상은 유감스럽지만 실제로는 순조롭지 않을 것이다)

□ **He will recover from his injury** *in time*. (조만간 그는 부상에서 회복할 것이다)

</td></tr>
</table>

Day 61))
Quick Review
답은 왼쪽 페이지 아래

<table>
<tr><td>□ bring A to an end</td><td>□ take part in</td><td>□ give rise to</td><td>□ have A in common</td></tr>
<tr><td>□ keep track of</td><td>□ get rid of</td><td>□ take the place of</td><td>□ take care of</td></tr>
<tr><td>□ take a look at</td><td>□ keep in touch with</td><td>□ come true</td><td>□ keep A in mind</td></tr>
<tr><td>□ get lost</td><td>□ come to an end</td><td>□ have nothing to do with</td><td>□ give A a hand</td></tr>
</table>

Day 63 형용사구 · 부사구2

□ 0993
on average
Part 5, 6
▶

평균적으로
몡average:평균

□ 0994
on purpose
▶

고의로, 일부러(≒deliberately)(⇔bey accident, by chance, accidentally:우연히)
몡purpose:의도

□ 0995
on display
Part 1
▶

전시[진열]**하여**
몡display:전시

□ 0996
on the [one's] way
▶

❶**도중에** ❷진행 중에, 다가가서 ➕ in the[one's] way는 '방해가 되어'

□ 0997
on business
비즈니스문제
▶

상업용으로, 업무로(⇔for pleasure:오락으로)
몡business:장사, 업무

□ 0998
on duty
Part 1
▶

근무 시간 중에, 당번으로(≒at work, on the job)(⇔off duty)
몡duty:직무

□ 0999
on time
Part 2, 3
▶

시간대로, 정각에(≒punctually) ➕ in time은 '때에 맞춰서, 늦지 않게'

□ 1000
on occasion
▶

때때로(≒sometimes, occasionally, from time to time, at times)
몡occasion:때

continued
▼

Check 2　Phrase & Sentence

☐ **On average**, men are taller than women. (평균적으로, 남성은 여성보다 키가 크다)

☐ lie **on purpose** (고의로 거짓말을 하다)
☐ accidentally **on purpose** (우연을 가장하고)

☐ put the goods **on display** (상품을 진열하다)

☐ **on the way** home (귀가하는 중에)
☐ **be on the way** to democratization ([국가가] 민주화로 나가다)

☐ go to Hong Kong **on business** (일로 홍콩에 가다)

☐ What time are you **on duty** tomorrow? (내일 근무는 몇 시에 시작합니까?)

☐ start [end] **on time** (정각에 시작한다[끝나다])

☐ make mistakes **on occasion** (때때로 실패하다)

Check 3　Sentence

☐ According to national statistics, Germans work 1,437 hours per year **on average**. (국가의 통계에 의하면, 독일인은 연간 평균적으로 1437시간 일한다)

☐ The company violated the law **on purpose**. (그 회사는 고의로 법률을 깼다)

☐ Paintings and sculptures are **on display**. (회화와 조각이 전시되어 있다)

☐ She lost her wallet **on the way** to work. (그녀는 일하러 가는 도중에 지갑을 잃어버렸다)

☐ He has traveled **on business** to more than 30 countries. (그는 30개국 이상에 출장을 갔다)

☐ A lifeguard is **on duty** at the beach. (구조원이 해변에서 근무하고 있다)

☐ The trains are running **on time**. (열차는 시간대로 운행하고 있다)

☐ I like to eat out **on occasion**. (나는 때때로 외식하는 것을 좋아한다)

continued
▼

Check 1　Listen 》

□ 1001 **at hand** Part 4	(공간·시간적으로) **가까이에** [의]; 적당히
□ 1002 **at large**	❶(위험인물·동물이) **잡히지 않고** ❷(명사 뒤에서) 일반의, 전체적인(≒in general)
□ 1003 **at ease**	**안심한** [하여]; 편안한 [히](⇔ell at ease) 몡ease: 기분 좋음
□ 1004 **at least** Part 2, 3	**적어도** (⇔at most: 많이) 몡least: 최소
□ 1005 **at first** Part 5, 6	**처음에** (≒in the beginning)(⇔at last, in the end, finally)
□ 1006 **at best**	**기껏**, 잘 해도(⇔at worst) ➕ at most는 '(수량에 관해서) 많아도, 고작'
□ 1007 **at home** Part 2, 3	❶**편안히** ❷(~에) 익숙해서, 정통하여(with[in]~)
□ 1008 **at work** 비즈니스문제	**업무 중에** [의](≒on duty, on the job)

Check 2 — Phrase & Sentence

- ☐ **be close at hand** (바로 거기까지 쫓다:바로 근처에 있다)

- ☐ **be still at large** (아직 잡히지 않다)
- ☐ **the world [country] at large** (세계[국가] 전체)

- ☐ **feel at ease** (안심하다;편안하다)
- ☐ **put ~ at ease** ('~을 안심시키다'~ 을 편안히 하다)

- ☐ **at least 30 people** (최소 30명)

- ☐ **At first, he seemed reluctant to talk to me.** (처음에 그는 내게 말을 건네고 싶지 않은 것 같았다)

- ☐ **at the very best** (아무리 잘 해도)
  ➊ at best를 강조한 표현

- ☐ **be [feel] at home** (편히 쉬다)
- ☐ **be at home with classical literature** (고전 문학에 정통하다)

- ☐ **Men at work** (공사중) ➊표식 등에 사용되는 표현

Check 3 — Sentence

- ☐ **I always keep a dictionary at hand.** (나는 늘 사전을 가까이에 둔다)

- ☐ **The accused has been at large for 10 years.** (그 용의자는 10년간 도망 중이다)

- ☐ **The doctor's explanation put my mind at ease.** (그 의사의 설명을 듣고 나는 안심했다)

- ☐ **You should sleep for at least six hours a day.** (하루에 적어도 6시간은 자는 게 좋다)

- ☐ **At first I thought she was joking, but then I realized she was serious.** (그녀가 농담하고 있다고 생각했지만, 그녀는 진지하다는 것을 알았다)

- ☐ **The movie was average at best.** (그 영화는 좋게 봐도 평범했다)

- ☐ **Please make yourself at home.** (편히 계세요)

- ☐ **He stayed late at work last night.** (그는 어젯밤 일 때문에 늦게까지 남아 있었다)

Day 62 》
Quick Review
답은 왼쪽 페이지 아래

☐ in a row	☐ in effect	☐ in line	☐ in other words
☐ in advance	☐ in particular	☐ in public	☐ in a sense
☐ in brief	☐ in progress	☐ in the past	☐ in practice
☐ in due course	☐ in general	☐ in fact	☐ in time

Check 1   Listen))

□ 1009
for the time being
당분간, 당장

▶

□ 1010
for example [instance]
Part 4
예를 들면
명 example/instance:예

▶

□ 1011
for sale
매물의, 팔아치운(≒ on sale)
명 sale:판매

▶

□ 1012
for a while
잠시 동안, 얼마 동안
명 while:(잠깐의)시기

▶

□ 1013
for sure [certain]
확실히[한],
형 sure/certain:확실한

▶

□ 1014
for nothing
무료로(≒ free, for free, free of charge)

▶

□ 1015
for the first time
처음

▶

□ 1016
for good
영구[영원]히(≒ forever);이것을 마지막으로

▶

continued ▼

□ 듣기 모드　Check 1
□ 확인 모드　Check 1 ▶ 2
□ 완벽 모드　Check 1 ▶ 2 ▶ 3

Check 2　Phrase & Sentence

□ **The economy will continue to slow for the time being.** (당분간 경제는 느리게 성장할 것이다)

□ **take ~ for example** (~을 예로 들다)

□ **put up ~ for sale** (~을 팔아치우다)

□ **I haven't seen her for a while.** (나는 그녀를 본지 꽤 됐다 = 보지 못했다)

□ **one thing's for sure** (한 가지 확실한 것은)

□ **get ~ for nothing** (~을 무료로 받다)

□ **for the first time in one's life** (인생에서 처음)

□ **leave the country for good** (영원히 나라를 떠나다)

Check 3　Sentence

□ **She will stay in London for the time being.** (그녀는 당분간 런던에 머물 작정이다)

□ **Her parents are very strict. For example, she has to be home by 9 p.m.** (그녀의 부모는 매우 엄하다. 예를 들면 그녀는 오후 9시까지는 집에 돌아가지 않으면 안 된다)

□ **The house has been for sale for six months.** (그 집은 6개월간 매물로 나와 있다)

□ **Can I borrow your dictionary for a while?** (잠시 사전을 빌려도 될까요?)

□ **I will be at the next meeting for sure.** (나는 다음 회의에는 반드시 참석할 것이다)

□ **He fixed my car for nothing.** (그는 내 차를 무료로 수리해주었다)

□ **I climbed Mt. Fuji for the first time when I was 30.** (나는 서른일 때에 처음으로 후지산에 올랐다)

□ **She decided to live in Paris for good.** (그녀는 영원히 파리에 살기로 결심했다)

continued ▼

Check 1　Listen 》

□ 1017
out of control

제어할 수 없다, 감당하기 어렵다(⇔under control)
몡control:제어

▶

□ 1018
out of order
Part 2, 3

고장으로(⇔in order)
몡order:상태

▶

□ 1019
out of stock
비즈니스문제

재고가 없는, 품절로(⇔in stock)
몡stock:비축

▶

□ 1020
out of date

❶**뒤떨어진**(⇔up to date) ❷유효 기간이 지난　➕한정용법의 경우는 통례 out-of-date처럼 하이픈으로 연결된다

▶

□ 1021
out of sight

보이지 않는 곳에[의](⇔in sight)
몡sight:시계

▶

□ 1022
out of work
비즈니스문제

실업 중에, 실업하여(⇔in work)
몡work:일

▶

□ 1023
out of the question

불가능한(≒impossible);문제[이야기]가 되지 않다
몡question:가능성;문제

▶

□ 1024
out of breath

(운동 등에서)**숨이 찬**
몡breath:숨, 호흡

▶

Day 63 》
Quick Review
답은 오른쪽 페이지 아래

□ 평균적으로	□ 상업용으로	□ 가까이에	□ 처음에
□ 고의로	□ 근무 시간 중에	□ 잡히지 않고	□ 기껏
□ 전시하여	□ 시간대로	□ 안심한	□ 편안히
□ 도중에	□ 때때로	□ 적어도	□ 업무 중에

□ **get [go] out of control**(제어할 수 없다)

□ **In some low-income countries, inflation is getting out of control.** (몇몇 저소득 국가는 인플레이션을 제어할 수 없는 상태였다)

□ **get [go] out of order**(고장하다)

□ **The copier is out of order again.** (복사기가 또 고장 나다)

□ **run out of stock**(재고가 없다)

□ **The book is out of stock.** (그 책은 재고가 떨어졌다)

□ **get [go] out of date**(뒤떨어지다)

□ **My passport is out of date.** (내 여권은 유효 기간이 지났다)

□ **get [go] out of sight**(보이지 않다)
□ **Out of sight, out of mind.** (눈에서 멀어지면 마음에서도 멀어진다) ➕ 속담

□ **The best way to prevent theft from your car is to always keep valuables out of sight.** (차를 절도로부터 지킬 최선의 방법은 늘 귀중품을 보이지 않는 곳에 넣어두는 것이다)

□ **become out of work**(실직하다) ➕ get out of work는 '일을 끝내다'

□ **She's been out of work for six months.** (그녀는 6개월간 실업상태다)

□ **A trip to Hawaii is out of the question this year.** (하와이 여행은 올해 불가능하다)

□ **Buying my child such an expensive toy is out of the question.** (내 아이에게 그런 비싼 장난감을 사주는 것은 문제가 되지 않는다)

□ **run [talk] oneself out of breath**(숨이 찰 정도로 달리다[이야기하다])

□ **He came running into the room, out of breath.** (숨을 헐떡거리면서 그는 방으로 뛰어들어 왔다)

Day 63 》)
Quick Review
답은 왼쪽 페이지 아래

Day 65　형용사구 · 부사구4

□ 1025
by accident

우연히(≒by chance), 뜻하지 않게(≒accidentally)(⇔on purpose, deliberately:고의로)
▶ 몡accident: 우연

□ 1026
by hand

❶(기계가 아니라)수제로 ❷자필로 ❸직접 전하여

□ 1027
by heart

암기하여, 기억만으로
몡heart: 마음

□ 1028
by mistake

잘못하여, 실수로(≒by accident, accidentally)(⇔on purpose, deliberately)
몡번역없음

□ 1029
to some extent [degree]
Part 5, 6

어느 정도(까지)(≒in part)
몡extent/degree: 정도

□ 1030
behind schedule
Part 2, 3

예정보다 늦게(⇔ahead of schedule) ➕ '예정대로'는 on chedule

□ 1031
side by side
Part 1

(나란히)늘어서

□ 1032
no longer
Part 5, 6

이제는 ～가 아니다[하지 않다]

continued
▼

☐ 듣기 모드　Check 1
☐ 확인 모드　Check 1 ▸ 2
☐ 완벽 모드　Check 1 ▸ 2 ▸ 3

Check 2　Phrase

☐ **meet her by accident**(그녀와 우연히 만나다)

☐ **a sweater made by hand**(손으로 뜬 스웨터)
☐ **a letter written by hand**(자필 편지)

☐ **learn a poem by heart**(시를 암기하다)

☐ **take the wrong pill by mistake**(실수로 다른 알약을 먹다)

☐ **understand what he said to some extent**(그의 말을 어느 정도 이해한다)

☐ **five days behind schedule**(예정보다 5일 늦어서)

☐ **walk side by side**(나란히 걷다)

☐ **no longer trust the government**(이제는 정부를 믿지 않는다)

Check 3　Sentence

☐ **I deleted an important file by accident.**(나는 중요한 파일을 실수로 삭제해버렸다)

☐ **All these toys are made by hand.**(이 장난감들은 모두 수제다)

☐ **She knows the lyrics of the song by heart.**(그녀는 그 노래의 가사를 암기하고 있다)

☐ **I threw away an important document by mistake.**(나는 중요한 서류를 잘못하여 버리고 말았다)

☐ **He can speak Spanish to some extent.**(그는 스페인어를 어느 정도 말할 수 있다)

☐ **The plane finally took off eight hours behind schedule.**(그 비행기는 예정보다 8시간 늦게 간신히 이륙했다)

☐ **The children are sitting side by side on the sofa.**(아이들은 소파에 나란히 앉아 있다)

☐ **Parking is no longer permitted in any areas around here.**(주차는 이 부근에서는 이제는 허락되지 않는다)

CHAPTER 1
CHAPTER 2
CHAPTER 3
CHAPTER 4
CHAPTER 5
CHAPTER 6
CHAPTER 7
CHAPTER 8
CHAPTER 9
CHAPTER 10
CHAPTER 11

continued
▼

Check 1　Listen))

□ 1033
far from

결코 ~하지 않다, ~에는 다르다(≒ by no means)
[형]far:차이

▶

□ 1034
these days
Part 2, 3

평소, 최근(≒ nowadays)　➕ 통례, 현재형으로 사용한다

▶

□ 1035
so far
Part 2, 3

현시점까지, 지금까지는

▶

□ 1036
right now
Part 2, 3

❶바로 지금, 지금 ❷바로 곧(≒ right away, immediately)

▶

□ 1037
all the time

언제든

▶

□ 1038
the other day

얼마 전, 며칠 전

▶

□ 1039
later on
Part 2, 3

나중에, 따라서

▶

□ 1040
sooner or later

늦든 이르든, 언젠가는

▶

Day 64))
Quick Review
답은 오른쪽 페이지 아래

□ 당분간
□ 예를들면
□ 매물의
□ 잠시 동안

□ 확실히
□ 무료로
□ 처음
□ 영구히

□ 제어할 수 없다
□ 고장으로
□ 재고가 없는
□ 뒤떨어진

□ 보이지 않는 곳에
□ 실업 중에
□ 불가능한
□ 숨이 찬

Check 2　Phrase	**Check 3**　Sentence
☐ be **far from** over (결코 끝나지 않다, 당분간 끝나지 않다)	☐ The results were **far from** satisfactory. (그 결과는 결코 만족스러운 것이 아니었다)
☐ be popular **these days** (최근 유행하고 있다)	☐ I don't see much of him **these days**. (나는 최근 그와 좀처럼 만나지 않는다)
☐ **so far** so good (지금까지는 순조롭다)	☐ **So far**, the experiment is going very well. (현시점에서 그 실험은 매우 순조롭다)
☐ be busy **right now** (지금은 바쁘다) ☐ call the police **right now** (지금 바로 경찰을 불러라)	☐ She's not here **right now**. Can I take a message? (그녀는 지금 여기에 없습니다. 메시지를 남겨주시겠습니까?)
☐ watch television **all the time** (언제나 텔레비전을 보고 있다)	☐ He talks about baseball **all the time**. (그는 항상 야구에 대해 이야기한다)
☐ **the other day**'s newspaper [meeting] (얼마 전 신문[회의])	☐ I happened to see her **the other day**. (나는 며칠 전 그녀와 우연히 만났다)
☐ call her **later on** (나중에 그녀에게 전화하다)	☐ We're going to the mall **later on** today. (우리는 오늘 나중에 쇼핑센터로 갈 예정이다)
☐ will be back **sooner or later** (언젠가는 돌아온다)	☐ The share price will recover **sooner or later**. (주가는 언젠가는 회복될 것이다)

Day 64))
Quick Review
답은 왼쪽 페이지 아래

☐ for the time being　☐ for sure　☐ out of control　☐ out of sight
☐ for example　☐ for nothing　☐ out of order　☐ out of work
☐ for sale　☐ for the first time　☐ out of stock　☐ out of the question
☐ for a while　☐ for good　☐ out of date　☐ out of breath

Chapter 9 Review

왼쪽 페이지의 (1)~(20) 의 숙어의 동의숙어 · 유의숙어 (또는 동의어 · 유의어)(≒), 반의숙어 · 반대숙어 (⇔) 를 오른쪽 페이지의 A~T 에서 선택하여 괄호 안에 답을 적는다 . 의미를 모를 때는 색인 번호를 참조하고 복습하자 .(답은 오른쪽 아래)

- ☐ **(1)** **in advance** (0978) ≒은 ? (　　　)
- ☐ **(2)** **in particular** (0982) ≒은 ? (　　　)
- ☐ **(3)** **in progress** (0983) ≒은 ? (　　　)
- ☐ **(4)** **in public** (0986) ⇔은 ? (　　　)
- ☐ **(5)** **in fact** (0988) ≒은 ? (　　　)
- ☐ **(6)** **in a sense** (0990) ≒은 ? (　　　)
- ☐ **(7)** **on purpose** (0994) ≒은 ? (　　　)
- ☐ **(8)** **on business** (0997) ⇔은 ? (　　　)
- ☐ **(9)** **on duty** (0998) ≒은 ? (　　　)
- ☐ **(10)** **on time** (0999) ≒은 ? (　　　)
- ☐ **(11)** **on occasion** (1000) ≒은 ? (　　　)
- ☐ **(12)** **at first** (1005) ≒은 ? (　　　)
- ☐ **(13)** **for sale** (1011) ≒은 ? (　　　)
- ☐ **(14)** **for nothing** (1014) ≒은 ? (　　　)
- ☐ **(15)** **for good** (1016) ≒은 ? (　　　)
- ☐ **(16)** **out of date** (1020) ⇔은 ? (　　　)
- ☐ **(17)** **by mistake** (1028) ≒은 ? (　　　)
- ☐ **(18)** **to some extent** (1029) ≒은 ? (　　　)
- ☐ **(19)** **far from** (1033) ≒은 ? (　　　)
- ☐ **(20)** **these days** (1034) ≒은 ? (　　　)

A. punctually

B. up to date

C. under way

D. in part

E. at work

F. on sale

G. especially

H. for pleasure

I. by no means

J. sometimes

K. in effect

L. for free

M. beforehand

N. nowadays

O. deliberately

P. in the beginning

Q. in a manner of speaking

R. forever

S. in private

T. by accident

【해답】 (1) M (2) G (3) C (4) S (5) K (6) Q (7) O (8) H (9) E (10) A
(11) J (12) P (13) F (14) L (15) R (16) B (17) T (18) D (19) I (20) N

CHAPTER 10

군 전치사 · 군 접속사

Chapter 10에서는 군 전치사·군 접속사를 공부한다. 여기서는 몇 마디의 말이 한 덩어리의 전치사·접속사로 사용되고 있어 한꺼번에 암기하는 것이 중요하다. 이 Chapter를 마치면 Chapter 11만 남는다!!

Day 66【군 전치사1】
▶310
Day 67【군 전치사2】
▶314
Day 68【군 전치사3·군 접속사】
▶318
Chapter 10 Review
▶322

TOEIC식 격언

Easier said than done.

말하기는 쉬워도 행동하기는 어렵다.
직역) 행하는 것보다 말하는 것이 간단하다.

Check 1　Listen 》

□ 1041 **according to** Part 5, 6	❶~에 의하면　❷~에 따라서(≒in accordance with)
□ 1042 **on behalf of** Part 5, 6	~을 대표로, ~ 대신에(≒instead of, in place of)
□ 1043 **prior to** Part 5, 6	~보다 전에, ~에 앞서서(≒before) 형 prior: 전의, 앞선
□ 1044 **in charge of** Part 2, 3	~을 담당[관리]하여 명 charge: 관리
□ 1045 **instead of** Part 5, 6	~ 대신에(≒on behalf of, in place of), ~가 아니라
□ 1046 **regardless of** Part 5, 6	~에 관계없이(≒irrespective of)
□ 1047 **in terms of** Part 5, 6	~의 점에서, ~에 관해서 명 term: (~s) 말투
□ 1048 **because of** Part 5, 6	~의 이유로, ~가 원인으로(≒due to, owing to, on account of)

continued ▼

☐ 듣기 모드　Check 1
☐ 확인 모드　Check 1 ▸ 2
☐ 완벽 모드　Check 1 ▸ 2 ▸ 3

Check 2　Phrase	Check 3　Sentence
☐ **according to** the opinion polls (여론조사에 의하면) ☐ **according to** the rules (규칙에 따라서)	☐ **According to** its financial statement, the company made a profit of $30 million last year. (재무보고서에 의하면, 그 회사는 작년 3,000만 달러의 이익을 올렸다)
☐ **on behalf of** the family (가족을 대표하여) ☐ **on behalf of** him (그 대신에)	☐ **On behalf of** the company, I would like to thank you for your cooperation. (회사를 대표하여 여러분의 협력에 감사하고 싶습니다)
☐ **prior to** the conference (회의에 앞서서)	☐ Cancellations will be acceptable up to three days **prior to** arrival. (취소는 도착 3일 전까지 가능하다)
☐ be **in charge of** the class ([교사가]그 반의 담임이다)	☐ Mr. Smith is **in charge of** the personnel department. (스미스 씨는 인사부의 책임자다)
☐ use milk **instead of** cream (크림 대신에 우유를 사용하다)	☐ The company fired him **instead of** accepting his resignation. (그 회사는 그의 사표를 수리하는 것이 아니라, 그를 해고했다)
☐ **regardless of** race or religion (인종이나 종교에 관계없이)	☐ People should be given equal employment opportunities **regardless of** their age. (사람들은 연령에 관계없이 평등한 고용기회가 주어져야 한다)
☐ **in terms of** economics (경제학 관점에서)	☐ This company is the world's largest automaker **in terms of** sales. (이 회사는 매출에서 세계 최대의 자동차 회사다)
☐ **because of** illness (질병이 원인으로)	☐ The flight was canceled **because of** bad weather. (그 비행기는 악천후 때문에 결항되었다)

CHAPTER 1
CHAPTER 2
CHAPTER 3
CHAPTER 4
CHAPTER 5
CHAPTER 6
CHAPTER 7
CHAPTER 8
CHAPTER 9
CHAPTER 10
CHAPTER 11

continued ▼

Check 1　　Listen 🔊

☐ 1049
contrary to

~와 반대로
혱contrary: 반대의

☐ 1050
in accordance with
Part 5, 6

~에 따라서, ~에 일치하여(≒according to)
명accordance: 일치

☐ 1051
in honor of
Part 4

~에 경의를 표하여, ~을 축하[기념]하여
명honor: 경의

☐ 1052
in search of
Part 4

~을 찾아서
명search: 탐색

☐ 1053
compared to [with]
Part 5, 6

~와 비교하면(≒in comparison to[with])
동compare: ~을(…와) 비교하다(to[with]…)

☐ 1054
in case of
Part 5, 6

❶~의 경우는(≒in the event of) ❷~에 대비하여
명case: 경우

☐ 1055
as of
Part 2, 3

❶~의 시점에서, ~현재로 ❷(일시)부터(≒as from)

☐ 1056
due to

~가 원인으로(≒because of, owing to, on account of)

Day 65 🔊
Quick Review
답은 오른쪽 페이지 아래

☐ 우연히
☐ 수제로
☐ 암기하여
☐ 잘못하여

☐ 어느 정도
☐ 예정보다 늦게
☐ 늘어서
☐ 이제는 ~가 아니다

☐ 결코 ~하지 않는다
☐ 평소
☐ 현시점까지
☐ 바로 지금

☐ 언제든
☐ 얼마 전
☐ 나중에
☐ 늦든 이르든

Check 2   Phrase

□ **contrary to popular belief** (일반적으로 생각할 수 있는 것과는 반대로)

□ **in accordance with the contract** (계약에 따라서)

□ **in honor of the president** (대통령에게 경의를 표하여)

□ **in search of food [work]** (음식 [일]을 찾아서)

□ **compared to other countries** (타국과 비교하면)

□ **in case of fire** (화재의 경우는)
□ **in case of a blackout** (정전에 대비하여)

□ **as of January 1** (1월 1일 시점에서 [부터])

□ **due to lack of funds** (자금부족이 원인으로)

Check 3   Sentence

▶ □ **Contrary to expectations, the female candidate won the election.** (예상과 반대로 그 여성후보자는 선거에 이겼다)

▶ □ **She was buried in her hometown, in accordance with her wishes.** (그녀의 희망에 따라서 그녀는 고향에 묻혔다)

▶ □ **A retirement party will be held in honor of Mr. Jones.** (존스 씨는 경의를 표하여 송별회가 열릴 예정이다)

▶ □ **Many people emigrated to America in search of religious freedom.** (대부분의 사람들이 종교의 자유를 찾아 미국으로 이주했다)

▶ □ **The firm's profits increased 25 percent compared to the previous year.** (그 회사의 이익은 전년과 비교하여 25퍼센트 상승했다)

▶ □ **Call 911 only in case of an emergency.** (긴급사태인 경우에만 911로 전화를 걸어 주세요) ➕ 911은 경찰 · 구급차 · 소방서를 호출하기 위한 긴급전화번호

▶ □ **The total population of Japan was 126 million as of 2001.** (일본의 총인구는 2001년 시점에서 1억 2600만 명이었다)

▶ □ **The outing was called off due to rain.** (비 때문에 소풍은 중지되었다)

Day 65))
Quick Review
답은 왼쪽 페이지 아래

□ by accident　□ to some extent　□ far from　□ all the time
□ by hand　□ behind schedule　□ these days　□ the other day
□ by heart　□ side by side　□ so far　□ later on
□ by mistake　□ no longer　□ right now　□ sooner or later

Day 67　군 전치사2

☐ 1057
for the sake
[benefit, good] **of**

~의 (이익) 때문에
➕ sake/benefit/good : 이익

☐ 1058
in defense of
Part 5, 6

~을 지키기 위해, ~을 변호하여
몡 defense : ❶ 방어 ❷ 변호

☐ 1059
in spite of

~에도 불구하고 (≒ despite, for all, with all)

☐ 1060
on board
Part 1

❶ ~을 타고　❷ (부사구·형용사구로서) 배[비행기 등]에 타고

☐ 1061
thanks to
Part 5, 6

~의 덕분에　➕ 비꼬듯이 사용할 때도 있다

☐ 1062
up to
Part 4

❶ ~까지　❷ ~의 책임으로 ; ~나름으로

☐ 1063
with regard
[respect] **to**
Part 5, 6

~에 관해서(는) (≒ about, concerning, as to)
몡 regard/respect : 고려

☐ 1064
ahead of
Part 5, 6

~보다 전[앞]에

---

continued
▼

군 전치사·군 접속사는 몇 마디의 말이 하나의 '전치사·접속사'의 기능을 한다. 덩어리로 통째로 암기할 때까지 소리 내어 읽자.

☐ 듣기 모드　Check 1
☐ 확인 모드　Check 1 ▶ 2
☐ 완벽 모드　Check 1 ▶ 2 ▶ 3

Check 2　Phrase

☐ **for the sake of world peace**
(세계평화를 위하여)

☐ **in defense of oneself** (자신을 지키기 위해)
☐ **in defense of the accused** (피고인을 변호하여)

☐ **in spite of bad weather** (악천후에도 불구하고)
☐ **in spite of the fact that** ~ (~라는 사실에도 불구하고)

☐ **be on board the train [plane]**
(열차[비행기]에 타다)
☐ **go on board** (승선[승차]하다)

☐ **thanks to his cooperation** (그의 협력 덕분에)

☐ **up to now** (지금까지, 이제까지)
☐ **Up to you.** (너 하기 나름이야;맡길게)

☐ **with regard to the first issue**
(첫 문제점에 관해서는)

☐ **ahead of time** (정각보다 빠르게)
☐ **walk ahead of her** (그녀 앞을 걷다)

Check 3　Sentence

☐ **I stopped smoking for the sake of my health.** (나는 건강을 위해 담배를 끊었다)

☐ **Many wars have been fought in defense of freedom and democracy.** (자유와 민주주의를 지키기 위해 많은 전쟁이 이루어졌다)

☐ **In spite of her injury, she played in Saturday's match.** (부상에도 불구하고 그녀는 토요일 시합에 나왔다)

☐ **They are on board the ship.** (그들은 배에 타고 있다)

☐ **Thanks to everyone's hard work, profits are up this year.** (모두가 전력을 다한 덕분에 올해는 이익이 오르고 있다)

☐ **The bus can hold up to 60 people.** (그 버스는 60명까지 태울 수 있다)

☐ **With regard to that matter, I agree with you.** (그 건에 관해서는 나는 당신과 뜻을 같이합니다)

☐ **The building work was completed one week ahead of schedule.** (건축공사는 예정보다 한 주 빨리 끝났다)

continued ▼

Check 1　　Listen 》

□ 1065
in the event of
Part 5, 6

~의 경우에는(≒ in case of)
몡 event : 사건

□ 1066
aside [apart] from
Part 5, 6

❶ ~을 제외하고, ~와 별도로(≒ except, except for)　❷ ~에 더하여, ~의 외에(≒ besides, in addition to)

□ 1067
in the middle of
Part 4

~의 가운데

□ 1068
on account of
Part 5, 6

~의 이유로, ~의 까닭에(≒ because of, due to, owing to)
몡 account ; 이유

□ 1069
as well as

~만이 아니라

□ 1070
no later than
Part 2, 3

~까지

□ 1071
all over
Part 1

~이 이르는 곳에서, ~의 일대에

□ 1072
by way of

~을 경유하여(≒ via)

Check 2　　Phrase	Check 3　　Sentence

□ **in the event of an earthquake** (지진의 경우에는)

▶ □ **In the event of** rain, the fireworks will be canceled. (비가 내리는 경우는 그 불꽃대회는 중지된다)

□ **aside from a few mistakes** (약간의 차이를 제외하고)

▶ □ He hardly watches television **aside from** the news. (그는 뉴스를 제외하면 텔레비전을 거의 보지 않는다)

□ **in the middle of the speech** (연설 중에)

▶ □ Someone's cellphone rang **in the middle of** the concert. (콘서트 중에 누군가의 휴대전화가 울렸다)

□ **on account of one's health** (건강을 위해)

▶ □ Baseball games are often canceled **on account of** rain. (야구 시합은 비 때문에 때때로 중지된다)

□ **be intelligent as well as beautiful** (아름다울 뿐 아니라 머리도 좋다)

▶ □ She can speak Chinese **as well as** English. (그녀는 영어뿐 아니라 중국어도 말할 수 있다)

□ **no later than April 1** (4월 1일까지)

▶ □ Payment should be received **no later than** August 1. (지불은 8월 1일까지 하지 않으면 안 된다)

□ **all over the country** (전국 방방곡곡에서[에])

▶ □ Pictures are posted **all over** the wall. (벽에 사진이 붙여져 있다)

□ **by way of Singapore** (싱가포르를 경유하여)

▶ □ He flew to Istanbul **by way of** Cairo. (그는 카이로 경유로 이스탄불까지 비행기로 갔다)

Day 66 》)
Quick Review
답은 왼쪽 페이지 아래

□ according to
□ on behalf of
□ prior to
□ in charge of
□ instead of
□ regardless of
□ in terms of
□ because of
□ contrary to
□ in accordance with
□ in honor of
□ in search of
□ compared to
□ in case of
□ as of
□ due to

Day 68 군 전치사3 · 군 접속사

Check 1　　Listen))

□ 1073
across from
Part 1

~의 맞은편에, 저편에(≒ opposite)

□ 1074
owing to

~의 탓으로, ~ 때문에(≒ because of, due to, on according of)

□ 1075
as to

~에 관해서는, ~에 대해서는(≒ about, concerning, with regard to with respecto to)

□ 1076
irrespective of

~에 관계없이(≒ regardless of)

□ 1077
other than
Part 2, 3

~이외에[의](≒ except)

□ 1078
but for

~가 없으면[없었다면](≒ without, if it were not for, if it had not been for)

□ 1079
on top of

~에 더하여, ~설상가상으로(≒ in addition to)　⊕ 통상적으로 나쁜 일에 대하여 사용한다

□ 1080
in place of

~대신에(≒ instead of, on behalf of)
명 place: 지위

continued
▼

□ 듣기 모드　Check 1
□ 확인 모드　Check 1 ▸ 2
□ 완벽 모드　Check 1 ▸ 2 ▸ 3

Check 2　Phrase

□ **across from** the post office
(우체국 저편에)

□ **owing to** lack of water(물 부족 탓에)

□ information **as to** payment terms (지불 조건에 관한 정보)

□ **irrespective of** age or sex(연령이나 성별에 상관없이)

□ drink nothing **other than** water(물 이외는 아무것도 마시지 않는다)

□ **but for** his help(그의 도움이 없었다면)

□ **on top of** that(그것에 대하여, 게다가)

□ use yoghurt **in place of** sour cream (샤워크림 대신에 요구르트를 사용한다)

Check 3　Sentence

□ **The woman is sitting across from the man.** (그 여자는 그 남자의 맞은편 자리에 앉아 있다)

□ **The flight was suspended for four hours owing to the fog.** (안개 때문에 그 비행기는 4시간 출발이 지연되었다)

□ **We need more discussion as to the agenda.** (그 의제에 대해서 좀 더 이야기할 필요가 있다)

□ **The parade will be held irrespective of the weather conditions.** (그 퍼레이드는 기상 상황에 관계없이 행해질 예정이다)

□ **There was no one other than him in the house.** (그 집에는 그 이외에는 아무도 없었다)

□ **I'd have crashed the car but for his warning.** (그가 주의하지 않았다면 나는 그 차를 박았을 것이다)

□ **On top of losing his job, his car broke down.** (직장을 잃은 데 더하여 그의 차는 고장났다)

□ **The foreign minister attended the Olympic Games opening ceremony in place of the prime minister.** (외무 장관이 수상을 대신해 올림픽 개회식에 출석했다)

continued ▼

Check 1　Listen))

□ 1081
as [so] far as ～
Part 5, 6

～에 관한 한에는

□ 1082
as [so] long as ～
Part 5, 6

～하는 한에는, ～하는 동안에는

□ 1083
in case ～
Part 5, 6

❶～의 경우에 대비하여 ❷만일～한다면(≒if)
몡 case : 경우

□ 1084
in order that ～
Part 5, 6

～할 목적으로, ～하기 위해서(≒so that～)

□ 1085
so that ～

❶～하기 위해서(≒in order that～)　➕통상 so that 앞에는 콤마를 하지 않는다. that을 생략하기도 한다 ❷그래서～, 따라서 ～　➕통상 so that 앞에 콤마를 둔다. 이 의미에서는 that은 생략되는 경우가 많다

□ 1086
now that ～

지금 ～이기 때문에, ～인 이상　➕that을 생략하기도 한다

□ 1087
as if [though] ～

마치[흡사] ～인 듯이 ; ～처럼

□ 1088
by the time ～

～할 때까지(는)

Day 67))
Quick Review
답은 오른쪽 페이지 아래

□ ～의 때문에　□ ～의 덕분에　□ ～의 경우에는　□ ～만이 아니라
□ ～을 지키기 위해　□ ～까지　□ ～을 제외하고　□ ～까지
□ ～에도 불구하고　□ ～에 관해서　□ ～의 가운데　□ ～이 이르는 곳에서
□ ～을 타고　□ ～보다 전에　□ ～의 이유로　□ ～을 경유하여

□ **as far as** I know (내가 알고 있는 한에는)
□ **as far as** ~ goes [is concerned] (어느 정도는, 어느 선에서는)

□ **as long as** I live (내가 살아 있는 한[동안]은)

□ **in case** it snows (눈이 내리는 경우에 대비하여)
□ **in case** I am late (만일 내가 늦는다면)

□ **in order that** the candidate will win the election (그 후보자가 선거에 이기기 위해서)

□ **so that** I can pass the exam (시험에 합격하기 위해)

□ **now that** it has stopped raining (지금 비가 그쳤기 때문에)

□ **It is [seems, sounds] as if** ~. (마치 ~같다[~처럼 보이다, ~처럼 들리다])

□ **by the time** he returns home (그가 귀가할 때까지는)

□ **As far as** unemployment is concerned, the situation has deteriorated. (실업에 관해 말하면 상황은 악화되고 있다)

□ **You can go to the party as long as you are back by 10 p.m.** (오후 10시까지 귀가한다면 그 파티에 가도 좋다)

□ **You'd better bring a map in case you get lost.** (길을 잃을 경우에 대비하여 지도를 들고 가면 좋다)

□ **We need financial support in order that we may achieve our goals.** (목표를 달성하기 위해 우리는 금전적인 지원을 필요로 한다)

□ **She got up early so that she could catch the first train.** (첫 운행 열차 시간에 맞추기 위해 그녀는 일찍 일어났다)

□ **Now that they live in different countries, they communicate by e-mail.** (그들은 각기 다른 나라에 살고 있기 때문에 전자메일로 연락을 취하고 있다.)

□ **She acted as if she'd never seen me before.** (그녀는 마치 나와 한 번도 만난 적이 없는 것처럼 행동했다)

□ **By the time he got to the station, the train had already left.** (그가 역에 도착하기 전에 열차는 이미 출발했다)

Chapter 10 Review

왼쪽 페이지의 (1)~(16) 의 숙어의 동의숙어 · 유의숙어 (또는 동의어 · 유의어)(≒),
반의숙어 · 반대숙어 (↔) 를 오른쪽 페이지의 A~P 에서 선택하여 괄호 안에 답을 적
는다 . 의미를 모를 때는 색인 번호를 참조하고 복습하자 .(답은 오른쪽 아래)

- ☐ **(1)** **according to** (1041) ≒ 은 ? (　　)
- ☐ **(2)** **prior to** (1043) ≒ 은 ? (　　)
- ☐ **(3)** **instead of** (1045) ≒ 은 ? (　　)
- ☐ **(4)** **regardless of** (1046) ≒ 은 ? (　　)
- ☐ **(5)** **because of** (1048) ≒ 은 ? (　　)
- ☐ **(6)** **compared to** (1053) ≒ 은 ? (　　)
- ☐ **(7)** **in case of** (1054) ≒ 은 ? (　　)
- ☐ **(8)** **in spite of** (1059) ≒ 은 ? (　　)
- ☐ **(9)** **with regard to** (1063) ≒ 은 ? (　　)
- ☐ **(10)** **aside from** (1066) ≒ 은 ? (　　)
- ☐ **(11)** **by way of** (1072) ≒ 은 ? (　　)
- ☐ **(12)** **across from** (1073) ≒ 은 ? (　　)
- ☐ **(13)** **but for** (1078) ≒ 은 ? (　　)
- ☐ **(14)** **on top of** (1079) ≒ 은 ? (　　)
- ☐ **(15)** **in case ~** (1083) ≒ 은 ? (　　)
- ☐ **(16)** **in order that ~** (1084) ≒ 은 ? (　　)

A. on account of

B. except

C. in addition to

D. before

E. without

F. despite

G. in accordance with

H. so that ～

I. irrespective of

J. via

K. in the event of

L. opposite

M. in place of

N. if

O. as to

P. in comparison to

【해답】 (1) G (2) D (3) M (4) I (5) A (6) P (7) K (8) F (9) O (10) B
(11) J (12) L (13) E (14) C (15) N (16) H

CHAPTER 11

그 외의 숙어

드디어 마지막 Chapter에 접어들었다. 여기서는 지금까지 다루지 않았던 주요 숙어를 담았다. 이제 앞으로 단 이틀, TOEIC 600점 돌파라는 꿈도 코앞에 와 있다.

Day 69 【수량표현】
▶ 326
Day 70 【문장 숙어】
▶ 330

TOEIC식 격언

Fear is often worse than the danger itself.

출산은 걱정하는 것보다 실제로 낳는 것이 쉽다.
직역) 공포는 위험 그 자체보다 심한 경우가 많다.

CHAPTER 1
CHAPTER 2
CHAPTER 3
CHAPTER 4
CHAPTER 5
CHAPTER 6
CHAPTER 7
CHAPTER 8
CHAPTER 9
CHAPTER 10
CHAPTER 11

Day 69　수량표현

□ 1089
a large amount of
Part 2, 3

다량[큰 액수]의~ (≒ a great deal of, a good deal of)
몧amount: 양, 액수

□ 1090
a pile of
Part 1

❶ ~의 산　❷ 다량[다수]의~
몧pile: (물건의)쌓여 있는 것, 산

□ 1091
plenty of

많은[다수, 다량]~
몧plenty: 많은

□ 1092
a variety of
Part 4

여러 가지의~
몧variety: (동종의 물건을)모음

□ 1093
dozens of
Part 4

수십의~; 다수의~
몧dozen: 다스, 12개

□ 1094
a host of
Part 5, 6

다수의~, 많은~
몧host: 다수

□ 1095
a large number of

대다수의~

□ 1096
a series of

일련의~, 잇단의~
몧series: 연속

continued ▼

Check 2　Phrase

☐ **a large amount of water** (다량의 물)

☐ **a pile of documents** (서류의 산)

☐ **plenty of time** (많은 시간)
☐ **plenty of vegetables** (많은 야채)

☐ **a variety of uses** (여러 가지의 사용법)

☐ **dozens of candles** (몇 십 자루의 양초)
☐ **dozens of times** (수십 번이라도, 몇 번이고)

☐ **a host of problems** (많은 문제)
☐ **a host of friends** (많은 친구)

☐ **a large number of employees** (대다수의 종업원)

☐ **a series of robberies** (일련의 강도사건)

Check 3　Sentence

☐ **A large amount of money has been spent on the project.** (큰 액수의 돈이 그 프로젝트에 쓰이고 있다)

☐ **The man has a pile of books in his arms.** (그 남자는 양팔에 산더미 같은 책을 안고 있다)

☐ **Make sure you have plenty of sleep the night before your exam.** (시험 전날 밤은 반드시 충분한 수면을 취할 것)

☐ **The store sells a variety of goods.** (그 가게는 여러 가지 상품을 팔고 있다)

☐ **Dozens of reporters were at the site of the accident.** (몇 십 명이나 하는 기자들이 그 사고현장에 있었다)

☐ **There are a host of reasons why smaller shops go out of business.** (소규모 가게가 폐업하는 데는 많은 이유가 있다)

☐ **A large number of companies are in need of reform.** (대다수의 기업은 개혁을 필요로 한다)

☐ **The national economy was strengthened by a series of measures.** (국내 경제는 일련의 대책에 의해 강화되었다)

continued
▼

Check 1　Listen 》

□ 1097
thousands of

수천의~; 다수의~　➕ '수백의'는 hundreds of

▶

□ 1098
a lot [lots] of
Part 2, 3

많은~

▶

□ 1099
a couple of

2,3의~, 여러 개의~(≒ a few)

▶

□ 1100
a bit of

조금의~, 약간의　➕ quite a bit of는 '꽤 많은~'

▶

□ 1101
a handful of

❶소수의~, 약간~　❷한 움큼의~

▶

□ 1102
a great [good] deal of

다량[상당량]의~, 많은~(≒ a large amount of)
몡 deal: 양, 액수

▶

□ 1103
quite a bit of

상당히 많은~　➕ a bit of는 '약간의~'

▶

□ 1104
scores of

다수의~, 많은~
몡 score: 20

▶

Day 68 》
Quick Review
답은 오른쪽 페이지 아래

□ ~의 맞은편에	□ ~이외에	□ ~에 관한 한에는	□ ~하기 위해서
□ ~의 탓으로	□ ~가 없으면	□ ~하는 한에는	□ 지금 ~이기 때문에
□ ~에 관해서는	□ ~에 더하여	□ ~의 경우에 대비하여	□ 마치 ~인 듯이
□ ~에 관계없이	□ ~대신에	□ ~할 목적으로	□ ~ 할 때까지

□ **thousands of demonstrators**
(몇 천 명의 데모 참가자)

▶ □ **The earthquake left thousands of people homeless.** (그 지진에 의해 수천 명이나 되는 사람이 집을 잃었다)

□ **a lot of magazines** (많은 잡지)
□ **a lot of work** (많은 업무)

▶ □ **The company does a lot of business with Muslim countries.** (그 회사는 이슬람교 국가들과 많은 거래를 하고 있다)

□ **for a couple of hours** (2,3시간)

▶ □ **Some economists expect unemployment to fall over the next couple of months.** (몇 명의 경제학자들은 앞으로 몇 개월 동안에 실업자 수는 줄어들 것이라고 예측하고 있다)

□ **a bit of land** (약간의 토지)
□ **a bit of exercise** (약간의 운동)

▶ □ **I know only a little bit of French.** (나는 프랑스어를 조금 밖에 알지 못한다)

□ **a handful of students** (소수의 학생)
□ **a handful of coins** (한 움큼의 동전)

▶ □ **There were only a handful of people in the theater.** (영화관에는 소수의 사람밖에 없었다)

□ **a great deal of advice** (다수의 조언)
□ **a great deal of pain** (상당한 통증)

▶ □ **We've spent a great deal of money on the house.** (우리는 그 집에 큰 액수의 돈을 사용해왔다)

□ **quite a bit of money** (꽤 많은 돈)

▶ □ **The company has quite a bit of debt.** (그 회사는 큰 액수의 빚을 끌어안고 있다)

□ **scores of mistakes** (다수의 잘못)
□ **scores of times** (때때로)

▶ □ **Scores of people attended the rally.** (많은 사람들이 그 집회에 참가했다)

□ across from　□ other than　□ as far as ~　□ so that ~
□ owing to　□ but for　□ as long as ~　□ now that ~
□ as to　□ on top of　□ in case ~　□ as if ~
□ irrespective of　□ in place of　□ in order that ~　□ by the time ~

Day 70   문장 숙어

□ 1105
How [What] about A?
Part 2, 3

(권유・제안을 나타내고)A는 어떠세요?(≒What do you say to A?)

□ 1106
How come ∼?
Part 2, 3

어째서∼?, 왜∼? ➕How come 뒤는 일반 의문문이 아니라 평서문의 어조인 것에 주의한다

□ 1107
How dare ∼?
Part 2, 3

잘도 [뻔뻔스럽게도] ∼하네요 ➕의문문의 형태라서 문말에는 의문부호(=?)가 붙는 것이 원칙이지만 분노 등을 강조하기 위해서 감탄부호(=!)를 붙이기도 한다.

□ 1108
What ∼ for?
Part 2, 3

왜∼?, 어째서∼?

□ 1109
What if ∼?
Part 2, 3

❶∼한다면 어떻게 될까? ❷(제안을 나타내고)∼하다면 어떻게 될까요?(≒Why not∼?, Why don't you∼?, Why don't we∼?)

□ 1110
What do you say to A?
Part 2, 3

(제안을 나타내어)A는 어떠세요?(≒How about A?, What about A?)

□ 1111
What is A like?
Part 2, 3

A는 어떤 사람[물건]입니까?, A는 어떤 모습입니까?

□ 1112
What has become of A?
Part 2, 3

A는 어떻게 되었나요?, A에게 무엇이 일어날 것인가? ➕미래에 대해서는 'A는 어떻게 될까?' ➕미래에 대해서 'A는 어떻게 될까?'는 What will become of A?

continued ▼

□ 듣기 모드　Check 1
□ 확인 모드　Check 1 ▶ 2
□ 완벽 모드　Check 1 ▶ 2 ▶ 3

Check 2　Sentence 1

□ **How about** a cup of tea?(홍차는 어떠세요?)

□ **How come you didn't go to school today?**(어째서 오늘 학교에 가지 않았던 것일까?)

□ **How dare you tell me what to do!**(잘도 나를 지도하는구나!)

□ **What** did you do that **for**?(왜 그런 일을 했어요?)

□ **What if** I get sick?(병에 걸리면 어떻게 해요?)

□ **What do you say to** taking a rest?(잠시 쉬는 게 어떠세요?)

□ **What** will the weather **be like** tomorrow?(내일 날씨는 어떨까요?)

□ **What has become of** her?(그녀는 어떻게 되었을까?;그녀는 어디로 갔을까요?)

Check 3　Sentence 2

□ **How about going to Hawaii this summer?**(올 여름에 하와이에 가는 것은 어때요?)

□ **How come you are still here?**(왜 당신은 아직 여기에 있는 거예요?)

□ **How dare he say such a thing!**(뻔뻔스럽게도 그는 그런 말을 하는군요)

□ **What** are you writing that down **for**?(왜 그것을 메모하고 있는 거죠?)

□ **What if** we move to another city?(다른 시로 이사를 가는 것은 어떻게 될까요?)

□ **What do you say to going to that new restaurant tonight?**(오늘밤, 예의 새로운 레스토랑으로 가는 것은 어때요?)

□ I heard you've met Carol's new boyfriend. **What is** he **like**?(캐롤의 새로운 남자친구를 만난 적이 있다고 들었는데. 그는 어떤 사람이야?)

□ **What has become of** your promise?(당신의 약속은 어떻게 되었나요?)

continued
▼

CHAPTER 1

CHAPTER 2

CHAPTER 3

CHAPTER 4

CHAPTER 5

CHAPTER 6

CHAPTER 7

CHAPTER 8

CHAPTER 9

CHAPTER 10

CHAPTER 11

Check 1　Listen 》

□ 1113
Why not ～?
Part 2, 3

❶(제안·가벼운 명령을 표하여)**～한다면 어떠세요?**(≒Why don't you～?, Why don't we～?, What if～?) ❷(Why not?로) (제안 등에 동의하고)물론 좋아요;왜 안 된다(하지 않는다)는 거죠?

□ 1114
Why don't you [we] ～?
Part 2, 3

(제안·가벼운 명령을 표하여)**～한다면 어떠세요?** ➕ 제안자가 자신을 포함하여 말하는 경우는 Why don't we～?가 된다(≒ What if～?, Why not～?)

□ 1115
That's why ～.

그런 이유로 ～다, 그것이 ～의 이유다

□ 1116
The fact is (that) ～.

실은 ～다, 사실은 ～다
몡fact:사실

□ 1117
It is (high) time (that) ～.
Part 2, 3

이제 ～의 시간이다 ➕ that절 내의 시제는 보통 과거형

□ 1118
It is no wonder (that) ～.

～는 조금도 이상하지 않다, ～인 것은 당연하다 ➕ It is가 생략되는 경우도 많다
몡wonder:놀라움

□ 1119
It is said that ～.

～라고 말한다

□ 1120
It goes without saying that ～.

～는 말할 것도 없다

Day 69 》 Quick Review
답은 오른쪽 페이지 아래

□ 다량의～	□ 수십의～	□ 수천의～	□ 소수의～
□ ～의 산	□ 다수의～	□ 많은～	□ 다량의～
□ 많은～	□ 대다수의～	□ 2,3의～	□ 상당히 많은～
□ 여러 가지의～	□ 일련의～	□ 조금의～	□ 다수의 ～

☐ **Why not** use my car? (내 차를 쓰는 것 어떠세요?)

☐ {Let's go to a movie tonight.} {Yeah, **why not**?} ("오늘밤 영화 보러가자", "그래, 좋지.")

☐ **Why don't you** ask him? (그에게 물으면 어떠세요?)

☐ **Why don't we** go to the beach this weekend? (이번 주말에 바다에 가는 것은 어때?)

☐ Our bus broke down. **That's why** we were late. (버스가 고장났다. 그런 이유로 우리는 늦었다)

☐ He is really kind. **That's why** I like him so much. (그는 정말 친절합니다. 그래서 나는 그가 너무 좋습니다)

☐ **The fact is** I have lost your book. (사실 나는 당신의 책을 잃어버렸어요)

☐ **The fact is** the company is in a financial crisis. (사실은 그 회사는 재정 위기에 빠져 있다)

☐ **It's time** you went to bed. (이제 당신이 잘 시간입니다)

☐ **It's time** I got back to work. (이제 일로 돌아갈 시간이다)

☐ Did you say such a thing to her? **It's no wonder** she got angry. (그것을 그녀에게 얘기했어요? 그녀가 화를 내는 것도 당연해요)

☐ You were only wearing a T-shirt. **It's no wonder** you caught a cold. (티셔츠밖에 입지 않았기 때문에 감기에 걸리는 것은 당연하다)

☐ **It is said that** the mayor will resign soon. (시장은 조만간 사임할 것이라 한다)

☐ **It is said that** Japanese people are very quiet and shy. (일본인은 매우 조용하고 부끄러움을 잘 탄다고 한다)

☐ **It goes without saying that** she has real talent. (그녀에게는 훌륭한 재능이 있는 것은 말할 것도 없다)

☐ If you want to keep fit, **it goes without saying that** you need to exercise. (건강하고 싶다면 운동할 필요가 있다는 것을 말할 것도 없다)

☐ a large amount of   ☐ dozens of   ☐ thousands of   ☐ a handful of
☐ a pile of   ☐ a host of   ☐ a lot of   ☐ a great deal of
☐ plenty of   ☐ a large number of   ☐ a couple of   ☐ quite a bit of
☐ a variety of   ☐ a series of   ☐ a bit of   ☐ scores of

Day 70
Quick Review
답은 아래

☐ A는 어떠세요?
☐ 어째서 ~?
☐ 잘도 ~하네요
☐ 왜 ~?

☐ ~한다면 어떻게 될까?
☐ A는 어떠세요?
☐ A는 어떤 사람입니까?
☐ A는 어떻게 되었나요?

☐ ~한다면 어떠세요?
☐ ~한다면 어떠세요?
☐ 그런 이유로 ~다
☐ 실은 ~다

☐ 이제 ~의 시간이다
☐ ~는 조금도 이상하지 않다
☐ ~라고 말한다
☐ ~는 말할 것도 없다

Day 70
Quick Review
답은 위

☐ How about A?
☐ How come ~?
☐ How dare ~?
☐ What ~ for?

☐ What if ~?
☐ What do you say to A?
☐ What is A like?
☐ What has become of A?

☐ Why not ~?
☐ Why don't you ~?
☐ That's why ~.
☐ The fact is ~.

☐ It is time ~.
☐ It is no wonder ~.
☐ It is said that ~.
☐ It goes without saying that ~.

Index

*앞에서 학습한 단어·숙어는 빨간색, 이 이
외의 것은 검은색으로 표시하였다. 각각의 단
어·숙어의 오른쪽에 있는 숫자는 공부했던
단어·숙어의 번호를 나타낸다. 빨간색 번호
는 단어나 숙어가 등장하는 번호다.

Index

A

☐ a bit of — 1100, 1103
☐ a couple of — 1099
☐ a few — 1099
☐ a good deal of — 1089, 1102
☐ a great deal of — 1102, 1089
☐ a handful of — 1101
☐ a host of — 1094, 0243
☐ a large amount of — 1089, 1102
☐ a large number of — 1095
☐ a little — 0712
☐ a lot of — 1098
☐ a pile of — 1090, 0228
☐ a series of — 1096
☐ a variety of — 1092
☐ ability — 0482
☐ able — 0482
☐ abolish — 0772
☐ about — 0733, 1063, 1075
☐ absence — 0499, 0409, 0905
☐ absent — 0330, 0499
☐ absolute — 0185
☐ absolutely — 0726
☐ absorb — 0893
☐ accept — 0166, 0219, 0271
☐ acceptable — 0166
☐ acceptance — 0166
☐ access — 0399
☐ accessible — 0399
☐ accident — 1025
☐ accidentally — 0994, 1025, 1028
☐ accompany — 0202
☐ accomplish — 0206
☐ accordance — 1050
☐ according to — 1041, 1050
☐ account — 0057, 0954, 1068

☐ account for — 0057
☐ accurate — 0307, 0326
☐ accusation — 0802
☐ accuse A of B — 0802, 0829, 0834
☐ achieve — 0206
☐ achievement — 0206
☐ acknowledge — 0256
☐ across from — 1073, 0302
☐ active — 0701
☐ actual — 0651, 0349, 0736
☐ actually — 0736, 0651
☐ adapt A to B — 0815
☐ adaptable — 0815
☐ adaptation — 0815
☐ add — 0621, 0301
☐ add to — 0621
☐ add up — 0752
☐ add up to — 0324, 0745
☐ addition — 0301, 0621
☐ additional — 0301, 0294, 0333, 0621
☐ address — 0259
☐ adjust A to B — 0815
☐ admiration — 0197, 0840
☐ admire — 0197
☐ admire A for B — 0840, 0197
☐ admission — 0222, 0813
☐ admit — 0222, 0256
☐ admit A into B — 0222, 0813
☐ admit A to B — 0813, 0222
☐ admit doing — 0222
☐ adopt — 0242
☐ adoption — 0242
☐ advance — 0368, 0377, 0384, 0978
☐ advantage — 0148, 0945
☐ advantageous — 0148
☐ affair — 0367
☐ afford — 0250, 0305
☐ afford to do — 0851, 0250, 0305
☐ affordable — 0305, 0250, 0304, 0851

☐ afterward — 0713
☐ age — 0359
☐ agency — 0143, 0481
☐ agent — 0481, 0143
☐ agree — 0145
☐ agree about — 0145, 0777, 0799
☐ agree on — 0799, 0145, 0777
☐ agree to do — 0858
☐ agree with — 0777, 0145, 0613, 0799
☐ agreement — 0145, 0004, 0502, 0777, 0799, 0858
☐ ahead of — 1064
☐ ahead of schedule — 1030
☐ aid — 0208, 0558
☐ aim — 0070, 0034, 0855
☐ aim A at B — 0070
☐ aim at — 0070
☐ aim to do — 0855, 0070
☐ aircraft — 0478
☐ airmail — 0416
☐ airplane — 0478
☐ alien — 0358
☐ all — 0648
☐ all over — 1071
☐ all the time — 1037
☐ allow — 0269, 0216
☐ allow A to do — 0872, 0216, 0269, 0865
☐ allowance — 0269, 0872
☐ amateur — 0663
☐ ambiguous — 0317
☐ amount — 0439, 0745, 1089
☐ amount to — 0745, 0324, 0439
☐ analysis — 0156
☐ analyst — 0156
☐ analytical — 0156
☐ analyze — 0156
☐ announce — 0245
☐ announcement — 0245

체크한 것은 몇 개?　　1 ☐　2 ☐

anticipate	0754
anxiety	0020, 0895, 0942
apart from	1066
apologize to A for B	0810
apology	0810
apparel	0391
appeal	0447, 0826
appeal to A for B	0826, 0447
appealing	0345, 0447
appear	0264, 0516
appear to do	0860, 0264
appearance	0264, 0860
applicant	0054, 0753, 0812
application	0054, 0753, 0812
apply	0054
apply A to B	0812, 0054
apply for	0054, 0753
apply to	0753, 0054
appoint	0059
appoint A as B	0816, 0059
appoint A to B	0059
appointment	0059, 0816
approach	0252
appropriate	0286, 0326, 0441
approval	0179
approve	0179
approve of	0179
approximately	0733
area	0473
argue	0255, 0490
argument	0490, 0255, 0394
arrange	0236, 0502
arrangement	0502, 0236
arrest	0164
arrival	0074
arrive	0074
article	0128
artificial	0652
as far as ~	1081
as from	1055
as if ~	1087
as long as ~	1082
as of	1055
as though ~	1087
as to	1075, 1063
as well as	1069
ascertain	0695, 0729, 0907
ascribe A to B	0808
aside from	1066
ask	0760
ask A to do	0875
assist	0558, 0208, 0376, 0642
assist A in B	0558
assist A with B	0558
assistance	0376, 0558, 0642
assistant	0642, 0376, 0558
assurance	0846
assure A of B	0846
at best	1006
at ease	1003
at first	1005
at hand	1001
at home	1007
at large	1002, 0984
at last	0720, 1005
at least	1004
at most	1004, 1006
at once	0716
at present	0987
at the present	0987
at times	1000
at work	1008, 0998
at worst	1006
atom	0689
atomic	0689
attach A to B	0806
attachment	0806
attack	0098
attain	0206
attempt	0241
attempt to do	0241
attend	0174, 0151, 0674
attend to	0231, 0272, 0747
attendance	0151, 0174
attendant	0151, 0174
attention	0151, 0948
attire	0391
attitude	0062
attract	0544, 0345
attraction	0345, 0544
attractive	0345, 0544
attribute A to B	0808
audience	0013
author	0117, 0017
authority	0017
authorize	0017
autograph	0089
availability	0282
available	0282
average	0644, 0993
avoid	0169
avoid doing	0861, 0169
avoidance	0169, 0861
awareness	0909
awful	0664, 0626
awfully	0664

B

background	0092
baggage	0096, 0088
balance	0033
ban	0877
ban A from doing	0877, 0879
bare	0661
barrier	0443
base	0080, 0419, 0914
basement	0465
basic	0419, 0914
basis	0419
be able to do	

0936, 0482
☐ be absent from
　　0905, 0499
☐ be absorbed in　0893
☐ be absorbed into　0893
☐ be accustomed to
　　0897, 0898
☐ be anxious about　0895
☐ be anxious to do
　　0942, 0943
☐ be appropriate for
　　0886, 0918
☐ be ashamed about　0900
☐ be ashamed of　0900
☐ be ashamed to do　0932
☐ be aware of
　　0909, 0337, 0903
☐ be based on　0914, 0419
☐ be bored with　0288
☐ be bound for　0890
☐ be bound to do
　　0931, 0934
☐ be capable of　0883
☐ be certain about
　　0695, 0729, 0907,
　　0920, 0927
☐ be certain of
　　0907, 0695, 0729,
　　0920, 0927
☐ be certain to do
　　0931, 0934
☐ be characteristic of
　　0480, 0627, 0629, 0925
☐ be confident about
　　0907, 0920, 0927
☐ be confident of
　　0927, 0907, 0920
☐ be confused about
　　0919, 0546, 0902
☐ be conscious of
　　0903, 0337, 0909
☐ be content with
　　0894, 0144, 0915
☐ be credited for
　　0048, 0910

☐ be credited with
　　0910, 0048
☐ be delighted to do
　　0940
☐ be dependent on
　　0896, 0632, 0899
☐ be determined to do　0196
☐ be devoted to　0842
☐ be disappointed about
　　0448, 0537, 0922
☐ be disappointed at
　　0448, 0537, 0922
☐ be disappointed with
　　0922, 0448, 0537
☐ be dissatisfied with　0915
☐ be eager for　0928, 0650
☐ be eager to do
　　0943, 0650, 0942
☐ be engaged in　0911
☐ be engaged to　0911
☐ be equal to　0892, 0316
☐ be expressive of　0624
☐ be familiar to　0908
☐ be familiar with
　　0908, 0659
☐ be filled with　0904
☐ be fit for　0918, 0886
☐ be flooded with
　　0921, 0402
☐ be free from　0352, 0906
☐ be free of　0906, 0352
☐ be free to do
　　0944, 0352
☐ be frightened about　0611
☐ be frightened at　0611
☐ be frightened of　0611
☐ be going to do　0856
☐ be headed for　0913
☐ be headed toward　0913
☐ be honored by　0035
☐ be honored for　0035
☐ be impressed by
　　0881, 0207
☐ be impressed with
　　0207, 0881

☐ be independent of
　　0899, 0632, 0896
☐ be indifferent to　0885
☐ be inferior to
　　0887, 0889
☐ be involved in　0884
☐ be involved with　0884
☐ be keen on　0319
☐ be keen to do　0319
☐ be likely to do　0930
☐ be located at　0104
☐ be located in　0104
☐ be modeled on　0924
☐ be nervous about
　　0916, 0289
☐ be occupied with　0267
☐ be opposed to
　　0926, 0613
☐ be particular about
　　0321, 0709
☐ be peculiar to
　　0627, 0629, 0925
☐ be pleased with
　　0917, 0063, 0293
☐ be prepared to do
　　0937, 0538, 0849,
　　0938, 0941
☐ be present at　0905
☐ be present in　0905
☐ be proper for　0886, 0918
☐ be proper to
　　0925, 0627, 0629
☐ be puzzled about
　　0902, 0546, 0919
☐ be puzzled at
　　0546, 0902, 0919
☐ be qualified to do　0935
☐ be ready to do
　　0938, 0937, 0941
☐ be related to
　　0923, 0420, 0475, 0828
☐ be relieved to do　0415
☐ be responsible for
　　0888, 0106
☐ be rumored to do

체크한 것은 몇 개?　1 ☐　2 ☐

	0933, 0436
☐ be satisfied with	0915, 0223, 0894
☐ be scheduled for	0601
☐ be scheduled to do	0939, 0601
☐ be seated on	0912
☐ be sensitive to	0901, 0278, 0310
☐ be subject to	0882, 0046
☐ be suitable for	0886, 0226, 0918
☐ be superior to	0889, 0887
☐ be supposed to do	0929, 0520
☐ be sure about	0907, 0920, 0927
☐ be sure of	0920, 0706, 0907, 0927
☐ be sure to do	0934, 0706, 0931
☐ be surrounded by	0891, 0190
☐ be typical of	0627, 0629, 0925
☐ be unable to do	0936
☐ be uncertain about	0907
☐ be uncertain of	0907
☐ be unconscious of	0337, 0903
☐ be unique to	0627, 0629, 0925
☐ be unlikely to do	0930
☐ be unsure about	0920
☐ be unsure of	0920
☐ be used to	0898, 0897
☐ be willing to do	0941, 0937, 0938
☐ bear	0199, 0797, 0960
☐ bear A in mind	0975
☐ beautiful	0686
☐ because of	1048, 1056, 1068, 1074
☐ before	1043
☐ beforehand	0713, 0978
☐ behind schedule	1030
☐ belief	0460, 0605
☐ believe	0605
☐ bend over	0792
☐ benefit	0005, 1057
☐ besides	0731, 0705, 1066
☐ bill	0014, 0375
☐ bind	0607
☐ bind A to do	0607
☐ birth	0960
☐ blame	0829
☐ blame A for B	0829, 0802, 0834
☐ blame B on A	0829
☐ board	0183
☐ book	0570, 0519
☐ border	0497
☐ bore	0288
☐ bored	0288
☐ boring	0288, 0701
☐ borrow	0588
☐ boundary	0497
☐ box office	0464
☐ branch	0160, 0451
☐ break	0479
☐ break down	0768
☐ breakdown	0768
☐ breast	0508
☐ breath	0604, 1024
☐ breathe	0604
☐ breathe in	0604
☐ breathe out	0604
☐ brief	0979
☐ bright	0299, 0339, 0701
☐ brighten	0299
☐ brilliant	0339
☐ bring A to an end	0961, 0968
☐ broadcast	0107
☐ brutal	0685
☐ burial	0579
☐ burst	0597
☐ burst into	0782, 0597
☐ bury	0579
☐ business	0438, 0957, 0997
☐ but for	1078
☐ by accident	1025, 0994, 1028
☐ by chance	0994, 1025
☐ by hand	1026
☐ by heart	1027
☐ by mistake	1028
☐ by no means	1033
☐ by the time ～	1088
☐ by way of	1072

C

☐ cab	0136
☐ call at	0760
☐ call for	0751
☐ call on	0760
☐ call upon	0760
☐ calm	0634, 0755
☐ calm down	0755, 0634
☐ capability	0883
☐ capital	0125
☐ capitalism	0125
☐ capitalist	0125
☐ care	0775, 0974
☐ care about	0775
☐ care for	0775, 0974
☐ career	0138, 0123, 0593
☐ carefully	0733
☐ carrier	0593
☐ carry	0593
☐ carry out	0750, 0521
☐ cart	0141
☐ case	0495, 1054, 1083
☐ casual	0338
☐ catch	0555
☐ cause	0201, 0052, 0158, 0549, 0969
☐ caution	0090
☐ ceiling	0147
☐ certain	

0695, 0315, 0729, 1013
□ certainly
0729, 0695, 0706, 0907
□ chair 0610, 0055
□ chairman 0055, 0610
□ challenge 0118
□ challenging 0118
□ chance
0489, 0031, 0495
□ change 0154
□ change A into B 0817
□ change A to B 0817
□ changeable 0154
□ channel 0142
□ character 0480
□ characteristic 0170, 0480
□ charge 0212, 0021, 1044
□ cheap 0640
□ check 0375, 0014
□ check in 0767
□ chemical 0356
□ chemist 0356
□ chemistry 0356
□ chest 0508
□ choice 0140
□ choose 0514
□ cite 0759
□ citizen 0358
□ citizenship 0358
□ civil 0690
□ claim 0195, 0515
□ claim to do 0195
□ clear 0322, 0787
□ clerical 0079
□ clerk 0079
□ clever 0655, 0700
□ client 0127, 0095
□ climate 0134
□ close 0314
□ cloth 0391
□ clothes 0391
□ clothing 0391
□ coat 0585
□ collect 0566
□ collide with 0616

□ come to an end
0968, 0961
□ come true 0971
□ come up with
0785, 0744
□ comfort 0350
□ comfortable 0350
□ command 0539
□ commend A for B 0834
□ commerce 0332
□ commercial 0332
□ commit oneself to
0950
□ committee 0083
□ common 0346, 0692
□ company 0102
□ comparable 0822
□ compare 1053
□ compare A to B 0822
□ compare A with B 0822
□ compared to 1053
□ compared with 1053
□ comparison 0822
□ compassion 0383
□ compel A to do 0876
□ compensate for 0769
□ compete 0043
□ compete with 0043
□ competition 0043
□ competitor 0043
□ complain 0111
□ complain about
0748, 0111
□ complain of 0111, 0748
□ complaint 0111, 0748
□ complete
0185, 0324, 0726
□ completely 0726, 0185
□ complex 0303
□ complicated 0303
□ concentrate on 0791
□ concern 0020
□ concerning
0020, 1063, 1075
□ condition

0155, 0113, 0192
□ conduct 0163
□ conductor 0163
□ confidence 0927
□ confidential 0927
□ confine 0379
□ confirm 0265
□ confirmation 0265
□ confuse 0546
□ confusion 0919
□ congratulate A on B
0818
□ congratulation 0818
□ connect 0615
□ connect A to B 0819
□ connect A with B 0828
□ connection 0819
□ conscious 0337
□ consent 0440
□ consequence 0052, 0158
□ consider
0246, 0189, 0343, 0764
□ consider doing
0246, 0343
□ considerable
0343, 0246
□ considerate 0246, 0343
□ consideration
0246, 0343, 0954
□ consumption 0108
□ contact 0554
□ contain 0258, 0541
□ container 0258
□ content 0144
□ continent 0446
□ continental 0446
□ continual 0567, 0854
□ continue 0567, 0602
□ continue doing
0567, 0854
□ continue to do
0854, 0567
□ continuity 0567, 0854
□ continuous 0567, 0854
□ contract 0004, 0145

체크한 것은 몇 개? 1 ☐ 2 ☐

☐ contrary 1049, 0302
☐ contrary to 1049
☐ contribute A to B 0827
☐ contribute A toward B 0827
☐ contribution 0827
☐ control 1017
☐ convenience 0681
☐ convenient 0681
☐ convert A into B 0817
☐ convert A to B 0817
☐ conviction 0873
☐ convince A to do 0873, 0869, 0870
☐ cooked 0684
☐ cope with 0231, 0272, 0747
☐ corporation 0102
☐ correct 0326, 0307
☐ correctly 0326
☐ cost 0065, 0015
☐ costly 0640, 0699
☐ cough 0069
☐ count on 0737, 0743
☐ course 0980
☐ court 0500
☐ courteous 0500
☐ courtesy 0500
☐ cover 0603
☐ coverage 0603
☐ crack 0432
☐ crash 0616
☐ crash into 0616
☐ crash onto 0616
☐ create 0569
☐ creation 0569
☐ creative 0569
☐ creature 0569
☐ credit 0048, 0910
☐ crew 0452
☐ crime 0456
☐ criminal 0456
☐ criticize A for B 0802, 0829, 0834
☐ crop 0157

☐ cross one's arms 0956
☐ cross one's legs 0956
☐ crowd 0401, 0291
☐ crowded 0291, 0401
☐ cruel 0685
☐ cruelly 0685
☐ cruelty 0685
☐ cure 0523
☐ custom 0027, 0429
☐ customer 0095, 0027, 0127
☐ customize 0530
☐ cutting-edge 0348, 0628

D

☐ daily 0694
☐ dairy 0694
☐ damage 0076, 0486
☐ dark 0299
☐ deal 0397, 0747, 0776, 1102
☐ deal in 0776, 0397, 0593, 0747
☐ deal with 0747, 0231, 0272, 0397, 0776
☐ dealer 0397
☐ debate 0490
☐ decay 0620
☐ decide 0565, 0467
☐ decide to do 0859, 0467, 0565
☐ decision 0467, 0565, 0859
☐ decline 0166, 0219, 0271
☐ decrease 0235, 0168, 0247, 0561
☐ dedicate A to B 0842
☐ defeat 0135
☐ defend 0098
☐ defend A against B 0843
☐ defend A from B 0843
☐ defense 0098, 1058
☐ degree 0008, 1029

☐ delay 0209, 0766
☐ deliberately 0994, 1025, 1028
☐ delight 0063, 0940
☐ deliver 0270
☐ delivery 0270
☐ demand 0051, 0152, 0167, 0335, 0751
☐ demanding 0335, 0051
☐ demerit 0457
☐ demonstrate 0535
☐ denial 0256, 0863
☐ dentist 0364
☐ deny 0256, 0222
☐ deny doing 0863, 0256
☐ depart 0030
☐ department 0030, 0032
☐ departure 0030, 0074
☐ depend on 0743, 0737
☐ depend upon 0743
☐ dependence 0743, 0896
☐ dependent 0896
☐ depict 0176
☐ deprive A of B 0830, 0811
☐ describe 0176, 0066
☐ describe A as B 0836, 0066, 0176
☐ description 0066, 0176, 0836
☐ desert 0574
☐ deserted 0574
☐ deserve 0198, 0457
☐ design 0586
☐ desirable 0410
☐ desire 0410
☐ desire to do 0410
☐ despite 1059
☐ destroy 0262
☐ detach A from B 0806
☐ detail 0103, 0308
☐ detailed 0103
☐ deter A from doing 0878
☐ determination 0196

체크한 것은 몇 개? 1 ☐ 2 ☐

determine	0196, 0565
develop	0543, 0377
developer	0377, 0543
development	0377, 0368, 0384, 0543
device	0045
devote A to B	0842
devoted	0842
devotion	0842
diary	0470
difference	0959
difficult	0654
dig	0553
direct	0357, 0488, 0821
direct A to B	0821, 0357, 0488
direct A to do	0868
direction	0488, 0357, 0821
director	0357, 0821
disadvantage	0148
disagree about	0799
disagree on	0799
disagree with	0613, 0777
disagreement	0145
disappear	0516, 0264
disappearance	0516
disappoint	0537, 0223, 0448
disappointing	0537, 0922
disappointment	0448, 0537, 0922
discount	0078
discourage A from doing	0878, 0866
discover	0498
discovery	0498
discuss	0205
discussion	0205
disease	0018, 0056
dismiss	0182, 0165, 0193, 0522
dismissal	0182
display	0227, 0995
disposable	0739
disposal	0739
dispose of	0739, 0772, 0966
disprove	0535
disregard	0200, 0518
distance	0492, 0656
distant	0656, 0492
distinct	0824
distinction	0824
distinguish A from B	0824
distinguished	0824
distribute	0461
distribution	0461
district	0473
diversity	0064
divide	0577
division	0577
do	0521
do away with	0772, 0739, 0966
do business	0957
document	0424, 0503
domestic	0274
donate A to B	0827
down payment	0366
downtown	0715
dozen	0365, 1093
dozens of	1093
draw	0036
drawer	0036
dreadful	0626, 0664
dream	0421
drill	0370
drug	0041
due	0281, 0980
due to	1056, 1048, 1068, 1074
dull	0701
duly	0281
duty	0029, 0998

E

eager	0650
eagerly	0650, 0928, 0943
earn	0225
earning	0124, 0225
ease	1003
eccentric	0334
economic	0341, 0487
economical	0341, 0487
economics	0341, 0487
economy	0487, 0341
effect	0052, 0025, 0158, 0201, 0300, 0493, 0981
effective	0300, 0052, 0676, 0981
effort	0105
electric	0665
electrical	0665
electricity	0665
element	0412
elementary	0412
emphasize	0230
employ	0522, 0121, 0165, 0182, 0193, 0374, 0496
employee	0121, 0374, 0496, 0522
employer	0374, 0121, 0496, 0522
employment	0496, 0121, 0374, 0522
empty	0533, 0291
enable	0482
enable A to do	0874, 0482
encourage A to do	0866, 0878
endure	0199, 0797
engagement	0059, 0911
enormous	0351
enough	0273
enter	0618, 0506
enthusiastic	0319
entire	0285
entirely	0285
entrance	0506, 0455, 0618

체크한 것은 몇 개?　1 ☐　2 ☐

□ entry	0506, 0618
□ envelope	0400
□ environment	0449
□ environmental	0449
□ equal	0316, 0892
□ equality	0316, 0892
□ equalize	0316, 0892
□ equip	0009
□ equipment	0009
□ era	0359
□ especially	0724, 0709, 0982
□ essential	0276, 0668
□ establish	0221, 0254, 0800
□ establishment	0221
□ even	0334
□ event	1065
□ evidence	0386, 0404
□ evident	0386
□ exact	0307, 0326, 0714
□ exactly	0714, 0307
□ examination	0261
□ examine	0261, 0203
□ example	1010
□ excavate	0553
□ exceedingly	0734
□ excellent	0662
□ except	0453, 1066, 1077
□ except for	1066
□ exception	0453
□ exceptional	0453
□ exchange	0082, 0831
□ exchange A for B	0831, 0082
□ exclude	0541
□ exclusion	0453
□ execute	0750
□ exercise	0370, 0429
□ exhibit	0227
□ exist	0584, 0563
□ existence	0584
□ exit	0455, 0506
□ expect	0266
□ expect A to do	0266
□ expect to do	0266
□ expectation	0266
□ expense	0015, 0065, 0640
□ expensive	0640, 0015, 0699
□ experience	0187, 0795
□ experiment	0371
□ experimental	0371
□ expert	0663
□ explain	0191
□ explanation	0191
□ explode	0597
□ exploration	0203
□ explore	0203
□ export	0129, 0560
□ expose A to B	0807
□ exposition	0380
□ exposure	0807
□ express	0624, 0325
□ expression	0624
□ expressive	0624
□ extent	1029
□ extra	0294, 0301
□ extraordinary	0692
□ extreme	0734
□ extremely	0734
□ eyesight	0421

F

□ fabric	0115
□ face	0260
□ fact	0988, 1116
□ fail	0094, 0600
□ fail in	0094, 0794
□ fail to do	0852, 0094
□ failure	0094
□ failure	0852
□ fair	0380
□ faith	0460, 0605
□ faithful	0460
□ false	0652
□ familiar	0659
□ far	1033
□ far from	1033
□ fare	0021
□ farm	0580
□ farmer	0580
□ fast	0320, 0719
□ fate	0085
□ fault	0390
□ favor	0444, 0309
□ favorable	0309, 0444
□ favorite	0309, 0444
□ feature	0170
□ fee	0075, 0021
□ feed	0557
□ feign	0575
□ female	0688, 0702
□ fever	0425
□ figure	0007, 0774
□ figure out	0774, 0007
□ final	0672, 0720
□ finalize	0185
□ finally	0720, 0672, 1005
□ finance	0392, 0279
□ financial	0279, 0392
□ fine	0019
□ fine A for B	0019
□ finish	0185
□ fire	0193, 0165, 0182, 0522
□ firm	0102
□ first	0602, 0672
□ fit	0596, 0581
□ fix	0204
□ flat	0287
□ flood	0402, 0921
□ floor	0147
□ flow	0589
□ focus	0791
□ focus on	0791
□ follow	0213, 0296
□ following	0296, 0283
□ for a while	1012
□ for all	1059
□ for certain	1013
□ for example	1010
□ for free	0352, 1014

☐ **for good** 1016
☐ for instance 1010
☐ **for nothing** 1014
☐ for pleasure 0997
☐ **for sale** 1011
☐ **for sure** 1013
☐ for the benefit of 1057
☐ **for the first time** 1015
☐ for the good of 1057
☐ **for the sake of** 1057
☐ **for the time being** 1009
☐ forbid 0216, 0269
☐ forbid A to do 0877, 0879
☐ force 0876
☐ force A into doing 0876
☐ **force A to do** 0876
☐ foreign 0274
☐ forever 1016
☐ **formal** 0329, 0313, 0338
☐ **former** 0290
☐ formerly 0290
☐ fortunate 0085, 0721
☐ **fortunately** 0721, 0085
☐ **fortune** 0085, 0721
☐ **forward** 0548
☐ **found** 0254, 0080, 0221, 0800
☐ **foundation** 0080, 0254
☐ **fountain** 0119
☐ **frame** 0564
☐ **free** 0352, 0282, 0646, 0906, 1014
☐ free of charge 1014
☐ **freeze** 0232, 0547
☐ **frighten** 0611
☐ from time to time 1000
☐ **fuel** 0422
☐ fulfill 0594
☐ fully 0726
☐ **function** 0387
☐ **fund** 0133
☐ fundamental 0276
☐ furnish A with B 0805, 0845
☐ **furniture** 0149
☐ **further** 0333
☐ furthermore 0705, 0731

G

☐ **gain** 0517, 0361
☐ garbage 0271
☐ **gather** 0566
☐ gaze 0781
☐ **gaze at** 0781, 0762
☐ gaze into 0762, 0781
☐ **general** 0641, 0321, 0984
☐ generalize 0641
☐ generally 0641, 0984
☐ gently 0733
☐ genuine 0687
☐ get 0517
☐ **get lost** 0964
☐ **get rid of** 0966, 0739, 0772
☐ **give A a hand** 0976
☐ give A a lift 0951
☐ **give A a ride** 0951
☐ **give birth to** 0960
☐ **give rise to** 0969
☐ **glance** 0483
☐ glance at 0483
☐ glimpse 0483
☐ **global** 0693
☐ **go over** 0758
☐ **go through** 0795
☐ **good** 0676, 1057
☐ **goods** 0378
☐ govern 0039, 0396
☐ **government** 0039, 0396
☐ **governor** 0396, 0039
☐ **grace** 0110
☐ graceful 0110
☐ gracious 0110
☐ gradual 0711
☐ **gradually** 0711
☐ **graduate** 0091, 0763
☐ **graduate from** 0763, 0091
☐ graduation 0091, 0763
☐ **grant** 0238
☐ **grave** 0697, 0331
☐ gravity 0697
☐ gross 0649
☐ grow 0388
☐ **growth** 0388
☐ guard A against B 0843
☐ guard A from B 0843
☐ guilt 0669
☐ **guilty** 0669

H

☐ habit 0027, 0429
☐ **hand in** 0756, 0788
☐ **handle** 0272, 0231, 0747
☐ **hang** 0559
☐ happen 0194, 0949
☐ **hardly** 0735
☐ hardly ever 0707, 0725
☐ **harm** 0486, 0076
☐ harmful 0486
☐ **hate doing** 0862
☐ hate to do 0862
☐ hatred 0862
☐ have 0161, 0513
☐ **have A in common** 0973
☐ have a look at 0963
☐ have little to do with 0972
☐ **have nothing to do with** 0972
☐ have one's arms crossed 0956
☐ have one's legs crossed 0956
☐ have something to do with 0972
☐ **head** 0576
☐ **head office** 0451, 0160
☐ headquarters 0160, 0451
☐ heal 0523
☐ heart 1027
☐ **heat wave** 0466

체크한 것은 몇 개?　1 ☐　2 ☐

☐ help	0208, 0376, 0558	
☐ help oneself to	0955	
☐ high	0494	
☐ highly	0710	
☐ hindrance	0443	
☐ hint	0188	
☐ hire	0165, 0182, 0193, 0522	
☐ hit on	0744, 0785	
☐ hit upon	0744, 0785	
☐ hold	0527	
☐ honest	0687	
☐ honor	0035, 1051	
☐ honorable	0035	
☐ host	0243, 1094	
☐ hour	0491	
☐ How about A?	1105, 1110	
☐ How come ～ ?	1106	
☐ How dare ～ ?	1107	
☐ huge	0351	
☐ human	0431	
☐ human being	0431	
☐ humanity	0431	
☐ hundreds of	1097	

I

☐ ideal	0342
☐ identification	0534
☐ identify	0534
☐ identify A as B	0534
☐ identity	0534
☐ if	1083
☐ if it had not been for	1078
☐ if it were not for	1078
☐ ignorance	0518
☐ ignorant	0518
☐ ignore	0518, 0200
☐ ill	0056
☐ ill at ease	1003
☐ illegal	0275
☐ illness	0056, 0018
☐ illusion	0421
☐ imaginary	0587
☐ imagination	0421, 0587

☐ imagine	0587, 0520
☐ immediate	0703, 0716
☐ immediately	0716, 0703, 1036
☐ immense	0351
☐ impact	0493, 0025, 0052
☐ impatient	0292
☐ implement	0002
☐ imply	0188
☐ impolite	0639, 0704
☐ import	0560, 0129
☐ important	0679, 0699
☐ impossible	0633, 1023
☐ impractical	0660
☐ impress	0207
☐ impression	0207, 0881
☐ impressive	0207, 0881
☐ improper	0286
☐ improve	0249, 0572
☐ improvement	0249
☐ in a manner of speaking	0990
☐ in a row	0977, 0985
☐ in a sense	0990
☐ in a way	0990
☐ in accordance with	1050, 1041
☐ in addition to	0731, 1066, 1079
☐ in advance	0978
☐ in brief	0979
☐ in case ～	1083
☐ in case of	1054, 1065
☐ in charge of	1044
☐ in comparison to	1053
☐ in comparison with	1053
☐ in defense of	1058
☐ in due course	0980, 0992
☐ in effect	0981, 0988, 0991
☐ in fact	0988, 0736, 0981, 0991
☐ in general	0984, 1002
☐ in honor of	1051

☐ in line	0985
☐ in one's way	0996
☐ in order	1018
☐ in order that ～	1084, 1085
☐ in other words	0989
☐ in part	1029
☐ in particular	0982, 0709, 0724
☐ in place of	1080, 1042, 1045
☐ in practice	0991, 0981, 0988
☐ in private	0986
☐ in progress	0983
☐ in public	0986
☐ in reality	0988
☐ in search of	1052
☐ in short	0979
☐ in sight	1021
☐ in spite of	1059
☐ in stock	1019
☐ in terms of	1047
☐ in the beginning	1005
☐ in the end	0720, 1005
☐ in the event of	1065, 1054
☐ in the future	0987
☐ in the middle of	1067
☐ in the past	0987
☐ in the way	0996
☐ in theory	0991
☐ in time	0992, 0980, 0999
☐ in truth	0988
☐ in work	1022
☐ inability	0482
☐ include	0541, 0258
☐ including	0541
☐ income	0124
☐ increase	0168, 0235, 0247, 0540, 0542, 0561, 0621
☐ independence	0632, 0899
☐ independent	0632
☐ index	0442

☐ indifference		0885
☐ indispensable	0276,	0668
☐ individual		0284
☐ induce		0201
☐ industrial	0683,	0100
☐ industrious	0100,	0683
☐ industry	0100,	0683
☐ ineffective		0300
☐ inexpensive		0640
☐ influence	0025, 0052,	0493
☐ influential		0025
☐ inform		0474
☐ inform A about B		0803
☐ inform A of B	0803,	0474
☐ informal	0338,	0329
☐ information	0474,	0803
☐ injection		0047
☐ innocent		0669
☐ insincere		0687
☐ insist		0552
☐ insist on		0552
☐ insistence		0552
☐ inspect		0261
☐ instance		1010
☐ instant		0703
☐ instead		0728
☐ instead of	1045, 0728, 1042,	1080
☐ institute		0126
☐ institution		0126
☐ instruct		0408
☐ instruct A to do	0868,	0408
☐ instruction	0408,	0868
☐ instrument		0002
☐ instrumental		0002
☐ insufficient		0273
☐ insurance		0012
☐ insure		0012
☐ intellectual	0655,	0700
☐ intelligence		0655
☐ intelligent	0655,	0700
☐ intend doing		0856
☐ intend to do		0856
☐ intent	0034,	0856
☐ intention	0034,	0856
☐ interest		0159
☐ interested		0159
☐ interesting		0159
☐ interfere in		0741
☐ interfere with		0741
☐ interference		0741
☐ interim		0277
☐ interpret		0837
☐ interrupt		0556
☐ interruption		0556
☐ interview		0042
☐ intimate		0314
☐ introduce		0614
☐ introduce A to B		0823
☐ introduction	0614,	0823
☐ invaluable		0328
☐ investigate		0261
☐ invitation		0867
☐ invite A to do		0867
☐ involve		0884
☐ involvement		0884
☐ irrespective of	1076,	1046
☐ issue		0040
☐ It goes without saying that ～ .		1120
☐ It is high time ～ .		1117
☐ It is high time that ～ .		1117
☐ It is no wonder ～ .		1118
☐ It is no wonder that ～ .		1118
☐ It is said that ～ .		1119
☐ It is time ～ .		1117
☐ It is time that ～ .		1117
☐ item		0061

J

☐ jam		0545
☐ job	0081, 0123,	0138
☐ join	0615, 0643, 0740,	0965
☐ join A to B		0819
☐ joint	0643,	0615
☐ journal		0470
☐ journalism		0470
☐ journey		0372
☐ junior		0318
☐ just		0722

K

☐ keen		0319
☐ keep		0515
☐ keep A from doing	0879,	0880
☐ keep A in mind		0975
☐ keep in touch with		0967
☐ keep track of		0962
☐ key		0670
☐ kind		0064
☐ know		0393
☐ knowledge		0393

L

☐ label		0413
☐ labor		0385
☐ laborer		0385
☐ lack	0409,	0499
☐ ladder		0086
☐ land	0237,	0757
☐ landscape		0114
☐ lane	0411,	0067
☐ large		0675
☐ largely		0675
☐ last	0602, 0567,	0672
☐ lasting		0602
☐ lastly		0720
☐ late		0708
☐ lately	0708,	0723
☐ later		0713
☐ later on		1039
☐ latest		0682
☐ latter		0290
☐ lawful		0275
☐ lawn		0445

□ lay 0571
□ lead 0529, 0637, 0778
□ lead to 0778, 0529, 0637
□ leading 0637, 0529, 0778
□ least 1004
□ leave 0435
□ lecture 0418
□ lecturer 0418
□ leg 0956
□ legal 0275
□ legislation 0275
□ legitimate 0275
□ lend 0588
□ lend A a hand 0976
□ level 0287
□ lid 0403
□ lie 0571
□ lift 0617, 0951
□ like 0775
□ likely 0336
□ limit 0379
□ limitation 0379
□ line 0454, 0354, 0985
□ line up 0786
□ link 0615
□ link A to B 0819
□ list 0590
□ literacy 0501
□ literally 0501
□ literary 0501
□ literature 0501
□ litter 0271
□ load 0184, 0583
□ loan 0588
□ local 0325, 0340
□ locate 0104
□ location 0104, 0081, 0623
□ look after 0775, 0974
□ look for 0742
□ look forward to 0754
□ look on A as B 0814
□ loose 0646
□ lose 0361

□ lose touch with 0967
□ lose track of 0962
□ loss 0361, 0006, 0517
□ lot 0512
□ lots of 1098
□ low 0494, 0561
□ lower 0561, 0235, 0247
□ loyal 0459
□ loyalty 0459
□ luggage 0088, 0096

M

□ magazine 0470
□ main 0673, 0637
□ mainly 0673
□ maintain 0515, 0195
□ maintenance 0515
□ major 0679, 0389
□ major in 0389, 0679
□ majority 0389, 0679
□ make 0569
□ make a difference 0959
□ make believe 0575
□ make out 0774
□ make sense 0952
□ make up for 0769
□ male 0702, 0688
□ manage 0450
□ manage to do 0850, 0450
□ management 0450, 0850
□ manager 0450, 0850
□ manner 0417, 0068
□ market 0599
□ match 0581
□ material 0115
□ matter 0115
□ mean 0229, 0644, 0779
□ means 0395, 0068
□ measure 0037
□ measurement 0037
□ medical 0347, 0041
□ medicine 0041, 0347

□ meet 0594
□ meeting 0594
□ melt 0547, 0232
□ mend 0204
□ mental 0306
□ mention 0234, 0759
□ merchandise 0378, 0510
□ merchant 0510
□ mere 0722
□ merely 0722
□ merit 0457, 0198
□ method 0068, 0395
□ military 0690
□ mind 0975
□ minister 0423
□ ministry 0423
□ minor 0679
□ minority 0389
□ minute 0084
□ miss 0555
□ mistake 0390, 1028
□ model 0924
□ moment 0084
□ mood 0485
□ moreover 0705, 0731
□ move 0612
□ movement 0612

N

□ nap 0958
□ nation 0340
□ national 0340, 0325
□ nationality 0340
□ natural 0437
□ nature 0437
□ necessarily 0668
□ necessary 0668, 0276
□ necessity 0668
□ need 0167
□ negative 0645, 0315
□ neglect 0200, 0518
□ negligence 0200
□ nervous 0289
□ net 0649
□ next 0602

□ no later than 1070
□ no longer 1032
□ notable 0598
□ note 0598, 0014, 0026
□ notice 0026, 0598
□ notify 0026
□ notify A of B 0026, 0803
□ novel 0484
□ novelist 0484
□ now that ～ 1086
□ nowadays 1034

O

□ object 0468
□ object to 0468, 0613
□ objection 0468
□ objective 0468
□ obligation 0029
□ obscure 0635
□ observance 0213
□ observation 0213
□ observe 0213
□ obstacle 0443
□ obtain 0517
□ obvious 0635, 0322, 0653
□ obviously 0635
□ occasion 0495, 0031, 0489, 1000
□ occasional 0495
□ occasionally 0495, 1000
□ occupation 0123, 0138, 0267
□ occupy 0267
□ occur 0194, 0744, 0949
□ occur to 0744, 0194, 0785
□ occurrence 0194, 0744
□ odd 0334
□ of late 0708, 0723
□ off duty 0998
□ offend 0172, 0132
□ offense 0132, 0098, 0172
□ offensive 0132, 0172

□ offer 0240
□ offer to do 0240
□ office 0313
□ official 0313, 0329
□ often 0707
□ on account of 1068, 1048, 1056, 1074
□ on average 0993, 0644
□ on behalf of 1042, 1045, 1080
□ on board 1060
□ on business 0997
□ on display 0995
□ on duty 0998, 1008
□ on occasion 1000
□ on one's way 0996
□ on purpose 0994, 1025, 1028
□ on sale 1011
□ on schedule 1030
□ on the job 0998, 1008
□ on the way 0996
□ on time 0999, 0992
□ on top of 1079
□ only 0722
□ opening 0476
□ operate 0253, 0038, 0582
□ operation 0038, 0253
□ opinion 0109, 0114
□ opportunity 0031, 0489, 0495
□ oppose 0613, 0302
□ opposite 0302, 0613, 0926, 1073
□ opposition 0302, 0613, 0926
□ option 0140
□ optional 0140
□ order 0539, 0408, 1018
□ ordinary 0692, 0346, 0631
□ organization 0112
□ organize 0112
□ origin 0696

□ original 0696
□ originality 0696
□ originally 0696
□ other than 1077
□ otherwise 0727
□ out of breath 1024
□ out of control 1017
□ out of date 1020
□ out of order 1018
□ out of sight 1021
□ out of stock 1019
□ out of the question 1023
□ out of work 1022
□ outcome 0052, 0158
□ outlook 0114
□ out-of-date 1020
□ out-of-town 0677
□ overnight 0297
□ owe A to B 0825
□ owing to 1074, 1048, 1056, 1068
□ own 0513, 0161
□ owner 0513

P

□ package 0511
□ pact 0145
□ painful 0298
□ paper 0503
□ parcel 0511
□ part 0406, 0965
□ partial 0285
□ participant 0740
□ participate in 0740, 0615, 0965
□ participation 0740
□ particular 0321, 0641, 0709, 0982
□ particularly 0709, 0321, 0724, 0982
□ party 0373
□ pass 0600
□ passenger 0003
□ past 0987

체크한 것은 몇 개?　1 □ 2 □

☐ **path**	0067, 0411
☐ **patience**	0097, 0292
☐ **patient**	0292, 0097
☐ **pay**	0469
☐ **pay attention to**	0948
☐ payment	0469
☐ peculiar	0334
☐ penalty	0146
☐ **perform**	0521, 0049, 0750
☐ **performance**	0049, 0521
☐ **period**	0359
☐ periodical	0359, 0470
☐ **permanent**	0691, 0277
☐ **permission**	0440, 0216, 0865
☐ **permit**	0216, 0269, 0440
☐ **permit A to do**	0865, 0216, 0269, 0440, 0872
☐ person	0344
☐ **personal**	0344, 0346
☐ personality	0344
☐ personally	0344
☐ **persuade A to do**	0869, 0870, 0873
☐ persuasion	0869
☐ petition	0447
☐ **physical**	0306
☐ pick	0514
☐ **pick up**	0749
☐ **pile**	0228, 1090
☐ **pity**	0077, 0383
☐ **place**	0623, 0081, 0104, 0571, 0970, 1080
☐ **plain**	0653, 0635
☐ plainly	0653
☐ plan	0024, 0528
☐ plan to do	0856
☐ plane	0478
☐ **plant**	0175
☐ plantation	0175
☐ **platform**	0458
☐ **play a role in**	0947
☐ **pleasant**	0293, 0063, 0686, 0917
☐ please	0063, 0293
☐ pleased	0063, 0293
☐ **pleasure**	0063, 0293, 0917
☐ plenty	1091
☐ **plenty of**	1091
☐ **point at**	0761
☐ point out	0761
☐ point to	0761
☐ **policy**	0472
☐ **polite**	0639, 0704
☐ politely	0639
☐ **political**	0666
☐ politician	0666
☐ politics	0666
☐ **population**	0407
☐ portray	0176
☐ **pose**	0549
☐ **position**	0081, 0104, 0623
☐ **positive**	0315, 0081, 0645
☐ **possess**	0161, 0513
☐ possession	0161
☐ possibility	0489, 0633, 0717
☐ **possible**	0633, 0717
☐ **possibly**	0717, 0633
☐ **post**	0619
☐ postgraduate	0091
☐ postpone	0209, 0766
☐ posture	0062
☐ potential	0633
☐ **pour**	0186
☐ **practical**	0660, 0429
☐ practically	0429, 0660
☐ **practice**	0429, 0370, 0660, 0991
☐ praise	0834
☐ **praise A for B**	0834, 0829
☐ preceding	0283, 0296
☐ **precious**	0699
☐ precise	0307, 0326
☐ precisely	0714
☐ **prefer**	0532
☐ prefer doing	0853
☐ **prefer to do**	0853, 0532
☐ preference	0532, 0853
☐ preparation	0502, 0538, 0849, 0937
☐ **prepare**	0538
☐ **prepare for**	0783, 0538
☐ **prepare to do**	0849, 0538
☐ prepared	0849
☐ presence	0499
☐ **present**	0330, 0832
☐ **present A to B**	0832, 0330
☐ present B with A	0832
☐ presentation	0832
☐ preserve	0515
☐ **press**	0414
☐ pressing	0703
☐ **pretend**	0575
☐ pretend to do	0575
☐ **prevent**	0210
☐ **prevent A from doing**	0880, 0210, 0879
☐ prevention	0210, 0880
☐ preventive	0210, 0880
☐ **previous**	0283, 0296
☐ previously	0283
☐ price	0065
☐ principal	0381
☐ **principle**	0381
☐ **print**	0524
☐ prior	1043
☐ **prior to**	1043
☐ privacy	0657
☐ **private**	0657, 0120
☐ probability	0336, 0732
☐ **probable**	0336, 0633, 0732
☐ **probably**	0732, 0336
☐ problem	0040

☐ **process** 0231, 0272, 0747	☐ provide 0557	☐ **range from A to B** 0835, 0130
☐ **produce** 0363, 0050, 0108	☐ **provide A with B** 0805, 0152, 0845	☐ **rapid** 0320, 0719
☐ **product** 0050, 0108, 0363	☐ provide B for A 0805	☐ **rapidly** 0719, 0320
☐ **production** 0108, 0050, 0363	☐ provided 0805	☐ **rare** 0327, 0725
☐ productive 0050, 0108, 0363	☐ provision 0805	☐ **rarely** 0725, 0327, 0707
☐ **profession** 0123, 0138, 0663	☐ provisional 0277	☐ **rate** 0071
☐ **professional** 0663, 0123	☐ **public** 0120, 0657, 0986	☐ **raw** 0684
☐ **profit** 0006, 0139, 0361	☐ publication 0592	☐ **reach for** 0773
☐ **progress** 0384, 0368, 0377, 0983	☐ publicity 0120	☐ **real** 0349, 0651
☐ **prohibit A from doing** 0879, 0877, 0880	☐ publicly 0986	☐ reality 0349, 0988
☐ prohibition 0440, 0879	☐ **publish** 0592, 0678	☐ **realize** 0257
☐ **project** 0528	☐ publisher 0592	☐ really 0349, 0736
☐ projection 0528	☐ punctually 0999	☐ **reason** 0369, 0304
☐ promise 0311, 0509	☐ punish 0146	☐ **reasonable** 0304, 0305, 0310, 0369
☐ promise to do 0311	☐ punish A for B 0146	☐ **recent** 0625, 0723
☐ **promising** 0311	☐ **punishment** 0146	☐ **recently** 0723, 0625, 0708
☐ **proof** 0404, 0386, 0535	☐ **purpose** 0034, 0994	☐ recognition 0178, 0833
☐ **proper** 0286, 0441, 0718	☐ put 0571	☐ **recognize** 0178
☐ **properly** 0718, 0286, 0925	☐ put A through to B 0819	☐ **recognize A as B** 0833, 0178
☐ **property** 0001, 0286, 0718, 0925	☐ put aside 0796	
☐ **proposal** 0024, 0405, 0562	☐ put aside A for B 0841	☐ **recommend** 0171
☐ **propose** 0562, 0024, 0188	☐ **put away** 0787, 0322	☐ recommend doing 0171
☐ propose doing 0024, 0562, 0864	☐ **put off** 0766, 0209	☐ recommendation 0171
☐ propose to 0024, 0562	☐ **put on** 0780, 0608, 0757	☐ **reduce** 0247, 0235, 0561
☐ propose to do 0024, 0562, 0856	☐ **put up with** 0797, 0199	☐ reduction 0247
☐ protect A against B 0843	☐ **puzzle** 0546, 0902	☐ **refer to** 0759, 0234
☐ **protect A from B** 0843		☐ **refer to A as B** 0838
☐ protection 0843	**Q**	☐ reference 0759, 0838
☐ **prove** 0535, 0404	☐ qualification 0935	☐ **reflect** 0189
☐ prove to be 0404, 0535	☐ **quality** 0053, 0001	☐ **reflect on** 0764, 0189
	☐ quantity 0053	☐ reflect upon 0764
	☐ **quarrel** 0394	☐ reflection 0189, 0764
	☐ **quarter** 0362	☐ **reform** 0572
	☐ queer 0334	☐ refusal 0271
	☐ question 1023	☐ **refuse** 0271, 0219
	☐ quick 0320	☐ refuse to do 0271
	☐ quickly 0719	☐ regard 0814, 1063
	☐ **quite a bit of** 1103, 1100	☐ **regard A as B** 0814
		☐ regarding 0814
	R	☐ **regardless of** 1046, 1076
	☐ **railing** 0116	☐ region 0473
	☐ **raise** 0016, 0540, 0561	
	☐ **range** 0130, 0835	

☐ **regret** 0251
☐ regret doing 0251
☐ regret to do 0251
☐ regrettably 0251
☐ **regular** 0631
☐ regularly 0631
☐ regulate 0073, 0631
☐ **regulation** 0073, 0631
☐ **reject** 0219, 0166, 0271
☐ rejection 0219
☐ relate 0420, 0475
☐ **relate A to B** 0828, 0420, 0475
☐ relate A with B 0828
☐ relate to 0420, 0475
☐ related 0420, 0475, 0828
☐ **relation** 0475, 0420, 0828, 0923
☐ **relationship** 0420, 0475, 0828, 0923
☐ **relative** 0360
☐ relatively 0360
☐ **release** 0224
☐ reliance 0737
☐ **relief** 0415
☐ relieve 0415
☐ relieve A of B 0415
☐ relieved 0415
☐ **rely on** 0737, 0743
☐ rely upon 0737
☐ **remain** 0214
☐ remember 0975
☐ remind A about B 0801
☐ **remind A of B** 0801
☐ removal 0173
☐ **remove** 0173
☐ renovate 0204
☐ **rent** 0137, 0588
☐ rental 0137
☐ **repair** 0204
☐ **replace** 0162, 0970
☐ replace A with B 0809
☐ replacement 0162
☐ reply 0746
☐ **reply to** 0746

☐ **represent** 0229, 0779
☐ representation 0229
☐ representative 0229, 0481
☐ request 0875
☐ **request A to do** 0875
☐ **require** 0167, 0751
☐ requirement 0167
☐ **reschedule** 0609
☐ **research** 0428, 0426
☐ reservation 0059, 0519
☐ **reserve** 0519, 0239, 0570, 0796
☐ reserve A for B 0519, 0841
☐ resolve 0565
☐ **respect** 0505, 1063
☐ respective 0505
☐ respectively 0505
☐ **responsibility** 0106, 0888
☐ responsible 0106
☐ restrict 0379
☐ **result** 0158, 0052, 0784
☐ **result from** 0784, 0158
☐ result in 0158, 0784
☐ retreat 0368
☐ **return** 0139, 0006
☐ **review** 0180
☐ **reward** 0093
☐ rewarding 0093
☐ ride 0617, 0951
☐ **right** 0441, 0307, 0326
☐ right away 0716, 1036
☐ **right now** 1036, 0716
☐ rigid 0680
☐ rigorous 0680
☐ **rise** 0540, 0168, 0969
☐ risk 0953
☐ **rob A of B** 0811, 0830
☐ robber 0811
☐ robbery 0811
☐ **role** 0406, 0947
☐ **room** 0471
☐ rough 0733
☐ **roughly** 0733

☐ **row** 0354, 0977, 0985
☐ royalty 0459
☐ **rub** 0578
☐ **rude** 0704, 0639
☐ **ruin** 0262, 0620
☐ **rumor** 0436, 0509, 0933
☐ **run** 0582, 0253
☐ **run out of** 0789
☐ **run the risk of** 0953

S

☐ sake 1057
☐ salary 0469
☐ **sale** 0382, 0591, 1011
☐ satisfaction 0223, 0915
☐ satisfactory 0223, 0915
☐ **satisfy** 0223, 0537, 0594
☐ save 0010, 0796
☐ **save A for B** 0841, 0010
☐ **saving** 0010
☐ **saw** 0622
☐ **scale** 0150
☐ scarcely 0735
☐ scarcely ever 0707, 0725
☐ scare 0611
☐ scenery 0114
☐ **schedule** 0601, 0939
☐ scope 0130
☐ score 1104
☐ **scores of** 1104
☐ **search** 0087, 0742, 0804, 1052
☐ **search A for B** 0804, 0087
☐ **search for** 0742, 0087
☐ **section** 0032, 0030
☐ secure 0060
☐ **security** 0060
☐ see A as B 0814
☐ **seek** 0526
☐ seek to do 0241, 0526
☐ seem 0264
☐ seem to do 0860, 0264
☐ **seldom** 0707, 0725
☐ **select** 0514

selection	0514	sign up for		stand by	0770, 0779
sell	0591, 0382		0798, 0089, 0550	stand for	
sell off	0790	signature	0089, 0550		0779, 0229, 0770
senior	0318	significant	0679	stare	0762
sense		similar	0323	stare at	0762, 0781
	0278, 0310, 0901,	similarity	0323	stare into	0762, 0781
	0952, 0990	simple	0303	startle	0611
sensible		sincere	0687, 0730	state	0192, 0028, 0155
	0310, 0278, 0901	sincerely	0730, 0687	statement	0028, 0192
sensitive	0278, 0310	sincerity	0687, 0730	state-of-the-art	
separate	0244	sink	0353		0628, 0348
separate A from B		situation	0155, 0192	stay in touch with	0967
	0820, 0244	slight	0658, 0712	steady	0280
separately	0244, 0820	slightly	0712, 0658	steal B from A	0811
separation	0244, 0820	small	0675	step	0427
series	1096	smart	0700, 0655	stiff	0698
serious	0331, 0697	smooth	0638	stiffen	0698
seriously	0331	smoothly	0638	stock	0011, 0058, 1019
serve	0531	so far	1035	stockholder	0058
service	0131, 0531	so far as ~	1081	stop A from doing	
set aside	0796	so long as ~	1082		0879, 0880
set aside A for B	0841	so that ~	1085, 1084	storage	0239
set up	0800, 0221, 0254	solid	0295	store	0239, 0519
settle	0233	solution	0217	stormy	0634
settle down	0233	solve	0217	story	0463
settle in	0233	sometimes	1000	strait	0142
settlement	0233	sooner or later	1040	strange	0334
several	0643	sore	0298	stress	0230
shame	0900	sort	0064	stretch	0568
share	0268, 0011	spare	0312	strict	0680
shareholder	0058	special	0099	strictly	0680
sharp	0701	specialize	0099	struggle	0857
shelf	0477	specialize in	0099	struggle to do	0857
shelves	0477	specific	0308, 0103	study	0426, 0428
ship	0218	specification	0308	stuff	0115
shipment	0218	specify	0308	subbasement	0465
shipping	0218	spiritual	0115	subject	
short	0979	splendid	0662		0046, 0040, 0882
short story	0484	spoil	0620, 0262	submit	0756, 0788
shortage	0409, 0499	spread	0248	substance	0115
shot	0047	stable	0280	substitute	0809
sickness	0018, 0056	stair	0427	substitute A for B	
side by side	1031	staircase	0427		0809
sight	0114, 1021	stairway	0427	substitute for	0970
sign	0550, 0089, 0798	stand	0199, 0797	substitution	0809

체크한 것은 몇 개? 1 ☐ 2 ☐

☐ succeed in 0794
☐ succeed to 0794
☐ success 0094, 0794
☐ sudden 0704
☐ suffer 0211
☐ suffer from 0738, 0211
☐ suffering 0211
☐ sufficient 0273
☐ sufficiently 0273
☐ suggest 0188, 0405, 0562
☐ suggest doing 0864, 0188, 0405
☐ suggestion 0405, 0024, 0188, 0864
☐ suit 0226, 0581, 0886
☐ suitable 0226
☐ sum 0430
☐ sum up 0430, 0752
☐ summarize 0430
☐ summary 0430
☐ superb 0662
☐ supplier 0152, 0845
☐ supply 0152, 0051, 0557, 0845
☐ supply A with B 0845, 0152, 0805
☐ supply B to A 0152, 0845
☐ support 0770, 0779
☐ suppose 0520, 0587
☐ sure 0315, 0706, 1013
☐ surely 0706, 0729, 0920, 0934
☐ surface mail 0416
☐ surround 0190, 0891
☐ surrounding 0190, 0449, 0891
☐ survival 0563
☐ survive 0563, 0584
☐ suspect 0220, 0848
☐ suspect A of B 0848, 0220
☐ suspicion 0220, 0848
☐ sustain 0515
☐ sweep 0215

☐ swell 0542
☐ sympathetic 0383
☐ sympathy 0383, 0077
☐ synthesis 0156
☐ system 0126

T

☐ tackle 0252
☐ take A for granted 0946
☐ take A into account 0954
☐ take A into consideration 0954
☐ take a look at 0963
☐ take a nap 0958
☐ take account of 0954
☐ take advantage of 0945
☐ take away 0173
☐ take care of 0974, 0775
☐ take down 0793
☐ take off 0757, 0237, 0780
☐ take over 0771
☐ take part in 0965, 0615, 0740
☐ take place 0949
☐ take the place of 0970, 0162
☐ take the risk of 0953
☐ takeover 0771
☐ talent 0482
☐ talk 0504
☐ talk A into doing 0869, 0870, 0873
☐ taxi 0136
☐ technician 0663
☐ tedious 0701
☐ tell A to do 0868
☐ temperature 0022
☐ temporarily 0277
☐ temporary 0277, 0691
☐ tendency 0122
☐ tender 0654

☐ term 0113, 0155, 1047
☐ terrible 0626, 0664
☐ terribly 0626
☐ terrific 0662
☐ terrify 0611
☐ thanks to 1061
☐ that is to say 0989
☐ That's why ～ . 1115
☐ thaw 0547
☐ The fact is ～ . 1116
☐ The fact is that ～ . 1116
☐ the other day 1038
☐ theme 0046
☐ theoretical 0660
☐ these days 1034
☐ think 0520, 0587
☐ think of A as B 0814
☐ thousands of 1097
☐ threat 0536
☐ threaten 0536
☐ threaten to do 0536
☐ tie 0607
☐ tight 0646
☐ time line 0462
☐ timeline 0462
☐ tiny 0351
☐ tiresome 0701
☐ tiring 0701
☐ title 0507
☐ to some degree 1029
☐ to some extent 1029
☐ toast 0101
☐ tolerate 0199, 0797
☐ tomb 0697
☐ tool 0002
☐ top 0403
☐ topic 0046
☐ total 0324, 0185, 0745, 0752
☐ total up 0752, 0324
☐ totally 0324, 0726
☐ touch 0967
☐ tough 0654
☐ tour 0372
☐ tourist 0372

□ trace	0398	
□ track	0398, 0962	
□ track down	0398	
□ trade	0044	
□ trader	0044	
□ tradition	0647	
□ traditional	0647	
□ traffic	0072	
□ train	0606	
□ training	0606	
□ transfer	0181	
□ translate A into B	0837	
□ translation	0837	
□ transparent	0322	
□ transport	0263	
□ transportation	0263	
□ trash	0271	
□ travel	0372	
□ treat	0573	
□ treat A to B	0844, 0573	
□ treatment	0573, 0844	
□ treaty	0145	
□ tremendous	0662	
□ trend	0122	
□ trip	0372	
□ trivial	0697	
□ trouble	0433	
□ true	0652, 0971	
□ trust	0605, 0048, 0460, 0737	
□ trustee	0605	
□ truth	0988	
□ try to do	0241, 0526	
□ tune	0847	
□ tune A to B	0847	
□ turn down	0219, 0271	
□ turn in	0788, 0756	
□ type	0629	
□ typical	0629	
□ typically	0629	

U

□ ugly	0686, 0293	
□ unattended	0674	
□ uncomfortable	0350	
□ uncommon	0346	
□ unconscious	0337	
□ under control	1017	
□ under way	0983	
□ undergo	0211	
□ undergraduate	0091	
□ understand	0774	
□ unemployment	0496	
□ unfortunately	0721	
□ unique	0627	
□ unload	0583, 0184	
□ unofficial	0313	
□ unpublished	0678	
□ unreasonable	0304	
□ unsteady	0280	
□ up to	1062	
□ up to date	1020	
□ upset	0667	
□ urge	0870	
□ urge A to do	0870, 0869, 0873	
□ urgent	0703, 0870	
□ use	0522	
□ use A for B	0812	
□ usual	0631	
□ utensil	0002	

V

□ vacancy	0476	
□ vague	0317	
□ valuable	0328, 0355, 0699	
□ value	0355, 0328	
□ vanish	0516	
□ variety	0064, 0630, 1092	
□ various	0630, 0064	
□ vary	0064, 0630	
□ vast	0636	
□ vehicle	0023	
□ verdict	0467	
□ very	0734	
□ via	1072	
□ victory	0135	
□ view	0114, 0109	
□ view A as B	0814	
□ violate	0213	
□ vision	0421	
□ visit	0760	
□ vote	0177	
□ voter	0177	
□ voyage	0372	

W

□ wage	0469	
□ warn	0551, 0090	
□ warn A about B	0090, 0551, 0839	
□ warn A of B	0839, 0090, 0551	
□ warn A to do	0871, 0090, 0551	
□ warning	0090, 0551, 0839, 0871	
□ wave	0595	
□ way	0068, 0417, 0990	
□ wear	0608, 0780	
□ weigh	0525	
□ weight	0525	
□ What ～ for?	1108	
□ What about A?	1105, 1110	
□ What do you say to A?	1110, 1105	
□ What has become of A?	1112	
□ What if ～ ?	1109, 1113, 1114	
□ What is A like?	1111	
□ What will become of A?	1112	
□ while	1012	
□ whole	0648, 0285	
□ Why don't you ～ ?	1114, 1109, 1113	
□ Why don't we ～ ?	1109, 1113, 1114	
□ Why not ～ ?	1113, 1109, 1114	
□ Why not?	1113	

체크한 것은 몇 개?　　1 □　2 □

☐ willingly 0941
☐ wind 0671
☐ **winding** 0671
☐ with all 1059
☐ **with regard to**
1063, 1075
☐ with respect to
1063, 1075
☐ without 1078
☐ **witness** 0153
☐ wonder 1118
☐ **word** 0509
☐ work 0253, 1022
☐ **work on** 0765
☐ **workload** 0434
☐ worldwide 0693
☐ worth 0355

도전! 토익 600 만들기

TOEIC Test Score 600

초판 1 쇄 발행 : 2013 년 12 월 20 일

발행인 : 이재명
발행처 : 삼지사
출판사등록일 : 1968 년 11 월 18 일
등록번호 : 제 406-2011-000021 호
주소 : 경기도 파주시 산남동 316 번지
TEL : 031-948-4502, 070-4273-4562
FAX : 031-948-4508
홈페이지 : www.samjisa.com

ISBN 978-89-7358-480-2   18740

책값은 뒤표지에 있습니다.

잘못된 책은 구입하신 서점에서 바꾸어 드립니다.

「이 도서의 국립중앙도서관 출판시도서목록 (CIP) 은 서지정보유통지원시스템 홈페이지 (http://seoji.
nl.go.kr) 와 국가자료공동목록시스템 (http://www.nl.go.kr/kolisnet) 에서 이용하실 수 있습니다 .(CIP
제어번호 : CIP2013024085)」